山东省泰山学者、孔子研究院特聘专家温海明教授项目

中华优秀传统文化

大家

第一辑

谈

温海明 赵薇 主编

国家出版基金项目
NATIONAL PUBLICATION FOUNDATION

大家

谈

国学的新视野和新诠释

中华优秀传统文化大家谈 ｜第一辑｜ 温海明 赵薇 主编

张立文 著

山东城市出版传媒集团·济南出版社

国学是中华人的生活方式、行为情感、生命智慧，是中国心、中华根。在新形势、新环境、新格局的情境下，要有全球的新视野、和合的新思维、变通的新理念、生生的新价值、现代的新方法，才能对国学做出新诠释。

图书在版编目(CIP)数据

国学的新视野和新诠释／张立文著. —济南：
济南出版社，2020.1
（中华优秀传统文化大家谈／温海明，赵薇主编.第一辑）
ISBN 978-7-5488-3843-2

Ⅰ.①国… Ⅱ.①张… Ⅲ.①国学—研究
Ⅳ.①Z126.27

中国版本图书馆 CIP 数据核字(2019)第 276740 号

图书策划　杨　峰
出 版 人　崔　刚
责任编辑　李　晨　李苗苗
装帧设计　侯文英

出版发行　济南出版社
地　　址　山东省济南市二环南路 1 号(250002)
编辑热线　0531-82803191
发行热线　0531-86131728　86922073　86131701
印　　刷　山东临沂新华印刷物流集团有限责任公司
版　　次　2020 年 1 月第 1 版
印　　次　2020 年 3 月第 1 次印刷
成品尺寸　170mm×240mm　16 开
印　　张　17.75
字　　数　269 千字
印　　数　1—3000 册
定　　价　49.00 元

（济南版图书,如有印装错误,请与出版社联系调换。联系电话:0531-86131736）

出版前言

"文化是一个国家、一个民族的灵魂。文化兴国运兴,文化强民族强。"党的十九大报告强调,中国特色社会主义文化源自中华民族五千多年文明历史所孕育的中华优秀传统文化,要加强对中华优秀传统文化的研究阐释与普及教育。中共中央办公厅、国务院办公厅印发的《关于实施中华优秀传统文化传承发展工程的意见》,明确要求加强中华文化研究阐释工作,深入研究阐释中华文化的历史渊源、发展脉络、基本走向,着力构建有中国底蕴、中国特色的思想体系、学术体系和话语体系。深入研究和阐发中华优秀传统文化,彰显中华文化魅力,坚定文化自信,成为摆在每一个从事文化研究和出版传播者面前的重要课题。

当前,对中华优秀传统文化的研究阐释正形成一股全国热潮,涌现出一大批有影响力的专家学者。他们从不同视角深研中国传统文化,汲取精华,关照现实,展望未来,取得丰硕研究成果。系统地挖掘整理他们的研究成果,集中展示他们的学术观点,有助于推动中华优秀传统文化研究的纵深发展。

为此,我们精心策划了《中华优秀传统文化大家谈》项目,搭建中华优秀传统文化研究平台,集中介绍国内名家学者关于中华优秀传统文化研究的核心思想、观点,较为系统、全面地反映当前中国传统文化研究尤其是儒学研究的整体状况和发展趋势,以期推动学术交流,服务学术创新,同时使广大读者能够了解、感受、领略中华优秀传统文化的深邃内涵和精神魅力。名为"大家谈",意在汇聚名家、大家,选取的作品均为当代中华传统文化研究的名家名作;同时也有"众人谈"之意,意在百家争鸣,繁荣学术研究。

却顾所来径,苍苍横翠微。项目从策划到出版,皆赖专家学者们的学术热情与鼎力支持。对此,我们深为感佩,并衷心感谢!同时也希望更多学界大家加入我们的行列,使更多高水平、高质量的研究成果能够与广大读者见面。

《中华优秀传统文化大家谈》项目组

2019 年 12 月

目录

上篇　中国传统文化研究

下篇　传统文化与中国哲学建构

上篇

中国传统文化研究

中华文化再辉煌的八个理由

中华优秀传统文化是中华民族的心和魂，是民族强大的动力所在。所以也就像胡锦涛同志在建党 90 周年大会的讲话中说的那样，"中华民族也一定能够在弘扬中华优秀传统文化的基础上创造出中华文化新的辉煌"。下面我想谈谈中华文化再辉煌的理由：

中华民族素有创新精神。民族精神是一个民族对于生命存在和民族尊严、价值意义的理解和把握。民族精神生命的生生不息，在于民族文化的创新。民族文化是民族精神的载体和体现，民族文化的创新也蕴含着民族精神生命的创新，这是大本达道。无创新，是导致民族精神生命衰老、陈旧以致丧失生命力的主因。一个无心的民族必然会走向神衰体亡，一个无魂的民族势必成为一具行尸走肉，一个无根的民族将会变得枝枯叶黄，一个无体的民族只能任人宰割。而正因为我们有了这种可贵的创新精神，我们的文化也就必然会创造出新的辉煌。

中华儿女共有一个精神家园。中国文化软实力是中国各民族共有的精神家园，是中华文明的自豪、自信、自立、自主的发展，能够唤起华夏儿女自强不息的创新精神。中华民族 5000 年灿烂、辉煌的文化，是民族生命智慧的源泉，是民族安身立命的支撑，是中华民族团结奋进的精神支柱，也是中华民族繁荣昌盛的智能创新的活水。中华儿女必定会不断发展中华文化，令其达到再辉煌。

中华文化既开放又包容。中华文化的核心，即融开放性、包容性、融合性于一体的哲学文化，有利于推动中华文化的再辉煌。和谐、和合是中华人文精神的精髓和首要价值，也是传统文化思想的精粹和生命智慧。所谓和合的"和"，是指和谐、和平、祥和；"合"是结合、合作、融合。和合是指自然、社会、人际、心灵、文明中诸多元素、要素相互冲突、融合，与在冲突、融合的动态过程中各元素、要素和合为新结构方式、新事物、新生命的总和。这种哲学文化促使中华民族进行文化创新，使其海纳百川，有容乃大，为中华文化再辉煌提供哲学基础。

中华文化的价值观为"和合"。中华文化自古倡导"和为贵"，认为天地万物是"和实生物，同则不继"，即要求多元发展，百家争鸣，求天下大同而殊途。从中国来看，我们是一个很讲"和"的国家，它的文化也贯彻着这样一个"和"的思想，我们没有占领别的国家一分土地，古人讲的"协和万邦"就是表达了这样一种思想。这就是"己欲立而立人"的立己立人精神的体现。这种和立意识，就是孔子所说的"己所不欲，勿施于人"的精神。这种精神是以开放、宽容、同情的胸怀，接纳自然、社会、人际、心灵、文明按其适合于自己特性的生存方式、模式而立于世界之林，并按适合于自己实际的发展道路而建立自己的制度，不搞一个模式。只有世界的多元化与多元化的世界，才能进行多元文化的交流和文化多元的互补，并发展为多元的和生、和处、和立，这便是和立意识或和立原理。这是中华文化新辉煌的价值基础。

中国人讲究人生境界。我们中华儿女都有一种与生俱来的忧患感和后乐感、责任感、国家兴亡、民族盛衰与每个人亲身相关，每个人都担当着自己的义务。儒学忧国忧民的忧患意识，是对于国家生命和人民生命生存的关怀，是对个体和整个人类生命存在的命运、变化的责任和使命意识的表征。中国忧患意识之所以孕育，是基于宗教的人文化、圣王的分裂和士的自我觉醒。忧国忧民之心是责任意识、承担意识得以生发的活水，是自我关怀和群体关怀的博大情怀，与民同忧同乐。"乐民之乐者，民亦乐其乐；忧民之忧者，民亦忧其忧。乐以天下，忧以天下，然而不王者，未之有也。"以百姓忧乐为自己的忧乐，百姓也会以国王的忧乐为自己的忧乐；和普天下人同忧同乐，就可以达到圣王的境界。这种忧患感和后乐感，是保持中华文化生机的不竭动力。

中国人有崇高的道德感。和合观的道德观，人们的道德水平，是创造先进文化的一个重要基础，道德的最高追求就是和谐。人与人的关系问题、不同群体间的关系问题、不同人际间的关系问题都与道德息息相关，而且道德的作用不仅仅局限在人与人的层面，同样也在人与自然的层面起着作用。提高全社会国民素质，塑造高尚人格，营造文明生活方式，是创造中华文化新辉煌的道德基础。

中国人有文化自觉和文化自信。中华民族是一个有文化自觉与文化自信的民族，文化自觉与文化自信是民族精神觉醒的表征。近代以来，在批判传统文化的过程中，往往丧失了文化自我，或文化自我身份。文化自觉是中华文化的再发现，是文化自我身份的认同感、归属感、亲和感的体现。文化自觉是中华民族文化创新、发展的内在动力，是民族不畏艰险、团结奋进、科学创新的精神力量，是民族为道屡迁、唯变所适、革故鼎新的生命力。只有文化自觉，才有文化自信；有文化自信，才有文化自尊。只有文化自觉、自信、自尊，才能知己知彼地更有效吸收外来的、异质的文化资源，而创造中华文化的新辉煌。

中华文化具有普适性。《中庸》讲："中也者，天下之大本也；和也者，天下之达道也。"中和是中华民族交通、沟通天下各地、各国的普适道理和原则。不偏不倚、无过不及的公正、公平、合理、合法地处理和包容各个国家、民族之间的冲突，坚持"以他平他谓之和"的原则，平等地尊重他者、他国、他民族，融突地和合、和谐各种矛盾。倡导"己欲达而达人"，自己发展、发达了也帮助别人发展、发达；主张各国间平等协商，互利共赢，合作互利，包容发展。在外交事务中主张"泛爱众"的博爱精神和人道主义原则。在与世界各国和平、发展、合作中走向世界，世界也走向我们，在中华文化新辉煌的基础上，也促进世界文化的辉煌。

（原载于《人民论坛》2011 年第 21 期）

中华文化的基本精神价值

孔子是儒学的创始人，是人道的启迪者，是影响中国礼乐文化、政治文化、制度文化、伦理道德、思维方式、价值观念、风俗习惯最大最久最深的思想家、哲学家、教育家，他的思想致广大而尽精微，极高明而道中庸，既有崇高的价值理想，又有切实的百姓日用，是中国古代思想的结晶。孔子的思想，一言以蔽之，是以治平为本，以仁为核，以和为贵。他的思想是中华民族精神的源头活水，礼乐文化的重要根据，价值观念的是非标准，伦理道德的规范所据，构成了中华文化的基本精神价值。

一、以治平为本。修齐治平是孔子思想的精华。如何能做到修齐治平？

其一，在国家治理上实行德治，而不实行暴力政治。孔子说："道之以政，齐之以刑，民免而无耻；道之以德，齐之以礼，有耻且格。"（《论语·为政》，下引该书只注篇名）注重道德教化和礼仪规范，使百姓对非道德的行为有羞耻之心。政令刑罚只能使百姓不敢犯罪，但没有羞耻之心。为政者要以自己道德榜样的力量教化百姓，"政者，正也"（《颜渊》），"其身正，不令而行；其身不正，虽令不从"（《子路》）。这便是"为政以德，譬如北辰居其所而众星共之"（《为政》）。这是社会治平的根本。

其二，在经济上主张由小康到大同。《礼记·礼运》篇对"小康"社会和"大同"社会都做了描绘。孔子"祖述尧舜，宪章文武"，以尧、舜为"大同"社会，文、武为"小康"社会。"大同"是"天下为公"，不独亲其亲、子其子，选贤与能，是一个和谐至善完美的社会；"小康"是"天下为家"，各亲其亲、子其子，是讲信、义、仁、让，有礼、有次序、治平和睦的社会。这是社会治平的基础。

其三，在伦理道德上注重伦理关系和道德修养。"德之不修，学之不讲，闻义不能徙，不善不能改，是吾忧也。"（《述而》）孔子所忧患的是德、学、义、不善的不修、不讲、不徙、不改。每一个人都应该努力提高自己的伦理道德素养，遵守孝悌、忠恕、诚信、恭敬、智勇的道德。孝悌不仅是为人之本，而且不会犯上；忠恕是仁之本；言而有信，诚实无欺。孔子认为"修己以敬""修己以安人""修己以安百姓"。培育自己的道德素质，每个人的行为都符合伦理道德规范，这是社会治平的保证。

其四，孔子在教育上主张"有教无类"。这种打破等级制度和贵贱限制的开放式教育，在2500多年前是教育制度的改革和创新，是十分难能可贵的。这种"无类"的受教育权利的平等、机会的均等，对提高培养人的知识、道德、文化素质有积极作用和影响，是改造社会、移风易俗的动力，是社会治平的支撑。

二、以仁为核。孔子认为，社会治平和睦的根本、基础、保证和支撑都属于外在的现实层面，其内在的灵魂层面，则是仁。孔子认为，仁是人的本质特性，仁的内涵是指爱人，"仁者爱人"。虽然孔子讲的爱人，本质上仍有差等，但他提出"泛爱众，而亲仁"，仍有极高的价值。爱人有三方面：一是"己所不欲，勿施于人"；二是"博施于民而能济众"；三是"己欲立而立人，己欲达而达人"。孔子所体现的这种爱的人道精神是无私的、博大的、为人的。孔子以仁为核心辐射到各个层面，并贯彻到各个领域，如社会典章制度、尊卑长幼之序、亲疏远近之别，这便是礼的层面，"丘闻之，民之所由生，礼为大"（《礼记·哀公问》）。无礼，社会就会无序；无礼，伦理关系就会错位；无礼，亲疏关系就会不辨；无礼，天地神祇就无法礼敬。仁作为礼的内在精神，使礼具有爱人的人道主义的意蕴，使礼的各种关系能保持一种理解的、人文关怀的、和谐的张力。所以孔子说："人而不仁，如礼何？人而不仁，如乐何？"（《八佾》）不仁的人是说不上礼和乐的。没有仁作为内涵的礼和乐，光有玉帛、钟鼓等礼的形式，是不能称作礼乐的。但礼是仁的外在的表现或形式，没有表现或形式，仁的内在精神也得不到体现。

仁在道德和文化素养的培养上，具有核心地位。《子张》记载："博学而笃志，切问而近思，仁在其中矣。"学、思、问、志之中都体现了仁的精神境界。对于读书的人，即士要志向强毅，任重道远，以实现仁为己任。

君子是有道德、有修养的人。孔子认为，君子应以道义为原则，行为合乎礼节，说话要谦逊，做事讲诚信。圣人是至善至美的仁人，是孔子的理想人格。

总之，仁辐射到道、学、政。为道为仁，孔子说："朝闻道，夕死可矣。"（《里仁》）人生以求道为标的。为人为求道，道即仁道。"己所不欲，勿施于人"的人道精神，"乐以忘忧"的乐感精神，"杀身以成仁"的奉献精神，是获得终极价值理想、精神家园的生命动力。学的终极追求是道，亦即仁道。学既包括自我仁道的修养，亦包括对知识的学习及学思、学习、言行的融合。《论语》开章便说"学而时习之"，学了要去实习。"学而不思则罔，思而不学则殆。"（《为政》）学习与思考互补，缺一就会罔或殆。政的价值理想是尧舜禅让政治，就当时现实而言是有道之邦，这是孔子所向往的。"邦有道，则仕；邦无道，则可卷而怀之。"（《卫灵公》）孔子在评价宁武子时亦体现其价值判断：士君子可以自由地选择其服务对象，对无道之邦可拒绝或变着法逃避为其服务。为有道之邦服务，利国利民；为无道之邦服务便是"助纣为虐"。有道之邦就是"为政以德"的仁政之邦。

三、以和为贵。治平之本、仁爱之核，必须通过"和"来理顺各种关系，处理各种冲突，而达冲突融合而和合。《论语》载："礼之用，和为贵。先王之道，斯为美。"（《学而》）和是指多种因素、元素的冲突融合，"以他平他谓之和"，而不是同一种因素、元素的相加。"和"既是万物化生的根据和源泉，亦是万物存在的一种状态，以及大本达道的原则，即"恰好底道理"。由和合而保证治平之本、仁爱之核的贯彻和实现。

孔子把"和同之辨"运用到君子与小人的关系上，并将其作为区别君子与小人的一种标志。他说："君子和而不同，小人同而不和。"（《子路》）何晏《论语集解》、朱熹《论语集注》以义利、心意辨和同，体现了不同时代的诠释者对经典的不同诠释。2002年江泽民同志访美时在乔治·布什总统图书馆的演讲中说："中国先秦思想家孔子就提出了'君子和而不同'的思想。和谐而又不千篇一律，不同而又不相互冲突。和谐以共生共长，不同以相辅相成。和而不同，是社会事物和社会关系发展的一条重要规律，也是人们处世行事应该遵循的准则，是人类各种文明协调发展的真谛。"把君子小人之间推广为社会、国家、文明之间的和谐共生共长、相辅相成的关系，以及社会事物、人的处世行事、文明发展的规律、准则和真谛，体现了经典诠释"与时偕行"的本质特征。中国诠释者的智慧都是在"六经注我"的形式与现实融突中对经典意义做出新诠释，经典自身也在人的诠释下开出新的意义，这便是儒家思想 2500 多年来日新而日日新的原因所在，同时也凸显出孔子思想的现代价值。

（原载于《光明日报》2004 年 10 月 13 日）

中国文化对 21 世纪的影响

"黄尘清水三山下，更变千年如走马。"在千年更变之际，迎接21世纪第一缕曙光升起之时，人们是那样的欢欣鼓舞，对她寄托着无限美好的期望。然而，人们发现人类面临的是一个病态的世纪，一个充满着错综复杂的冲突和危机的世界，人类必须极大地发挥生命智慧和智能创造，"为天地立心，为生民立命"，以使社会和平发展，人人安心立命。

一、 21 世纪人类面临的冲突与危机

人类社会工业化，即现代化的过程中，虽然在科学技术、社会生产力方面大大提高，但亦加剧了人与自然、人与社会、人与人、人的心灵、文明与文明之间的冲突与危机。殖民掠夺、贩卖黑奴、文明毁灭、自然破坏、战争频繁、生灵涂炭，当下人类所面对的是一个病态自然、病态社会、病态心理、病态人际和病态文明的境况。这种病态现象具有一定的全球性和深刻性，如何治疗化解，使自然健康、社会健康、心理健康、人际健康、文明健康，是人类切身利益的祈求，因为每一种病态都会对每个人、国家、民族造成不同程度的伤害，如疾病、死亡、烦恼和痛苦。当今世界，人人都畏惧生病，也畏惧自然、社会、心理、人际、文明的生病，其间是互动、互渗、相辅、相成的。因此，每个人祈求自己的健康，无疑也祈求自然、社会、心理、人际、文明的健康，以营造一个天人共和乐的世界。

一是人与自然的冲突和生态危机。

由于人对自然过度索取了 23% 的资源①，自然已千疮百孔，不堪重负。人与自然冲突是由于自然资源的有限性，地球生态系统的脆弱性，社会文化系统需要的无穷性，人类消费欲望的无限性等，造成了生态危机。全球气候变暖而导致天灾加剧，在今后几十年内，大约 10 亿人可能逃离家园。②臭氧空洞扩大，生存环境严重污染，如燃煤、化工厂等都是污染源，可导致人的一系列疾病。淡水资源缺乏，"联合国估计，到 2025 年，全球有 2/3 人口将蒙受水资源匮乏的压力"③。资源枯竭，人口爆炸和新疾病肆虐、蔓延，严重影响人的健康，自然病态必然带来人的病态。

二是人与社会冲突和社会危机。

由于社会资源的分配不均，社会制度的不合理性，价值观念的不同选择，社会贫富的不断扩大，社会强势与弱势群体的不和谐性，从而带来战争动乱、恐怖活动、贩毒吸毒、谋财害命、假冒伪劣，直接危害人的生命财产安全。"9·11"事件震惊了世界，战争、恐怖、人质事件造成了触目惊心的伤亡。美国联邦调查局公布的一份年度报告称，美国凶杀案的数量有所增加，2003 年一年有超过 16500 人被谋杀。④世界卫生组织告诫："未来 10 年全球 8400 万人将死于癌症。"⑤

社会病态对人的健康造成极大损害，中国亚健康学术研讨会组委会发出警告："中国的健康问题正在转型，大量慢性疾病正在取代传染性疾病成为导致死亡的主要原因，其他一些西方危险疾病也正加速发展。同时，每年因疾患导致的经济损失高达 14000 多亿元，相当于每年消耗我国 GDP（国内生产总值）的 14% 还多。专家警告说，如果继续不重视健康教育，有效遏止亚健康，将给国家和社会造成更为沉重的负担。"⑥据对我国 16 个百万人口城市亚健康率的调查发现，北京高居榜首，达 75.31%，上海是 73.49%，广东是 73.41%。中国科学院调查发现，我国知识分子平均寿命

①《人类向自然界的"索取"创新高》，《参考消息》2006 年 10 月 11 日转载。

②转引自《参考消息》，2007 年 5 月 15 日。

③《水匮乏威胁全球 2/3 人口》，《参考消息》2007 年 3 月 22 日转载。

④转引自《参考消息》，2004 年 10 月 27 日。

⑤转引自《参考消息》，2006 年 2 月 5 日。

⑥《阻击亚健康刻不容缓》，《光明日报》2004 年 11 月 10 日。

为 58 岁，低于全国平均寿命 10 岁左右；同时，我国正在步入老龄化社会，在未来的几十年中，中老年人口将增加 2.3 倍，慢性病人也会比现在翻几番。由此可见中国人身体健康问题的严重性。中国亚健康人群已超过 7 亿，高收入人群的过速老化趋势已超过欧美国家。其危害性已被医学界认为是与艾滋病并列的 21 世纪人类健康头号大敌。WHO（世界卫生组织）最近公布一项预测性调查，全世界亚健康人口总的比例已占到 75%，真正健康的只有 5%。这确已成为人类生命的头号大敌。[1]（所谓亚健康是指人在身体、心理和社会环境等方面表现出不适应，介乎健康与疾病之间的临界状态）

三是人的心理冲突及精神危机和信仰危机。

由于心理在多元价值目标的追求过程中权衡利弊得失时，因使用了相反甚至矛盾的意义标准而导致冲突，当冲突久久不决，并从根本上动摇了心灵的信仰支撑或本体承诺时，精神陷入存在危机，便出现病态心理，换言之"心理感冒"。如生活中精神不振，情绪低沉，郁闷不乐，反应迟钝，失眠多梦，烦躁、焦虑、紧张、注意力分散，容易感受惊吓，以至发展到自杀。在生理上也会有所反映，如疲劳、乏力、心悸、神经衰弱等。

根据中国科学院调查：有 30% 以上的中学生、大学生和 9% 的研究生（硕士、博士）有心理疾患，大中学生约 10% 已相当严重。[2] 俄罗斯科学院社会学研究所对嫉妒心强弱做了调查，他们对工人、国家公务员、私有经济部门职员、机关领导、大学生、失业者、退休人员 7 个社会群体的 1400人做了问卷调查，结果显示，嫉妒心最强的是大学生。他们刚开始寻找自己的人生位置，尚未取得成功，他人的成功令他们懊丧，感到自身价值不足。产生嫉妒心的原因：1/3 的人认为是天性使然，18% 的人归咎于教育，22% 的人认为是沉重的生活负担使然，少数人认为与教育及整体文化水平有关。[3] 一般普通高校大学生有比较高的自卑心，就是对自己的智力、学习能力及学习水平做出偏低的评价，总觉得不如别人，悲观失望、丧失信心等。

四是人际病态和道德危机。

由于个人功利要求的合理性、多种功利目标的竞争性、满足功利要求

---

① 《阻击亚健康刻不容缓》，《光明日报》2004 年 11 月 10 日。
② 《阻击亚健康刻不容缓》，《光明日报》2004 年 11 月 10 日。
③ 《嫉妒心强危害大》，《参考消息》2004 年 6 月 28 日转载。

手段的有限性、价值评价体系的不合理性和功利成果分享性之间不和谐集合，当个人合理功利要求在有限的手段系统内无法满足时，人与人之间产生利益的冲突。当为某种功利所蔽和通过激烈竞争而达到的功利目标分享不均或被不相关的人分享时，人与人之间便出现道德危机。当人的利益欲望无限性与社会公共利益规范性发生冲突时，便加剧了道德病态。在追求以功利为目的条件下，有一种"万般皆下品"、唯有金钱高的趋向，拜金主义，向"孔方兄"看齐，唯利是图，不择手段，重利轻义，不顾廉耻。心德、身德、家德、国德、官德、民德、师德、医德、学德等，都受不道德病毒的污染发生病变，从而危害天理良知。

五是文明病态和价值危机。

20世纪是文明冲突的分析时代，亨廷顿的《文明的冲突》和怀特的《分析的时代》对这个病态世纪的症状已有描绘。但由于其根深蒂固的西方中心论和二元对立意识作祟，而有其偏颇。文明在交往、传播、扩张过程中，当一种文明越出自己诞生的局域和作用界面，以原有的方式同化、兼并甚至取代、消灭其他局域和作用界面时，会发生文明域的冲突，并引发价值毁灭的意义危机。现代文明冲突，由于西方工业革命、世界科技革命和资产阶级民主革命而加剧。一场以霸占自然环境、掠夺生态资源、奴役土著居民和抢劫文化财产为进攻性战略目标的文明冲突，在全球范围内展开，一贯倡导家族集体主义、自然和平主义和道德理想主义的东方文明，扮演了被征服者的痛苦角色。一百多年文明病态的历史表明，文明病态的病毒是由生物利己主义、极端个人主义和全球霸权主义构成的社会达尔文主义。社会达尔文主义是潜伏在人文价值系统内的生存型病毒。受其感染，不仅无数的土著居民和妇女儿童被以所谓"野蛮""弱质""劣等"等借口惨遭虐待或杀戮，而且连那些自诩为"文明"和"优等"的征服者，彼此之间也爆发了"物竞天择，适者生存"的战争。① 文明病毒的流行，亦污染和加重了其他病态的发展。

如何治疗和化解这五大病态？消除对五大病态的畏惧，建设当今自然

---

① 祁润兴：《价值创造的本质在于和合——张立文教授和合学、融突观评析》，《社会科学家》1998年第3期。

健康、社会健康、心理健康、人际健康、文明健康的 21 世纪，这是全人类的职责，是保卫全地球健康而不走向毁灭的责任。

二、 中华和合文化的化解之道

中华民族是一个亘古亘今的文明民族，是一个有智慧、能通变、会创新的民族。她保存了世界上最丰富、最全面、最详尽的各方面珍贵资料，蕴藏着对人类政治、宗教、文化经济发展阶段、规则、原理、规律以及社会科学、人文科学等具有极大启迪价值的资源，是独具魅力的宝库。如果认真梳理和总结中国文化的原理、原则、规则、方法，就会发现，单就中国特色的人本性、民主性、和合性、包容性、多元性来说，就是西方古代文化所不能比拟的，因此，中国独特的理论思维将会大大丰富和提升人类的理论思维水平。当今应以天地万物本吾一体的观念和全球意识来观照五大冲突和危机。十分遗憾的是，以往西方有影响的思想家、哲学家、理论家，由于其潜意识中的西方中心主义的观念，对弱势的东方文化、中国文化并没有加以认真研究，只是依据西方的历史文化哲学资源、经验和实践，概括出哲学社会人文科学的原理、原则、规则、方法，而没有发掘中国的丰富资源。如何治疗化解自然、社会、心灵、人际、文明的病态，是当今人类极其重要的热点问题。中华文化能为治疗 21 世纪人类所共同面临的冲突和危机，做出巨大的贡献。

（一）和实生物

为了回应 21 世纪自然与人冲突所造成的生态病态，人们往往把中国古代的"天人合一"的思想，诠释为人与自然的合一、融合。在殷周之际，天与人是感通的，周公提出"惟德是辅""以德配天"，此"天"是指有意志的人格神，人是指道德意义上的人。到了春秋时，疑天、骂天、咒天思潮出现，天人就出现分裂。子产说："天道远，人道迩，非所及也。"天人不相及。《郭店楚墓竹简》也讲："有天有人，天人有分。察天人之分，而知所行矣。"① 孟子试图通过心性的内在度越而达与天相通，称"尽其心者，知其性也。知其性，则知天矣"。又说"存其心，养其性，所以事天也"。② 但荀子也提出"明于天人之分，则可谓至人矣"③。天有天的职能，人有人的职能，两者不能代替。"大天而思之，孰与物畜而制之？从天而颂之，孰与制天命而用之？"④ 推崇天而思慕天和顺从天而赞美天，哪里比得上把天当作物来畜养而控制它和掌握天的变化而利用它？唐代柳宗元提倡天人不相预，刘禹锡在柳氏基础上提出"天与人交相胜，还相用"。他们都是以天人相分为前提的。

韩愈与柳宗元辩论天人关系时，已体认到天与人的严重冲突。韩愈以人、虫之喻，说明虫与物、人与天地自然的仇敌关系。他说："物坏，虫由之生；元气阴阳之坏，人由之生。虫之生而物益坏，食啮之，攻穴之，虫之祸物也滋甚。其有能去之者，有功于物者也；繁而息之者，物之雠也。人之坏元气阴阳也亦滋甚：垦原田，伐山林，凿泉以井饮，窾墓以送死，而又穴为偃溲，筑为墙垣、城郭、台榭、观游，疏为川渎、沟洫、陂池，燧木以燔，革金以镕，陶甄琢磨，悴然使天地万物不得其情，倖倖冲冲，攻残败挠而未尝息。其为祸元气阴阳也，不甚于虫之所为乎？"⑤ 因此，韩愈主张："吾意有能残斯人使日薄岁削，祸元气阴阳者滋少，是则有功于天地者也；繁而息之者，天地之雠也。"⑥ 人征服天地自然，犹如虫食啮、攻穴物体。换言之，人祸害天地自然，与害虫祸害物体是一样的。害虫的繁殖是物的仇敌，人口的繁殖是天地自然的仇敌，消灭害虫大有功于物，减少人口生产，使之"日薄岁削"，则大有功于天地自然。韩愈是自然保护主义者，这是人类第一次度越自我中心主义的环保宣言书。

人为了生存，必然对天地自然构成损害，天人对立。对此，韩愈已体认到了。而"天人合一"在实践上又不能给出不破坏天地自然的途径和方法，因此，中国古代哲学家、思想家认为，治疗化解自然病态的理念，应

①《穷达以时》，《郭店楚墓竹简》，北京：文物出版社 1998 年版，第 145 页。
②《尽心上》，《孟子集注》卷 13，《四书五经》，上海：世界书局 1936 年版。
③《天论》，《荀子新注》，北京：中华书局 1979 年版，第 269 页。
④《天论》，《荀子新注》，北京：中华书局 1979 年版，第 278 页。
⑤《天说》，《柳宗元集》卷 16，北京：中华书局 1979 年版，第 442 页。
⑥《天说》，《柳宗元集》卷 16，北京：中华书局 1979 年版，第 442 页。

是"和实生物"的和生思想，以化解天人分二，治疗天地自然的生态病态。

如何化解、治疗自然生态病态？史伯在与郑桓公的对话中提出："虞幕能听协风，以成物乐生者也。夏禹能单平水土，以品处庶类者也。商契能和合五教，以保于百姓者也。周弃能播殖百谷蔬，以衣食民人者也。"① 虞幕、夏禹、商契、周弃如何治疗化解人与自然的冲突和生态危机？一是要熟悉、体认天地自然对象的本性，如"知和风"、知水性、了解民情；二是要顺其自然，尊重天地自然规则，如因时顺气、因地疏导、因伦施教、不违反自然规则；三是万物高下，各得其所，并育不害，和乐生长；四是增强人的生产能力，播种百谷，繁育蔬菜，丰衣足食，以减少人对天地自然的掠夺；五是提升人的道德水平、文明程度，百姓和睦，皆得保养，以减少人祸对天地自然的损害。这样便在天人之间创造出一种和合生意。

天人之间的和合生意的和生，就是"和实生物，同则不继。以他平他谓之和，故能丰长而物归之"②。如何和实生物？"土与金木水火杂，以成百物"③，多样元素融突、和合、杂和生物。土金木水火作为他与他者关系，是互相平衡、平等的，他与他者之间相生相克、相反相成，互尊互重、互补互济，自然万物才能和乐生长。和生的要旨是天人都协调地和乐生长。"和如羹焉，水、火、醯、醢、盐、梅，以烹鱼肉，燀之以薪，宰夫和之，齐之以味，济其不及，以泄其过。"④ 和羹如天人和生，水、火等为天地自然之物，人类应使自然在其发展过程中获得和乐生长，便要燀之、和之、齐之、济不及、泄其过，协调、和谐自然发展，而不是征服、祸害天地自然。人与自然的关系只有遵循和生原则，才能治疗化解自然病态，使自然健康。

（二）和而不同

如何治疗化解 21 世纪社会病态，消除社会病毒？以往惯用西方主客二分、非此即彼、你死我活的斗争思维和方法，以为这样能治疗化解社会病

---

①《郑语》，《国语集解》卷 16，北京：中华书局 2002 年版，第 466 页。
②《郑语》，《国语集解》卷 16，北京：中华书局 2002 年版，第 470 页。
③《郑语》，《国语集解》卷 16，北京：中华书局 2002 年版，第 470 页。
④《左传·昭公二十年》，《春秋左传注》，北京：中华书局 1981 年版，第 1419 页。

态，这在一定社会阶段能发挥其作用，但并不适用于一切社会阶段。在中国古代，郑桓公与史伯谈论周的社会弊病和衰亡的原因时，史伯说："今王弃高明昭显，而好谗慝暗昧，恶角犀丰盈，而近顽童穷固，去和而取同。"① 今周幽王排弃明智、贤明之相和有德之臣，宠爱奸邪昏庸、阿谀逢迎、不识德义的人，去和而取同，而造成社会的弊病和病态。为什么说去和而取同会造成社会病态？史伯论证说："声一无听，物一无文，味一无果，物一不讲。王将弃是类也而与剸同，天夺之明，欲无弊，得乎？"② 弃和而专同，毁灭多样而强调一，独断专行，而不听取不同意见，必然产生社会病态。

晏婴则从和羹、和声、和味来说明治理国家，要实行和政。譬如君臣和谐，应该是"君所谓可而有否焉，臣献其否以成其可；君所谓否而有可焉，臣献其可以去其否，是以政平而不干，民无争心。故《诗》曰：'亦有和羹，既戒既平'"③。他鼓励从各个不同角度、层面提出各种不同、相反的意见，兼听则明，而后加以综合、融合，使不成熟的、有不足之处的方案、设想得以完善，这就是"和"，从而做到政明民和，社会健康无病。

孔子面对春秋"礼崩乐坏"的社会病态，总结史伯、晏婴的思想，提出"君子和而不同，小人同而不和"④ 的主张。和与同的紧张，即是君子与小人、明君与昏君的政治、行为、思想、人格的区别。《论语》记载："礼之用，和为贵。先王之道，斯为美；小大由之。"⑤ 先王以"和为贵"为最美好的道理。"和而不同"是指尊重各种不同意见和利益，而达到和谐，不因不同意见、政见而结党营私，为害自己国家人民。一个家庭内有父母兄弟、大人小孩、男人女人的不同，一个国家有地方与中央、众多民族的不同，和就是要互相尊重其各不相同，各得其所地和睦相处。倘若党同伐异，实行专同，社会就会分裂，发生病变。家和万事兴，国和万物成。

就国际社会而言，其病态有加剧的趋势。世界上有200多个国家，上千个民族，6600多种语言，各国家、民族的风俗习惯、宗教信仰、价值观念、社会制度、经济发展、文字语言、审美情趣殊异，而构成多极世界。在此

---

① 《郑语》，《国语集解》卷16，北京：中华书局2002年版，第470页。
② 《郑语》，《国语集解》卷16，北京：中华书局2002年版，第472~473页。
③ 《左传·昭公二十年》，《春秋左传注》，北京：中华书局1981年版，第1419页。
④ 《子路》，《论语集注》卷7，《四书五经》，上海：世界书局1936年版。
⑤ 《学而》，《论语集注》卷1，《四书五经》，上海：世界书局1936年版。

多极世界中不能搞"同而不和"的单边主义、霸权主义、中心主义，推行同的价值观、发展道路、社会制度，否则就诉诸战争暴力，而造成人道主义灾难，大批无辜生命遭杀戮。以暴力对付暴力，以恐怖对付恐怖，就很难根绝恐怖。国际社会只有遵循"和而不同"的和处原则，才能是安全的、和平的、合作的、发展的健康社会。

（三）中和乐道

治疗心灵病态，化解精神危机，这是21世纪所面临的重要课题。中华文化中的"中和""养心""乐道"的思想，具有效应性。"喜怒哀乐之未发，谓之中；发而皆中节，谓之和。中也者，天下之大本也；和也者，天下之达道也。致中和，天地位焉，万物育焉。"① 未发的心理状态，是寂然不动，称为中，没有偏向性；已发而合乎节度，无所乖戾病态，称为和。中和心理就是一种健康的、平和的心理，这是一种天下的大本达道。朱熹注说："盖天地万物本吾一体，吾之心正，则天地之心亦正矣；吾之气顺，则天地之气亦顺矣。"② 守中之心无偏倚而不失，谨和之精应物无差谬而不然。心理保持"中和"，既能戒惧而制约自我，又能慎独而不被外物所蔽，心正气顺，心理和乐，并超越为"位天地育万物"，以天地万物本吾一体之宏大心胸，容纳万事万物，一切个人的烦恼、孤独、苦闷、焦虑便荡然无存。

如何"养心"？它的第一层意蕴是"不动心"。外在的富贵利禄都不使他动心，以保持心理宁静和谐。公孙丑问孟子："不动心有道乎？"孟子回答说：北宫黝培养勇气，肌肤被刺不颤动，眼睛被戳不眨眼，这就是不动心。另一层意蕴是对于正义的把握和体认，是积善集义所生的至大至刚的"浩然之气"，能使自己的思想意识和行为等都合乎道义而无弊病，保持心理世界的和谐。再一层意蕴是"求放心"。由于人受世俗世界的污染、诱惑，丧失了善良的本心而患病，"求放心"就是要把善良的本心找回来。第四层意蕴是"养心莫善于寡欲"。人内心私欲太多，心理压力太大，而造成

---

①《中庸章句》第一章，《四书五经》，上海：世界书局1936年版。
②《中庸章句》第一章，《四书五经》，上海：世界书局1936年版。

心理障碍。老子主张"见素抱朴，少私寡欲"，认为"祸莫大于不知足，咎莫大于欲得""不见可欲，使民心不乱"。欲望膨胀，就会动乱心理，扭曲人性。淡泊以明志，宁静以致远，寡欲才能获得心灵的宁静、平衡、和谐。

儒、道认为，治疗化解心理病态，需要培养乐道精神，保持心理和乐。孔子曾赞扬颜回："贤哉，回也！一箪食，一瓢饮，在陋巷，人不堪其忧，回也不改其乐。贤哉，回也！"① 颜回不以贫穷累其心而改其所乐，颜子所乐是乐其道。乐道既能使人心若谷，无所忧愁，而求精神上、心理上的和乐愉悦，也是一种博大的情怀，"与民偕乐，故能乐也""乐民之乐者，民亦乐其乐；忧民之忧者，民亦忧其忧"。与民同忧乐，以国家、人民、人类的忧乐为忧乐，即是对国家、人民、人类的爱。在此爱的情境中，一切心理的病态都可得到治疗化解。庄子主张和乐，人和天和，人乐天乐，天人共和乐的心境。

（四）己立己达，人立人达

如何治疗化解人际病态，以及道德危机？中国古代哲学家、思想家设计了种种方案，提出了多元的原理、学说，如儒家孔孟的仁爱论、墨家的兼爱论、道家的自爱论等。儒家以"仁"道德观念作为处理人际关系的根本原则。"仁者，爱人"，把爱人作为仁的出发点，主张"夫仁者，己欲立而立人，己欲达而达人"。推己及人，自己成功立业，站得住，也要别人站得住；自己通达了，也要使别人通达起来；自己国家发达了，也要使别的国家发达起来，并以仁、义、礼、智、信，恭、宽、敬、敏、惠作为仁统摄下的端正人际病态的指导原则和规范道德危机的行为规则。这种指导原则和行为规范，经孟子、荀子、董仲舒、宋明理学家的发挥，成为中国古代治疗人际病态的主导的理论形态，成为中华民族发展繁荣的深层动力，以及内在的凝聚力、感召力与外在向心力、认同力的活水。

孟子认为，人与人之间之所以有健康的和谐关系，是因为"人皆有不忍人之心"，这种恻隐的、慈悲的、怜悯的同情心，是人的本心，它不受世俗的名誉、利益、交情的诱惑，而具有普遍的价值。治疗现代人病态，一

---

①《雍也》，《论语集注》卷3，《四书五经》，上海：世界书局1936年版。

言以蔽之，就是墨子所说的"人与人相爱，则不相贼"①。他认为要纠正人与人之间以强、众、富、贵、诈者欺侮弱、寡、贫、贱、愚者，才能化解人际病态；人人要有"己欲立而立人"的为他人的心，才能建构和立的人际氛围，人人互相尊重，平等和谐相处。

如何治疗人际病态，化解道德危机？中国古代思想家、哲学家提出了种种具体方案：一是修身为本，先人后己。《大学》有三纲领、八条目，人的道德修养要达到"在明明德，在亲民，在止于至善"和做到八条目。"自天子以至于庶人，壹是皆以修身为本。"修身就要诚意、正心，然后才能够齐家、治国、平天下。修身就需要从自我做起，利益在前，先人后己，先天下之忧而忧，后天下之乐而乐。二是严于律己，宽以待人。人与人的交往活动，是社会的基本交往活动。孔子主张"君子求诸己，小人求诸人"，严格要求自己，检讨自己的偏失，而不计较别人；在视、听、言、貌、思、情、行诸方面都要严于律己，并经常反省自己，故"君子慎其独"。三是平等待人，推己及人。在中国文化中，恕道是协调人际关系的根本原理。子贡问孔子："有一言而可以终身行之者乎？"子曰："其恕乎！己所不欲，勿施于人。"② "忠恕违道不远，施诸己而不愿，亦勿施于人。"③ 恕道是诉诸自我内在的道德情感，以善意与人相处。简言之，恕便是推己及人、济人济物之德，是人与人之间和立共荣，它既是一种自立自尊，又是一种立人尊人的道德价值合理性。

（五）文明和合

治疗文明病态。21世纪是否存在文明冲突，仍见仁见智，看法不同。然文明的多元存在，使冲突现象难免出现，其中意蕴着宗教的、价值观的因素。但战争、冲突的原因是复杂的，最主要的是由政治的、经济的因素引起的。严重的冲突，不免给人民带来灾难。从全球视野来看，绝大多数文化之间并没有因文明不同而发生冲突。

21世纪，文明冲突既不是发展趋势，也不是必经之路，人类社会要建

---

①《兼爱中》，《墨子校注》卷4，北京：中华书局1993年版，第159页。
②《卫灵公》，《论语集注》卷8，《四书五经》，上海：世界书局1936年版。
③《中庸章句》第十三章，《四书五经》，上海：世界书局1936年版。

构文明健康，其前景是和平、合作的文明和合。春秋时史伯说："商契能和合五教，以保于百姓者也。"① 五教是指父义、母慈、兄友、弟恭、子孝。和合的价值导向是保养、保卫百姓，即是对人民的一种爱护。儒家孔子主张"泛爱众"，讲"仁民爱物"。张载主张"民胞物与"，就是把仁爱由己推及别人，推及万物。

墨子从"兼相爱、交相利"出发，认为和合是人与人、家庭、国家、社会间关系的根本原理、原则。"内者父子兄弟作怨恶，离散不能相和合。天下之百姓，皆以水火毒药相亏害……天下之乱，至若禽兽然。"② 若父子兄弟相互怨恨，互相使坏，推及天下百姓，亦互相亏害，国家就会离散灭亡。和合能使国家、社会凝聚在一起，而不离散；和合也是国家、社会和谐、安定的调节剂。"昔越王句践好士之勇，教驯其臣和合之。"③ 和合是调节、协调、化解人、国家、文明冲突的聚合剂。由于墨子主张兼爱，人们要像爱自己的父母、国家一样去爱别人的父母、国家，这样就会营造一个和平而没有战争、和谐而没有冲突、相爱而没有怨恶、团聚而没有离散的文明和合世界。反之，"天下之人皆不相爱，强必执弱，众必劫寡，富必侮贫，贵必敖贱，诈必欺愚。凡天下祸篡怨恨，其所以起者，以不相爱生也"④。综观当今世界，强国胁压弱国，大国劫掠小国，富国欺侮贫国，贵者轻视贱者，狡诈者欺骗老实者，正因为如此而造成国家、民族、宗教间的怨恨，文明的冲突，其罪魁祸首，都是不相爱引起的。

管子认为建构文明和合世界，需要提升人的道德节操。他说："畜之以道则民和，养之以德则民合。和合故能谐，谐故能辑，谐辑以悉，莫之能伤。"⑤ 在《管子·幼官》中有相似的记载。人民有了道德修养，便能和合。和合所以和谐，和谐所以团聚。和谐团聚，就不能相伤。世界各国、各民族、各宗教、各文明之间，若都能按墨子、管子所讲的和合、和爱的原则去实行，文明的冲突就可以化解，文明的病态就可以治疗，世界各文明之间就可以和处和立、和达和爱。

---

①《郑语》，《国语集解》卷16，北京：中华书局2002年版，第466页。
②《尚同上》，《墨子校注》卷3，北京：中华书局1993年版，第109页。
③《兼爱中》，《墨子校注》卷4，北京：中华书局1993年版，第159页。
④《兼爱中》，《墨子校注》卷4，北京：中华书局1993年版，第158页。
⑤《兵法》，《管子校注》卷6，北京：中华书局2004年版，第323页。

　　中华民族是一个聪明睿智的民族，也是一个爱智慧的民族。她的智慧之光，照耀中国大地，创造了古代文明，也与世界文明相辉映。21 世纪，人们迫切祈求健康（自然健康、社会健康、人际健康、心理健康、文明健康，最终落实到人人身心健康），最畏惧、最害怕生病（自然病、社会病、人际病、心理病、文明病，最终落实到人的身心病），崇敬和谐、和合。中华民族的智慧，为治疗化解 21 世纪人类所面临的这些严重病症提供了宝贵的智慧理念，以及切实的实施的样式方法，将为建构文明和谐世界、对人类做出有影响力的巨大贡献。中华和合文化既是治疗化解上述严重病症、解除种种烦恼痛苦、通达健康和乐之境的智慧理念和实施方式，也是中华民族文化的精髓和首要价值。文明和合之境是中华民族理想境界。其实任何宗教和哲学家的终极理想境界，无论是佛教的"西方极乐世界"、道教的"神仙世界"、儒家的"大同（大和）世界"、基督教的"天堂"、伊斯兰教的"天园"，都是无杀人（战争）、无偷盗、无说谎、无奸淫的和生和处、和立和达、和乐和爱的富裕、和平、幸福、快乐的文明和合世界。因此，世界各宗教都是相通相似家族，实无必要兵戎相见，以暴易暴，以怨报怨。若如此，则实与各宗教的原旨相背离。

（原载于《科学对社会的影响》2007 年第 3 期）

中国传统文化与人类命运共同体

中国古人本来就有一个天下的视野

中国古人本来就有一个天下的视野，就是中国的天下观。对于"天下"这个概念，中国古人有很多精粹见解，有很高的智慧。

首先，《尚书》的第一篇是《尧典》，其中有一句话，"协和万邦，黎民于变时雍"，意思是各个国家之间都应该和谐相处。

中国讲大同世界，讲天下为公。其实中国古人对当时世界的一些看法，现在看来，是很正确的。《礼记·礼运篇》当中设计的那些制度，是非常完善的，其一就是天下为公的社会制度。如果为私，就是有违大道之行。

第二，"力恶其不出于身也"，是说劳动的工作制度，人们都要尽力，但不是为了自己，要为人民、为社会服务，这里涉及劳动制度。

第三，货（财富）不必藏于己的经济制度，追求大同世界。你的财富不是给自己，应该是把创造的财富归社会所有。

男有分，女有归。男女有分工，过去叫男耕女织。这个是一种劳动分工制度。还有一个，人不独亲其亲，不独子其子。我们现在很多人还做不到，大同世界的设计是相当完善的。

还有一点，中国人提倡"民吾同胞，物吾与也"，这是张载讲的。天下的老百姓、人民都是我的同胞兄弟，万物草木、禽兽这些东西是什么？是我的伙伴。所以，儒家讲仁爱万物，这是重要的一点。我们都是同胞兄弟，这样的话，我们可以结成一个共同体。

再有一点是讲天下和平，修齐治平。如果对传统文化有兴趣的话，我建议广大读者看看《周易》。《周易》上有这么一句话，"乾道变化，各正性命。保合太和，乃利贞。首出庶物，万国咸宁"。如果我们知道这句话，就会知道故宫是怎么建的。故宫里的六个殿是什么？就是《周易》上的"六爻"。这是什么卦？泰卦。所以我们懂得中国传统文化，就会了解很多的中国建筑都有文化的内涵、文化的基因。万国咸宁，万国都安定、团结，老百姓安居乐业，这是我国先人的一些理想。

中国人胸怀很广阔，"天下一家，中国一人"。荀子讲"四海之内若一家"。如果说四海之内都是一个家庭的话，不管是人也好、国家也好，都会归心。《礼记·礼运篇》里讲，圣人耐以天下为一家，以中国为一人。中国很早就提出这个问题，先秦的时候，《荀子》《礼记》都讲了。到了宋明理学家的时候，朱熹就扩大了，"天地万物，本吾一体"。后来王阳明讲"大人者，以天地万物为一体者也，其视天下犹一家，中国犹一人焉"。所以，"天下一家，中国一人"，当然就是我们现在讲的人类命运共同体，都是一个共同体，一个家庭。我们现在讲人类命运共同体的问题，实际上中国人从古以来就有这个思想脉络。

命运究竟是什么？中国古代有很多不同的解释。孔子讲，一个人不管成功也好，失败也好，都是一种命运。但是，孔子讲要知天命，一方面命是必然的，但是应该知道天命，三十而立，四十不惑，五十要知天命。现在人活到五十岁，是不是知天命？那不一定。说五十知天命，是说人"应该"知道天命，意思就是人要懂得你今天做事对不对，知道是非，知道自己的命运应该怎么把握，这个是知天命。所以从这个意义上讲，人是不是也可以通过知天命，掌握自己的命运？是不是蕴含了这个意思？

孟子当然是继承孔子的思想，"莫之为而为者，天也；莫之致而至者，命也"。他认为，仁义道德需要靠自己去求得，自己不努力去追求，就不能得到。富贵利达能否得到，要符合道义。孔子、孟子都讲了，富与贵，人之所欲也，富贵是人人都希望得到的。但是不以道得之则不处也。你要得到它，要从正道。

颜渊认为，祸福都是靠自己来造的。他举了个例子，比如我的地里能产五百斤谷子，这样的话，如果你精耕细作，就能达到。如果你不好好去种，本来可以产五百斤，也可能只产三百斤。这就是靠你的能力，所以人的命运也一样。

人类命运共同体何以可能

我们从古人对命运的解释当中，可以认识到一个问题：我们怎样去掌握自己的命运，怎样去创造自己的命运，这关系到我们的前途。国家也有一个怎么样抓住这个时机、抓住自己的命运的问题。

中国就是这样子，改革开放这么多年，抓住时机、机遇这一点，从国际形势来看，我们是做到了。现在我们来看，我们为什么能抓住时机？那就是对国际形势有个很好的认识。我们抓住这个时机，中国就有很好的发展前途。

那么人类的命运会怎么样？我认为将来是一个和合天下的格局。那么，人类命运共同体，何以可能？我想，要从两方面来说。

我们从人类自身内在的层面来说，人是什么？第一点，人是群居动物。大家看过《鲁滨孙漂流记》，鲁滨孙到了荒岛上，一个人生活，这也是很难的。在当前信息革命时代，人类单独生活都是不可能的。人的生活来源，衣食住行，一个人是不能完全创造的，都是需要整个社会群体来创造。对于人是群居动物，古人有很多论述。比如荀子讲过人的力量为什么强，为什么能够在自然竞争过程中战胜一切，就因为人是群居动物，群居才能有力量战胜一切。

西方也这样讲，人是群居动物，人不能单独依靠自己达到自己的满足，所以人具有合群性，人要过社会生活，也就是共同生活。国家也一样，你离不开我，我也离不开你。在全球化时代、信息革命时代，互相依靠、互相支援，你中有我、我中有你，这个思想很重要。

人是社会的存在物，具有社会性。人具有道德理性，这是人特有的，是构成人类命运共同体的所以然。从这个方面来看，我们已经超越了纯粹的动物性。有这样一句话，"水火有气而无生，草木有生而无知，禽兽有知而无义，人有气、有生、有知，亦且有义"。所以人是天下之贵，是最贵重的，最有价值的。我们知道，植物也是有"知"的，比如含羞草，一触就合起来了，可见它也有触觉，所以古人的话，也有局限性。

人是有感情的存在。孟子讲，人具有"不忍人之心"，人是有感情的。我们都知道习近平总书记曾说过："一句'回家过年'，牵动着亿万中国人最温馨的情愫。万家团圆、共享天伦，走亲访友、共祝美好，贯穿其中的就是浓浓的亲情、友情、爱情、同志之情。当今社会发展快速变化，人们为工作废寝忘食，为生计奔走四方，但不能忘了人间真情，不要在遥远的距离中隔断了真情，不要在日常的忙碌中遗忘了真情，不要在日夜的拼搏中忽略了真情。"中国春节人口这么大的流动，在世界上是没有的，尽管春节也是七八天假，但是有多少人回家？这是出于情感的行为。我们说人类命运共同体，为什么是共同体？这就体现了人的情感、共同的愿望，是出于人内心的。

21 世纪是不是中国的世纪？如果是中国的世纪，中国人的思想可以引领整个人类发展的历程。现在人类面临着各种问题，我们从这些问题中可以反思出来，中国和平发展、合作共赢的思想可以引领、化解这些问题，将来世界如果按照这个道路去发展、人类能够按照这个道路去走的话，一定是很美满的，我认为前途是很光明的。

（原载于《中国纪检监察报》2017 年 11 月 17 日）

文化强国：宏观微观路径

建设社会主义文化强国，我们首先要明确中国文化的源泉。我认为这个源泉在人民大众当中，在社会生活当中，在人民的创造活动当中。

从宏观看，应注意到三个方面

首先，上下结合。"上"指政府、领导。政府在正确的思想指导下进行文化改革，包括文化体制、组织、结构等，通过全面的文化改革，创造一个宽松的文化环境，给文化人"松绑"，让人敢想、敢做、敢于创新。"上"应宽容，宽容比自由更重要。从"下"来说，文化创造主体应有社会责任感和历史使命感。我们今天的文化创作是为弘扬中华文化、为文化大繁荣大发展而肩负重任。如果没有这种责任感、使命感的话，就很难创作出好的文艺作品。文化人应该沉下去，沉到人民群众中去，细心体会群众心声，真正领会时代精神。只有这样，才能创作出好的作品。

其次，雅俗结合。现在因为工作生活压力大，大家都喜欢看些通俗的、流行的、娱乐的东西。如果听任俗文化泛滥而不重视雅文化的话，我们从文化作品中所受到的启发意义就会越来越少，这样就失去了文化真正的性质和价值。俗文化实际上是对社会、对人们不负责任的表现，也是对中华五千年灿烂文化的一种亵渎。雅文化应该是"正俗文化"而不是"邪俗文化"。我们应该大力发展雅文化，加强雅文化的教化作用，提升人民群众的道德水平、价值观念和审美情趣，进而提升中华文化的质量，展现中华文化应有的精神和内涵。只有这样才能有经典文化的出现。

最后，中外结合。大家都知道这句话：民族的就是世界的，世界的也是民族的。世界文化是由各个民族的文化组成的，民族的文化是对世界文化的充实和发展。我们在吸收借鉴外来文化的时候，应该回到自己文化的源头上来。我们的文化应该有国字号的标志，应该含有更多中国元素，涵容世界文化，也就真正充实了世界文化。如果我们跟着西方走，一味模仿，失掉我们对中国传统文化的传承，也就丧失了中华文化的自我，同时也降低了对世界文化的贡献，不可能在世界文化当中占有一席之地。我们很多文化作品之所以"走不出去"、不被别人所看好，就是因为里面国字号的标志不明显，中国元素含量不够。《红楼梦》之所以被很多国家翻译，流传世界，是因为它已经成了中国古代文化的一个标志，一面镜子。

从微观看，应处理好四个关系

首先，无名而有名，有名而无名。现在很多文化人、作家、文化企业家一味追名逐利，而不是埋头提升文化作品的质量，不去吃透中华文化的精髓，不去殚精竭虑地钻研作品，这种心存"有名"而追名的结果，只能是产生一堆粗制滥造的产品，反而失去了名。只有心存"无名"，甘心坐一段时间冷板凳，踏踏实实、勤勤恳恳地去研究、去思考、去提升作品的内涵、质量，反映时代精神，反映人们的心声，才能创造出经典作品，才能获得名。

其次，无利而有利，有利而无利。现在很多人"唯利是图"，都跑去追逐利益、追求金钱。文化产业追求利益原本正常，但是过度商业化，则陷入"为利而创作"而不是"为创作而创作""为文化而文化"，也就丧失了文化，离文化越来越远。过于追求利益，完全商业化，很容易产生粗制滥造的作品，甚至出现改头换面的抄袭作品。这样的作品又怎么能获利、怎么得到好的票房呢？若不过分看重金钱，怀着一颗文化之心，抱着对时代负责、对人民负责的心态去创作，反而会获得巨大利益。

再次，无乡而有乡，有乡而无乡。我们要重视体认乡土文化，因为乡土文化中最原汁原味地蕴含着中华文化的精神，蕴含着非常多、非常好的文化创作的资源。很多中国乡土文化、民俗文化能够传承几千年不间断，我认为主要是体现民族精神、内涵丰富，群众喜闻乐见。当前我们应该全面搜集、整理这些宝贵的乡土文化，不是局限于一个乡、一块土，而是加以全面总结，认识其特色、性质、神韵，吃透乡土文化的精神和内涵。这就是无乡而有乡。如果只关注某一种乡土文化，而这种乡土文化很可能有缺陷，那么也就无法体现出中华乡土文化的精髓、神韵，便是有乡而无乡。

最后，无我而有我，有我而无我。如果一个作家、剧作家、文化企业家光想着我，处处为自我打算，处处以我为核心，就不可能创作出好的作品，也不可能带领好一个创作团队。因为现在的很多文艺作品如电影、电视剧等都是一个团队携手合作完成的。但是我们也并不排斥艺术创作团队中的领军人物，比如过去的梅兰芳剧团，这个剧团之所以有名气，就是因为有梅兰芳这个领军人物。同时，这个剧团又非常团结，从创作剧本到配乐、服装等，大家齐心协力，精诚合作，因此创造了种种佳绩。

如果我们能处理好这些方面、这些关系，中国文化大繁荣大发展指日可待。中国文化软实力走向世界，依靠中国文化的繁荣发展。

（原载于《理论学习》2012 年第 1 期）

国学的新视野和新诠释

一

　　国学是指中华民族学术文化与时偕行的创造，是中华民族学术文化的总和。国学自近代以来，被规定为中国已有的学术文化，而与古代有异。"国学"一词，较早见于《周礼·春官·乐师》："掌国学之政，以教国子小舞。"郑玄注："谓以年幼少时教之舞。"贾公彦疏："此乐师教小舞。"① 在这里，国学是指教育机构。西周在王城和诸侯国国都都设有学校，分小学和大学；汉有太学；晋武帝咸宁二年（276）设国子学，与太学并立；北齐为国子寺；隋文帝时国子寺总辖国子、太学、四门②等学；炀帝时改为国子监；唐、宋以国子监总辖国子、太学、四门等学；元设国子学，有蒙古、回回国子学；明、清为国子监，是教育管理机构；清光绪三十一年（1905）设学部，废国子监。

　　国学，指国家设立的学校。《新唐书》载："高祖始受命，锄类夷荒，天下略定，即诏有司立周公、孔子庙于国学，四时祠。求其后，议加爵士。国学始置生七十二员，取三品以上子、弟若孙为之；太学百四十员，取五品以上；四门学百三十员，取七品以上。"③ 国学、太学、四门学在招生对象上有等级区别，人数亦殊，年龄限制均为 14～19 岁，修业期限均为 9 年。

---

　　①《乐师》，《周礼注疏》卷 23，《十三经注疏》，北京：中华书局 1980 年版，第 793 页。

　　②"四门"，后魏于四门建学，隋代隶于国子寺（监），唐、宋隶于国子监，元以后不设。北魏太和二十年刘芳表请立四门博士，置博士 6 人、助教 6 人、直讲 4 人，管教七品以上及有才干庶人子弟。

　　③《儒学上》，《新唐书》卷 198，北京：中华书局 1975 年版，第 5635 页。

《旧唐书》记载："贞观二年，停以周公为先圣，始立孔子庙堂于国学，以宣父为先圣，颜子为先师。大征天下儒士，以为学官。数幸国学，令祭酒、博士讲论，毕，赐以束帛。学生能通一大经已上，咸得署吏。又于国学增筑学舍一千二百间，太学、四门博士亦增置生员……俄而高丽及百济、新罗、高昌、吐蕃等诸国酋长，亦遣子弟请入于国学之内。鼓箧而升讲筵者，八千余人，济济洋洋焉，儒学之盛，古昔未之有也。"① 以孔子替代周公为先圣，立孔子庙于国学，这与《新唐书》所载稍异。值得注意的是，周边诸国酋长子弟亦申请入国学学习，国学成为当时高等教育的学校；太宗皇帝数次到国学，听祭酒、博士讲论，并赐束帛，这对于国学的发展起了推动作用。这种儒学昌盛的情况并没有维持很久，"高宗嗣位，政教渐衰，薄于儒术，尤重文吏……及则天称制，以权道临下，不吝官爵，取悦当时……因是生徒不复以经学为意，唯苟希侥倖。二十年间，学校顿时隳废矣"②。唐代国学的教职，主要由受俸禄的官员担任，并由政府资助学校财政。

国学作为中国古代的教育管理机构和高等学府，西周时其教育内容大体是礼、乐、射、御、书、数，合称"六艺"。小学以书、数为主，大学以礼、乐、射、御为主。《汉书·艺文志》依刘向、刘歆父子的《七略》，把中华民族的学术概括为六类内容，即六艺、诸子、诗赋、兵书、术数、方技。六艺包括小学，术数包括天文学和历法，方技包括医学。到了唐代，取士之科，多因隋旧。凡学六：国子学、太学、四门学、律学、书学、算学，皆隶国子监；其科目有秀才、明经、俊士、进士、明法、明字、明算、一史、三史、开元礼、道举③、童子。汉代以明经射策取士④，隋炀帝置明经进士二科，唐以经义取士为明经，以诗赋取者为进士。明经有五经、三经、二经之分。"凡《礼记》《春秋左氏传》为大经，《诗》《周礼》《仪礼》为中经，《易》《尚书》《春秋公羊传》《谷梁传》为小经。通二经者，大经、小经各一，若中经二。通三经者，大经、中经、小经各一。通五经

---

① 《儒学上》，《旧唐书》卷189上，北京：中华书局1975年版，第4941页。
② 《儒学上》，《旧唐书》卷189上，北京：中华书局1975年版，第4942页。
③ 开元五年置崇玄学，"习《老子》《庄子》《文子》《列子》，亦曰道举"（《选举志上》，《新唐书》卷44，北京：中华书局1975年版，第1164页）。
④ 《汉书·隽疏于薛平彭传》："以明经为博士，公卿荐当论议通明，给事中。"

者，大经皆通，余经各一，《孝经》《论语》皆兼通之。"① 唐科举考试的内容，亦即国子监所学内容。"天宝九载，置广文馆于国学，以领生徒为进士者。"②

唐太宗时，"冀州进士张昌龄、王公谨有名于当时，考功员外郎王师旦不署以第。太宗问其故，对曰：'二人者，皆文采浮华，擢之将诱后生而弊风俗。'其后，二人者卒不能有立"③。给事中李栖筠等议："汉兴，监其然，尊儒术，尚名节，虽近戚窃位，强臣擅权，弱主外立，母后专政，而亦能终彼四百，岂非学行之效邪？魏、晋以来，专尚浮侈，德义不修，故子孙速颠，享国不永也。"④ 文宗时，"郑覃以经术位宰相，深嫉进士浮薄，屡请罢之"⑤。北宋国子监经学课程和教材有：《诗》《书》《易》《春秋》《左传》《谷梁传》《公羊传》《礼记》《周礼》《仪礼》及孔颖达的《五经正义》等。王安石在熙宁变法时，认为诗赋课程无补于从政，而浪费学生精力。熙宁四年（1071），学生可在《诗》《书》《易》《礼记》《周礼》中任选一经，兼习《论语》《孟子》。变法失败后，元祐时恢复被王安石取消的经学。元祐八年（1093），哲宗恢复神宗朝制度；绍圣元年（1094），取消进士试中的诗赋。南宋绍兴十五年（1145），诏进士考试分经义、诗赋两科，结果学生纷纷选学诗赋。高宗不满这种情况，认为"读书当以经义为先"，于是不分两科，考生皆学经义、诗赋、论策。南宋时国学的课程和教材，以《诗》《书》《易》《春秋》《周礼》《礼记》（"六经"）和《论语》《孟子》，以及孔颖达的《五经正义》、徐彦的《公羊传疏》、杨士勋的《谷梁传疏》、贾公彦的《周礼注疏》、王安石的《论语解》等为主。南宋宝庆以后，除上述"六经"和《论语》《孟子》外，增加了朱熹的《四书章句集注》和《仪礼经传通解》，周敦颐的《太极图说》，张载的《西铭》，程颐的《易传序》和《春秋传序》等。

宋理宗在淳祐元年（1241）下诏："朕惟孔子之道，自孟轲后不得其传，至我朝周敦颐、张载、程颢、程颐，真见实践，深探圣域，千载绝学，

---

①《选举志上》，《新唐书》卷44，北京：中华书局1975年版，第1160页。
②《选举志上》，《新唐书》卷44，北京：中华书局1975年版，第1164页。
③《选举志上》，《新唐书》卷44，北京：中华书局1975年版，第1166页。
④《选举志上》，《新唐书》卷44，北京：中华书局1975年版，第1167～1168页。
⑤《选举志上》，《新唐书》卷44，北京：中华书局1975年版，第1168页。

始有指归。中兴以来，又得朱熹精思明辨，表里混融，使《大学》《论语》《孟子》《中庸》之书，本末洞彻，孔子之道，益以大明于世。朕每观五臣论著，启沃良多，今视学有日，其令学官列诸从祀，以示崇奖之意。"① 国学的教育课程和内容与时俱进，尽管儒家元典文本没有变，但现当代学者的诠释，特别是道学家（理学家）的理解和诠释文本也列入教学课程，便推动了理学学说的传播和发展。

元代继续实行科举制，并以德艺双馨为举人的标准，"崇学校为育材之地，议科举为取士之方……举人宜以德行为首，试艺则以经术为先，词章次之"②。科举必由学校，所以国学、府、州、县学教育都以应试教育为主。朱元璋、刘基规定科举专取"四书"及"五经"命题试士。"后颁科举定式，初场试'四书'义三道，经义四道。'四书'主朱子《集注》，《易》主程《传》、朱子《本义》，《书》主蔡氏《传》及古注疏，《诗》主朱子《集传》，《春秋》主左氏、公羊、谷梁三传及胡安国、张洽《传》，《礼记》主古注疏……二场试论一道，判五道，诏、诰、表、内科一道。三场试经史时务策五道。"③ 各级学校按科举科目设置教学课程内容。

在中国古代，国学作为国家教育管理机构和国家设立的最高学府，具有承传和延续中华民族五千年文明而使之不断裂的功能；她使中华民族元典"五经""十三经""四书"等文本，通过后代学者不断诠释，不仅"继绝学"，而且不断丰富发展，致使中华民族文脉愈来愈昌盛；她通过国学教育，不仅为中华民族培养了德才兼备的高素质人才、学者，而且为国家输送了大批优秀的官员；她使国学教育成为塑造中华民族民族精神、价值观念、伦理道德、思维方式、审美情趣的重要源头活水；她使中华民族的生命智慧、终极关切，在大化流行中生生不息。

二

尽管中国古代没有把国学完全置于学术视野下来观照，没有把国学作

① 《理宗二》，《宋史》卷 42，北京：中华书局 1977 年版，第 821 页。
② 《选举一》《元史》卷 81，北京：中华书局 1976 年版，第 2018 页。
③ 《选举二》，《明史》卷 70，北京：中华书局 1974 年版，第 1694 页。

为研究对象来诠释，但国学作为教学的基地和管理机构，其教学的课程内容为国学研究提供了文本的依据和诠释的空间及条件。因此，近现代的国学研究并不是古代国学的决裂和革命，而是其融突承传和转换。

中华民族古代文化，可谓海纳百川，有容乃大。她汇聚和凝练了各民族、各地域和各国文化，形成了中华五千年光辉灿烂的文明。其间有两次外来文化大规模的传入，对中华文化产生深远影响：一次是公元1世纪时印度文化的传入；另一次是16世纪末以来，特别是19世纪西方文化的传入。

印度佛教文化传入后，逐渐与中国原有的、本土的儒、道文化发生冲突，在儒、佛、道三教文化的激烈震荡中，冲突融合。一方面，三教在融突中促成佛教的中国化；另一方面，佛教亦渗透和影响了儒道文化，促使儒道文化得以深化和发展。尽管在伦常、夷夏、费财等问题上，长期存在着论争，但三教终于在兼容并蓄中转生为宋明理学，对佛教文化的融突做出了成功的化解，使中华文化学术达到"造极"的境域。

明末西方基督教耶稣会的学说及科技的传入，特别是利玛窦和徐光启合译的欧几里得《几何原本》，以及李之藻与传教士傅泛际合译的《名理探》的出版，产生了一定的社会影响。19世纪中叶，随着西方列强的军事入侵，西方文化涌进，强烈冲击着中华传统文化。于是，自古以来的"夷夏之辩"便转换成"中西之辩"。在外来文化传入、受容之时，不可避免地要受到本土文化一定程度上的拒斥；异文化在其传播过程中也会经历依附、渗透、冲突、离异等阶段。晚清知识精英在受容西方文化之时，首先是从实用经验层面接受西方技术，即"师夷长技以制夷"，由中国以"夷"为"蛮"、为落后，转变为"师夷"。这在价值观念上是以夷为师，向夷学习，其目的是"制夷"。这是一种自卫性的需要，也是对拒斥西方的所谓"奇技淫巧"的批判，对西方文化开始有了新的体认。

自19世纪60年代始，西方教会在中国开办教会学堂。1877年为统一多所学堂的教材，成立基督教学堂教材编撰委员会（益智书会）。洋务派出于对洋务人才的需要，亦开办洋务学堂，并组织翻译"西书"、出洋考察及派遣留学生，促进了"西学"的传播和渗透。中西文化的交流把中国卷入了世界格局，"华夷混一局势已成"，这是天下之大势。然而，洋务派重西学的实用器物层面，而在价值观念的道体层面则坚持孔子之道。于是，有人将其概括为"中学为体，西学为用"，并将其归之于张之洞名下。张氏虽说过"中学为内学，西学为外学；中学治身心，西学应世事"[①] 的话，但无"中学为体，西学为用"的表达。在张氏《劝学篇》写成前的两年，沈寿康说："夫中西学问，本自互有得失，为华人计，宜以中学为体，西学为用。"[②]"中体西用"成为当时流行话语。所谓"中学"，即"孔门之学"的孔学、孔教；"西学"即洋务，包括西方技艺知识、商务及国际公法知识。"中体西用"不仅是洋务派，而且是早期改革派的共同认识。他们在引进西学的同时，主张"西学中源"说。王韬说，"欧人之律历、格致大半得自印度，而印度则正授自中原""他若祖冲之能造千里船，不因风水，施机自运；扬幺之轮舟鼓轮激水，其行如飞，此非欧洲火轮战舰之滥觞乎！指南车法则创自姬元公以送越裳氏之归，霹雳炮则已见于宋虞允文采石之战，固在乎法朗机之先"[③]，以此说明西器、西技源于中国。

黄遵宪进而认为，西方近代自然科学、西教、西政也源于中国，西方"格致之学无不引其端于《墨子》经上下篇""泰西之学，其源盖出于墨子。其谓人人有自主权利，则墨子之尚同也；其谓爱汝邻如己，则墨子之兼爱也；其谓独尊上帝，保汝灵魂，则墨子之尊天明鬼也；至于机器之精，攻守之能，则墨子备攻、备突、削鸢能飞之绪余也"[④]。西方的文明富强是墨学的明效，民主权利、基督教都来源于墨子思想。

"中体西用"与"西学中源"是一个问题的两个方面，都是以中国为"天朝上国"、华夏为文明"礼仪之邦"为其思想底蕴的，并由此而观照西方。换言之，西器、西技、西政、西教中国古已有之，是中学的西传。"西学中源"说是在"西学"涌入和学西学、"采西学"并以西学为真理的情境下，为维护中学的主体性、文化的自尊性而提出的，这种文化自觉心态，今人可以理解，但不全是真实。西方人主办的《万国公报》便发表有关"中学西源"的文章，以与"西学中源"针锋相对，但这两种主张都是以其本位文化为中心。从受文化侵略的弱势文化来说，"西学中源"说意蕴着中

---

① 张之洞：《劝学篇》，《张文襄公全集》卷203，北京：文华斋1928年版。

② 沈寿康：《匡时策》，《万国公报》1896年第75期。《万国公报》创刊于1868年，初名《中国教会新报》，1874年改为《万国公报》。它对中国近代批儒反孔曾起先导作用。

③ 王韬：《原学》，《弢园文录外编》，郑州：中州古籍出版社1998年版。

④ 黄遵宪：《学术志一》，《日本国志》卷32，上海：上海图书集成印书局1898年版。

华民族本土文化学说对于西学的抵制和捍卫本民族文化的主导地位的努力；从文化侵略的强势西方文化来说，"中学西源"说企图以征服者姿态压制中华文化，全面接受西方文化，使西方文化成为主导文化。

在中西文化学术激烈震荡中，中学所蕴含的是以儒学为主的中华固有学术。"中学"亦被称为"国学"。"国学"由于章太炎的倡导，而成为当时流行的学术话语。1906 年，章氏出狱东渡日本，接任《民报》主编，8 月成立国学讲习会和国学振兴社，并为上海国学保存会主办的《国粹学报》撰文。他说："夫国学者，国家所以成立之源泉也。吾闻处竞争之世，徒恃国学固不足以立国矣，而吾未闻国学不兴而国自立者也。吾闻有国亡而国学不亡者矣，而吾未闻国学先亡而国仍立者也。故今日国学之无人兴起，即将影响于国家之存灭。"[1] 国学是国家成立的根本、根基和源泉，国学亡而国必亡，国学兴而国自立，国学与国家命运息息相关，存亡相依。他们认为，国学与新学并不冲突，而相契合，"真新学者，未有不能与国学相契合者也。国学之不知，未有可与言爱国者也。知国学者，未有能诋为无用者也"[2]。章氏在"国学讲习会"所讲内容有三：中国语言文字制作之原，典章制度所以设施之旨趣，古来人物事迹之可为法式者。此三者即章氏所理解国学主要内涵。

"国学振兴社广告"称："本社为振起国学、发扬国光而设，间月发行讲义，全年六册，其内容共分六种：一，诸子学；二，文史学；三，制度学；四，内典学；五，宋明理学；六，中国历史。"[3] 可见，国学内容稍有扩大。1910 年，《国故论衡》由国学讲习会在日本出版发行，在"出版广告"中说："此书为余杭章先生近与同人讨论旧文而作，分小学、文学、诸子学二十六篇。叙书契之原流，启声音之秘奥，阐周秦诸子之微言，述魏晋以来文体之蕃变。"小学、文学、诸子学为国学基本内容。

1922 年 4 月至 6 月，章太炎应江苏省教育会之邀在上海讲国学，共讲十次。江苏省教育会通告说："自欧风东渐，竞尚西学，研究国学者日稀，而欧战以还，西国学问大家，来华专事研究我国旧学者，反时有所闻，盖

---

[1] 章太炎：《国学讲习会序》，《民报》1906 年第 7 号。
[2] 章太炎：《国学讲习会序》，《民报》1906 年第 7 号。
[3] 《国学振兴社广告》，《民报》1906 年第 7 号。

亦深知西方之新学说或已早见于我国古籍，借西方之新学，以证明我国之旧学，此即为中西文化沟通之动机。同人深惧国学之衰微，又念国学之根柢最深者，无如章太炎先生，爰特敦请先生莅会，主讲国学。"[1] 五四运动后，国学衰微引起国人的忧虑，因此，振兴国学，沟通新旧之学、中西之学，成为国人的诉求。章氏讲国学共三讲，由曹聚仁整理记录，以《国学概论》于这年 11 月由泰东图书局出版。第一讲为《论国学之大概》：一、国学之自体：（甲）经史非神话，（乙）经典诸子非宗教，（丙）历史非小说传奇；二、治国学之法：（甲）辨书籍真伪，（乙）通小学，（丙）明地理，（丁）知古今人情之变迁，（戊）辨文学应用。第二讲为《国学之派别》，分为三端：（甲）经学之派别，（乙）哲学之派别，从周秦一直讲到清代，（丙）文学之派别，文体有数典、仪注、目录之学及习艺、度地之学。第三讲为《国学之进步》：（甲）经学以比类知原求进步，（乙）哲学以直观自得求进步，（丙）文学以发情止义求进步。

章氏的演讲涉及国学的宗旨、国学自身是什么、治国学的方法，并将国学分梳为经学、哲学、文学三派。经学包括史学（六经皆史），以及经、哲、文三学的认知方法和特点。从章氏的国学讲习会到《国学概论》可见，国学是在与西学冲突的境遇中，从周秦以来国家教育管理机构、最高学府的机能转变为学术的机能，其研究的对象是中国固有的学术。如果说以往国学以经典为教材，那么章氏所说国学是对经典文本的诠释，是考镜源流，分源别派，义理地、历史地呈现其学术延续的血脉和生命智慧。这就是说，国学从此才真正进入"学"的视域。1922 年北京大学文科研究所创办国学门，1925 年清华大学创办国学研究院，亦与古代有所不同，既把国学作为"学"来研究，也把其作为教育机构，两者兼备。

20 世纪初，国学之所以得以重新倡导，是一批具有"国家兴亡，匹夫有责"的责任感、担当感的知识精英们，在欧风东渐、竞尚西学的忧患中，深惧国学之衰微，为救国图存而奔走呼号，为文脉延传而大声疾呼。

---

① 汤志钧：《章太炎年谱长编》卷 5，北京：中华书局 1979 年版，第 668 页。

三

现代国学曾历经磨难，屡遭批判。当今，春风徐来，百物复苏，国学亦否极泰来，顺天应人。在此国内外的新形势、新环境、新格局情境下，国学的教学和研究要有全球的新视野、和合的新思维、变通的新理念、生生的新价值、现代的新方法，才能对国学做出新诠释。

"乾道变化，各正性命。"当今，中国改革开放，经济腾飞，持续发展，万象更新。当人们关注一种成功事业背后的精神支撑的时候，往往回顾本民族的传统文化，从国学中寻求经济腾飞背后的精神力量。涩泽荣一（1840—1931）被称为日本资本主义之父，他的"《论语》算盘"说，是在1909年把儒教伦理作为经济发展的精神力量并加以运用的。他所倡导的"《论语》算盘"说与马克斯·韦伯《新教伦理与资本主义精神》的发表，都是在20世纪头十年间。涩泽氏认为，日本经济振兴与儒教伦理是一而不二的，"世人分《论语》算盘为二，是经济之所以不振也"[1]。他创办了500多家企业，辞官出任真正"株式会社"形式的第一银行（今第一劝业银行）的总监事，后任行长，都是"按照《论语》的教谕经商谋利"[2]的。"《论语》算盘"之路，是东亚乃至东方资本主义之路，它契合东方（或曰东亚）的文化背景、价值观念、思维方式和伦理道德，并非如韦伯在《儒教与道教》中所说的儒教伦理阻碍了资本主义的发展。当前，中国、东亚的经济发展，可以按照"《论语》算盘"之路，从中国国学中寻找智慧，包括儒家和道家的经济伦理、《孙子兵法》的经营之道等。

第一，我们要以世界的视野、全球的意识来观照国学。当前，人类共同面临着人与自然的冲突、人与社会的冲突、人与人的冲突、人的心灵的冲突、文明之间的冲突，以及由此五大冲突而造成的生态危机、人文危机、道德危机、精神危机和价值危机等，急切地需要东西方的哲学家、政治家提出化解的理念、运作的方法等。这是关系人类能否在21世纪更好地生存

---

① 涩泽荣一：《论语讲义》卷7，东京：谈讲社1986年版，第145页。
② 土屋乔雄：《涩泽荣一传记资料》卷41，东京：龙门社1965年版，第337页。

下去的重大问题，是关系人类未来能否继续发展的重要问题。在中国国学中蕴含着化解人类所共同面临的五大冲突和危机的独特的资源和智慧。和合学从国学中所开出的和生、和处、和立、和达、和爱五大原理，是化解此五大冲突和危机的最佳选择，是国学智慧价值的展现。

在全球新视野下，国学仍然是中华民族的立国之本。本立则道生，道生则民富，民富则国强。国学是中华民族源远流长的文脉的传承，文脉断，则国衰；文脉盛，则国昌。文脉就像人的血脉里流淌着的血液，输送着营养，维持着生命，新陈代谢，日新又日新，使中华文明永葆青春。国学是中华民族五千年文明的见证者和文本载体，其间有哲学的智慧、深邃的洞见、豁然的启示、成金的点化，培育着中华民族的民族精神，塑造着中华民族的价值观念、伦理道德、思维方式、心理结构、宗教信仰乃至风俗习惯。国学是中华民族生命智慧的源头活水、价值理想的理论依据，是重建新国学的累土基础。

然而，国学的新诠释必须超越以往的迷惑、误解、误读、误导、误批，正其名，副其实。名实当则治，不当则乱。过去的"误"和乱皆由不实、不德、不理、不智、不当所致，我们需使国学之名合实、合德、合理、合智、合当。

第二，要以和合的新思维，超越国学在西学的科学和民主价值观视野下的复古、保守、守旧的观念。西学以其固有的二元对立的思维方式和不相容的二值逻辑，影响着当时向西方追求真理的知识精英。他们视西学为现代的、革命的、先进的，视国学（中学）为复古的、守旧的、保守的，从而贬低国学、否定国学，导致喊出"打倒孔家店"，与传统文化彻底决裂，国学亦遭断裂。但历史地来看，国学在相当长的历史时期是辉煌的，她独领世界之风骚。两宋时期，不仅国学（义理之学）"造极"于世，而且其三大发明独占鳌头，于世无匹。西方资本主义的发展亦得益于中国的三大发明。汉以后印度佛学（佛教文化、学说）传入，在与中国儒道文化哲学的长期融突中，和合转生为中国化的佛学，使佛学获得新生长、新发展。相反，佛教在其本土印度自八九世纪便逐渐衰败，到 14 世纪几乎湮灭。印度异质的佛学，在与中国本来固有的国学的冲突中，不是采取二元对立的非此即彼，一方吃掉一方、一方打倒一方的方式，而是在与中国儒道文化既冲突又融合中和合转生，成为新宗教——禅宗。

从发展来看，复古与现代、保守与革命、守旧与先进的二元对待，不是固定不变、永远如此的，而是变动不居、刚柔相易的。这三种二元对待都是以二分思维为尺度。其实，现代是古代的传承和积累，无古哪有今！任何现代的文化哲学的创新，都要回到其文化哲学的源头，反思其源文化哲学，以获取新启迪、新灵感、新智慧；在现代与复古的猛烈碰撞中，点燃爱智之光，而建构现代的文化哲学，或曰现代新国学。任何事物的发展都是在复古与现代、保守与革命、守旧与先进的交替融突、和合转生中前进的。

第三，要以变通的新理念，超越中西体用、道器重轻的思维模式。无论是"中体西用"还是"西体中用"，都是以中西体用、道器重轻为二，或以此二为本末。以中学为体、为主、为本，以西学为用、为辅、为末，这种中西对立、体用二元的思维模式，实际上把中西体用固定化、僵死化了。我们应以"穷则变，变则通，通则久"的变通思维，以通中体西用、重道轻器之变。

变通理念，变是讲与时偕行的变易，"为道也屡迁，变动不居"，唯变所适。中西体用、道器本身处在不断变化之中，是与时俱进的，无论是中还是西，是体还是用，是道还是器，都不是一成不变的。道有变，易有生，只有变动不居才能适应、适合时代的需求，否则就会被时代淘汰。通是讲"天地交而万物通""上下交而其志同也""天地不交而万物不通也，上下不交而天下无邦也"。通就是交通、交感、交流。"天地交，泰"，通泰是吉利的；"天地不交，否"，闭塞是不吉利的。变通就会蓬勃发展，而能长久；闭塞就会枯萎死亡，万物皆然。只有通中西体用之变，体用相兼，道器并建，中西之学才能在融突中而成新和合体的国学。

第四，要以生生的新价值，超越国粹派、东方文化派的国学观、文化观。"天地之大德曰生""生生之谓易"，天地最大的德性是讲生，和合生生是一种蕴含抉择的社会学现象；燮理阴阳变化以疏通万物生机，参赞天地化育以呵护众生命根，也是一种自觉而然的文化现象。人类的道德觉醒是和合生生的动因，主体的价值创造是和合生生的动力。以生生的新价值观来观照以往的国学各派，既有其合理性，可作为化旧国学为新国学的资源，亦要立足于主体的价值创造，建构与时俱进的新国学。

由邓实、黄节等于 1905 创办和主编的《国粹学报》是国学保存会的机关报。它"以发明国学，保存国粹为宗旨"①，主要撰稿人有刘师培、章太炎、马叙伦、陈去病等。章太炎在 1903 年因"苏报案"坐牢期间，就有一种"上天以国粹付余"的文化使命感和"恢明而光大之"的责任感。② 他 1906 年出狱后东渡日本，在东京留学生欢迎会上，他说："为甚提倡国粹？不是要人尊信孔教，只是要人爱惜我们汉种的历史……近来有一种欧化主义的人，总说中国人比西洋人所差甚远，所以自甘暴弃，说中国必定灭亡，黄种必定剿绝。因为他不晓得中国的长处，见得别无可爱，就把爱国爱种的心，一日衰薄一日。"③ 他以强烈的忧患意识回应欧化主义，大力呼唤国粹，以激动中华民族的爱国爱种的心。从这个意义上说，国粹的倡导者既是抵制欧化主义的爱国主义者，又是反抗清朝君主专制的一批知识精英，在当时文化思想史上有其积极的意义，对民主革命有其推进作用。但国粹派认为只有国粹才是救国之方的国学观和文化观，却与当时民主革命形势的发展不相适应，而有其偏颇。

东方文化派是第一次世界大战后流行起来的，国外的"东方文化"论者与国内的"东方文化"论者相互呼应。20 世纪 20 年代初，印度泰戈尔访华，他"提倡东洋思想亚细亚固有文化之复活"④，是鉴于对第一次世界大战后欧洲资本主义经济萧条的体认，而以为这是西方文化的破产。辜鸿铭和杜亚泉是东方文化派的代表人物，他们亦主张以中国文化去拯救西洋文明的破产。杜亚泉认为，"西洋之断片的文明，如满地散钱，以吾固有文明为绳索，一以贯之"⑤。今日西洋之种种主义主张，为吾国固有文明之一部分而已。意谓西洋文明是"满地散钱"，需要中华文明去贯穿、去拯救，否则其断片文明不成为其文明。

梁漱溟是东方文化派的重要人物，他说："我又看着西洋人可怜，他们当此物质的疲敝，要想得精神的恢复，而他们所谓精神又不过是希伯来那

---

①《国粹学报略例》，《国粹学报》1905 年第 1 期。

②《癸卯狱中自记》，《章太炎全集（四）》，上海：上海人民出版社 1985 年版，第 144 页。

③ 章太炎：《东京留学生欢迎会演说辞》，《民报》1906 年第 6 号。

④ 陈独秀：《太戈尔与东方文化》，《中国青年》1924 年第 27 期。

⑤ 伦父：《迷乱之现代人心》，《东方杂志》1918 年第 15 卷第 4 号。

点东西，左冲右突，不出此圈，真是所谓未闻大道，我不应当导他们于孔子这一条路来吗！我又看见中国人蹈袭西方的浅薄，或乱七八糟，弄那不对的佛学，粗恶的同善社，以及到处流行种种怪秘的东西，东觅西求，都可见其人生的无着落，我不应当导他们于至好至美的孔子路上来吗！……孔子之真若非我出头倡导，可有那个出头？这是迫得我自己来做孔家生活的缘故。"①走孔子的路，以拯救西洋人生活的"猥琐狭劣"和东方人的"荒谬糊涂"②。他对第一次世界大战所做的文化反思是有价值的，启迪我们对第二次世界大战做文化的反思。我们应同情地理解东方文化派宣扬中华传统国学、尊重中华文明、自觉挺立民族文化的价值，但应超越其对西方文明不实的估量和对中华文明能拯救西洋文明破产的过高估价。我们主张通古今中西文化之变，既批判"西方文化中心论"，也不搞"东方文化中心论"，而应融通东西方文化，以和合生生为我们的新价值观，进而建构新国学。

第五，要以现代的新方法，超越以往分门别类过细，而不能贯通的僵死、呆板的教学与研究方法。每一种学术都有其与之相适应的方法论。在人类各民族学术发展过程中，方法论问题是至关重要的。反思国学教学和研究的方法，推进方法论的创新，于现代国学的教学与研究是有裨益的。

国学既是中华民族学术文化的总称，那么，它就具有和合的整体性。和合的整体性是中华国学的特点，也是其实际的形态。鉴于此，以国学为研究对象的方法，也应与国学的实际特点和形态相适应。国学教学与研究的新方法，除工具性层面的现代科技手段外，主要是方法论层面的。我们既要继承以往的考据之学和义理之学，以及"我注六经""六经注我"的诠释方法，更重要的是融突而和合地智能创新，建构新方法论。

方法创新不应是无中生有的面壁虚构和凭空杜撰，而应是根据国学的与时偕行，不断"化腐朽为神奇"，以适应新情境和新诠释的需要。这必须通过对国学文本的智慧阅读，尤其是对国学元典文本的创造性的诠释及其诠释方法的推陈出新而获得，是通过对国学这个研究对象的范围、内涵、

---

①《东西文化及其哲学》，《梁漱溟全集（一）》，济南：山东人民出版社1989年版，第543~544页。
②《东西文化及其哲学》，《梁漱溟全集（一）》，济南：山东人民出版社1989年版，第544页。

性质、特点、风格的体贴而取得的。否则，即使方法是新的，也不一定与需要相符合。

作为中华学术文化总和的国学，应以和合整体为方法论，不能依傍西方分科的方法；要整体地而不是部分地、全面系统地而不是片面支离地呈现国学的事实面相及其内在逻辑理路。就整个国学而言，既有纵向的国学的大化流行，各个时期的流行均有其时代的特色、风格、方法和性质，构成了那个时期的国学精神，而不能错位和代替；又有横向的国学的周流六虚，它不仅与各个时期的外来学术冲突、融合，在兼容并蓄方法的观照下进行和合，而且是各个时期各种学术的整体相对相关的和合，并凸显其整体"一以贯之"的内在逻辑的联系性、整体性。

中华国学之道乃"一本而万殊"，或曰"理一分殊""体用一源"。此"一"、此"本"是相对于国学的各门类的"万殊""分殊"而言的，但总归"天下同归而殊途，一致而百虑"（《周易·系辞下》）。国学各门类的"万殊"皆归于"一本"，即"理一"，体现了国学"万殊""分殊"的和合整体性。

所谓和合整体方法，是指方法主体运用多元方法、途径出入研究对象（国学），在多元冲突融合（包括纵向、横向各学科间的融突）中达到和合，以获得对国学的整体的贯通，真切的理解，及思想精神的领悟和新意蕴的开出。在和合整体方法的观照下，使国学之本真得以彰显。

（原载于《中国人民大学学报》2006 年第 1 期）

国学的度越与建构

我曾说过，一个不知道自己民族传统学术文化（国学）的学者，不是一个合格的学者；一个不知道自己民族传统学术文化（国学）的领导，不是一个合格的领导。换言之，一个合格的学者和领导，一定要熟悉自己国家、民族的传统学术文化（国学），这样才能按自己国家、民族的特点、国情办事，才能知己知彼，更好地化西成中、转外为中。

一、 度越 "旧国学"

当下，国学已成热门话题，各地各校纷纷成立或恢复国学院、国学研究院。然而，国学究竟是什么？国学应包括哪些子学科和门类？国学与西学以及马学是什么关系？国学与哲学、文学、史学的联系和区别，国学教学的课程体系，国学的现代化、世界化等问题，均人见人殊，各说齐陈，这是学术文化的正常现象，也是一种好现象，说明人们对此的关注和重视。我认为问题可以继续讨论，各单位可按各自计划成立国学院，不必等问题讨论清楚了再成立。

在 21 世纪的今天，"为道也屡迁，变动不居"，大化流行，唯变所适。"国学热"也是唯时代之所适，为道变化之所需。为了使国学热健康发展，必须度越 "旧国学"，以建构新国学。如何度越 "旧国学"？

第一，度越国粹主义。1905 年 2 月 23 日，邓实等人在上海创办和主编《国粹学报》，其《发刊词》说："刊发报章，用存国学，月出一编，颜曰国粹。"以用存国学、国粹为宗旨。章太炎是其主要撰稿人之一。由于 1903 年《苏报》刊登章氏的《驳康有为论革命书》，中外反革命势力勾结起来，制造了"苏报案","英租界巡捕"逮章太炎入狱。在坐牢期间，章氏有一种"上天以国粹付余"的文化使命感和担当感。他1906年出狱后东渡日本，在东京留日学生欢迎会上说："为甚提倡国粹？不是要人尊信孔教，只是要人爱惜我们汉种的历史……近来有一种欧化主义的人，总说中国人比西洋人所差甚远，所以自甘暴弃，说中国必定灭亡，黄种必定剿绝。因为他不晓得中国的长处，见得别无可爱，就把爱国爱种的心，一日衰薄一日。"① 他以强烈的忧患意识，回应日盛的欧化主义；以大声疾呼国粹，批评自甘暴弃；以宣扬中华文化的长处，激发民族的爱国爱种之心。从这个意义上说，当时国粹的提倡者既是抵制欧化主义的爱国主义者，又是反抗清朝君主专制和外国侵略者的一批知识精英，在当时文化思想上有其积极的意义，对民主革命有其推进作用。

但是，国粹派认为只有国粹才是救国之方的国学观和文化观，却与当时民主革命形势的发展不相适应，而有其偏颇。五四运动爆发后，进步青年、知识精英被西方科学、民主所吸引，新的民主革命运动蓬勃发展，国粹倡导者章太炎等"既离民众，渐入颓唐"，不能与时偕行。他提出"联省自治虚置政府议"，由反对军阀割据转为赞成军阀割据，赴鄂谒吴佩孚，到宁（南京）访孙传芳，主张各省自治到联省自治，再到联省政府，反对孙中山的"联俄、联共、扶助农工"的三大政策，国粹主义思想的局限性日显。

度越国粹主义，不是放弃忧患意识、自强意识和爱国之心，而是度越以单纯的国粹来拒斥欧化主义的蔓延，度越以复古主义来抵制西方文化的涌入，因为单纯的国粹与复古主义既不符合当时中国社会历史发展的实际，也与当时中国社会时代精神相背离。同时，必须度越以恢复旧"道统"来反对新道统，以恢复旧"国统"来反对新国统。因为两千多年来的中央集权的君主专制国家的国统已经寿终正寝，建构在农业生产基础上的社会理论思维的道统，在强大的以工业大生产为基础的社会理论思维的新统的冲击下，旧道统不仅败下阵来，而且已不适应社会历史发展的需要。

第二，度越保守主义。近代以降，中华民族在中西、古今各种势力的

---

① 章太炎：《东京留学生欢迎会演说辞》，《民报》1906年第6号。

冲撞、激荡、氤氲下，社会剧变、政体更迭、观念翻新、思想日易，然而，国学却以天变而道不变来应对，保守"祖宗之法不可变"。保守主义者所说的"道"和"祖宗之法"，乃是维护君主专制统治的宗法社会的精神支柱和典章制度，它随着君主专制统治被推翻，原有的"祖宗之法"也随之被废除，其作为精神支柱的"道"也崩坏，这是历史发展的必然理势。

洪秀全受基督教传道书《劝世良言》①的启示，而创"拜上帝教"，称上帝是"至尊至贵""至灵至显"的造物主、救世主。他无情地鞭挞孔子。《太平天日》记载："将孔丘捆绑解见天父上主皇上帝，天父上主皇上帝怒甚，命天使鞭挞他。孔丘跪在天兄基督前再三讨饶，鞭挞甚多，孔丘哀求不已。"宣布"四书五经"为"妖书"，要"尽行焚除，皆不准买卖藏读"，一切古籍，"诸子百家"之书皆在焚禁之列，并在所到之处毁孔庙、废礼教。这无异于摧毁中华传统文化，便激起了知识界和普通百姓为维护中华文化的责任意识。曾国藩在《讨粤匪檄》中，正以此动员"读书识字者"起来反抗太平天国的"拜上帝教"。但太平天国运动，不是一场宗教战争，他所推翻的对象是清王朝的统治，而非某一宗教。那么，在辛亥革命推翻清王朝以后，一些人假尊孔读经之名，为袁世凯复辟帝制张目，这是对国学的糟蹋。

度越保守主义，就是立足于发展国学。这既不是复古，也不是国学原教旨主义。原教旨主义已不适应社会发展的需要，甚至阻碍社会历史的发展，而只会成为逆社会历史发展的力量，会导致国学生命的终结。

第三，度越狭隘民族主义。国学既是中华多民族共同之学，不能仅看作是汉民族之学，也是全世界华人之学。国学不是民族中心主义，不是排外之学，而是容外之学；不是闭门之学，而是开放之学；不是固守之学，而是发展之学。国学只有如此，才能繁荣壮大、生生不息。

其实，中华民族学术文化在五千多年的发展过程中，既是各民族学术文化融突的和合体，也是不断与外来学术文化冲突、融合的和合体。就与外来学术文化的关系而言，两千年前印度佛教传入中土，它在与中华传统学术文化的融突中，经依附、发展而鼎盛。中华本土学术文化在受容、吸

---

①《劝世良言》由梁发著，英国传教士马礼逊修改校订。书中内容多半集《圣经》章节而成。

收、消化印度佛教文化思想中，不仅丰富发展了中华本土学术文化（国学），而且使印度佛教转变为中华化的佛教，佛教得到了新发展、新繁荣。相反，佛教在其本土印度八九世纪便逐渐衰落，到 14 世纪几乎湮灭。中华化的佛教学术文化便成为中华民族国学的一部分，换言之，印度佛教学术文化便从"中魂印材"转变为"中魂"的内涵，宋明理学的精神灵魂便是儒释道三教之学的融突和合体。

当西学东渐、西方强势文化猛烈冲击中华国学之时，所谓"中西之辩"的"中学"，已蕴含着佛学。当"中学"（国学）受容、吸收"西学"时，"中魂洋（西）材"的"中魂"，也已蕴含佛教的学术文化精神。当今世界，在文化多元化的互动、对话、受容、吸收中，"中魂洋（西）材"的"洋（西）材"，也会融入"中魂"之中，成为中华化的"洋（西）材"，"中魂洋（西）材"也会为"洋（西）材"的繁荣发展做出自己独特的贡献。

度越狭隘民族主义，就是要继承和发扬中华民族国学海纳百川、有容乃大的精神，以及厚德载物、日新之谓盛德的精神，使国学不断日新日日新。

第四，度越国学中心主义。国学不是游离于世界多元文化之外的学术文化，而是世界多元文化之中的一种学术文化。它遵循"万物并育而不相害、道并行而不相悖"的和生和处、和立和达的原理，绝不搞罢黜百家、独尊"国学"。它既不会妨碍、阻挠、压抑异文化的生长，也不会威胁、扼杀、克服他民族文化的发展，而是"以他平他谓之和"。中华民族国学只是作为世界多元文化中的他文化的一方，与其他文化构成平等、平衡的和谐关系，在他文化与其他文化之间既没有你克服我、我吃掉你的二元对立关系，也没有你贵我贱、我重你轻的不平不等关系，而是并育不相害，并行不相悖的共生共荣、共立共达的关系。

度越国学中心主义，国学不是意识形态，而是学术文化，不是主导的意识形态，而是多元文化中由传统向现代转生，体现民族精神、塑造民族观念的文化思想。国学不会谋求国内外理论思维领域中的主导地位或强势地位，否则，不仅会引起国际学术界、文化界的误解，造成自己孤立自己，而且也会带来国内不同学术、文化之间的冲突，引起彼此之间的不和谐、不和合因素的增长和扩大。国学只愿成为世界学术文化百花园中的一朵生机盎然的鲜花。为了营造国内外中华民族学术文化健康发展的氛围和空间，必须度越国学中心主义。

第五，度越国学优越思维定式。在振兴中华、弘扬中华民族文化的今天，往往给人造成中华民族学术文化什么都优越、什么都先进的错觉。中华民族确有五千多年灿烂辉煌的学术文化，曾占世界领先地位。然而，这种自古以来的"夷夏之辩"的思维定式，在近代西方洋枪洋炮对华夏长矛大刀的冲突中，唤起了中华有识之士的文化自觉，提出"师夷长技以制夷"，体认到中华学术文化在近代没有与时俱进，由优势转为劣势，由先进变为落后，由视"夷"为落后而转变为以"夷"为师、向"夷"学习，这是价值观念的大转变。

即使在这时，也有一种声音，认为西方近代的先进学术文化、科学技术都来源于中华古代，即"西学中源"说。黄遵宪认为，西方"格致之学无不引其端于《墨子》经上下篇""泰西之学，其源盖出于墨子。其谓人人有自主权利，则墨子之尚同也；其谓爱汝邻如己，则墨子之兼爱也；其谓独尊上帝，保汝灵魂，则墨子之尊天明鬼也；至于机器之精，攻守之能，则墨子备攻、备突、削鸢能飞之绪余也"[1]。意思是说：西方的文明富强，是墨学效能的表现，民主权利、基督教都来源于墨子思想。王韬在《弢园文录外编·原学》中说，"欧人之律历、格致大半得自印度，而印度则正授自中原""他若祖冲之能造千里船，不因风水，施机自运；扬幺之轮舟鼓轮激水，其行如飞，此非欧洲火轮战舰之滥觞乎！指南车法则创自姬元公以送越裳氏之归，霹雳炮则已见于宋虞允文采石之战，固在乎法朗机之先。电气则由试琥珀法而出者也，时辰钟则明扬州人所自行制造者也。此外，测天仪器，何一非由璇玑玉衡而来哉"！在他看来，西器、西技、西方自然科学均源于中华。在这种思维影响下，以致把现代生物学上人体六十四密码说成与《周易》六十四卦相符，把现代科学技术说成中华古已有之、国学中已有蕴含。这不仅是非科学的态度，而且封死了向西方学习先进科学技术的大门，磨灭了艰苦钻研科学技术的动力，是一种盲目自大的思想。

---

[1] 黄遵宪：《学术志一》，《日本国志》卷32，上海：上海图书集成印书局1898年版。

度越国学优越思维定式，才能解放思想，学习、吸收外来的先进科技、制度、观念，以振兴中华。

二、 建构新国学

何谓国学？虽见仁见智，但笔者为论述方便，把其规定为中华民族学术文化与时偕行的创造，是中华民族学术文化的总和。近代以来，国学曾被规定为中国已有的学术文化，而与古代有异。国学是中国人的生活方式、行为情感、生命智慧，简言之，是中国心、中华根。心衰即国衰，心亡即国亡；根深即国茂，根壮即国强。就此而言，国学乃中华民族命脉所系、精神所寄。

国学在现代中国，曾历经磨难，屡遭批判。当今，中国改革开放，经济腾飞，持续发展，万象更新。当人们追究一种成功事业背后的精神支撑的时候，往往回顾本国、本民族根深蒂固的传统文化，从国学中寻求经济腾飞背后的精神力量，重新审视国学，这是国学热的原因之一。

在度越"旧国学"五大观念后，如何建构新国学？笔者曾在《国学的新视野和新诠释》[①] 一文中提出，要有全球的新视野、和合的新思维、变通的新理念、生生的新价值、现代的新方法五个方面，现做几点补充。

第一，国学与社会现实生活。国学不是书斋之学，不是不食人间烟火之学，不是博物馆里的古董。国学就其本质而言，是经世致用之学、生命之学，它在五千年的发展过程中，路漫漫而上下求索，在思考各历史时期自然、社会、人生以及国家、民族的种种冲突危机中，探赜索隐，钩深致远，寻求化解冲突危机的观念、原理、原则和方法，即所谓道。假如此化解冲突危机之道取得了切实的效用，适合于社会现实生活的需要，便体现了这个时代的精神和人们对于精神生活的追求。人们对于此道的思考和寻求的文字的、口头的、直接的、间接的记载，便成为国学的主要文献之一。

由此可见，国学就其源头活水而言，它来自现实，来自社会，来自生活。这就是说，国学离开了现实社会生活，就成为无源之水、无本之木；

① 张立文：《国学的新视野和新诠释》，《中国人民大学学报》2006 年第 1 期。

水无源则干枯，木无本则死亡。这是自然现象，也是社会现象。因此，要建构新国学必须走向现实，走向社会，走向生活。面对 21 世纪人类所共同面临的严峻的冲突和危机，面对中华民族在政治、经济、文化、制度、观念、道德、信仰在其发展中所面临的种种矛盾和问题，面对西方强势经济、文化、科技的冲击下所面临的冲突和融合等，要上下左右、中西内外的有机整体地思量求索化解之道，以便开出融突古今中西内外之道为和合体的新国学。

第二，国学与民族精神生命。国学是与民族精神生命息息相关之学。民族精神生命往往在民族、国家、社会面临冲突危机中凸显出来。民族精神生命是一个民族的根本精神和核心价值，一个民族若丧失了精神生命，这个民族必然走向衰落。所以过去的殖民者要征服一个民族，就是要去其民族精神及其核心价值。一个民族的自立、自强、自觉，便体现为这个民族精神的自立、自强、自觉。

自近代以来，中华民族成为西方列强侵略、掠夺、蹂躏的对象，在这种情境下，人们一方面认为中华民族的落后挨打的罪魁是传统文化的落后，于是不少人便产生自卑自虐的心理和行为，这不仅极大地伤害了民族精神生命，而且遮蔽了民族精神的自立、自强、自觉。因此，在当前振兴国学，就是去掉西学的遮蔽，弘扬民族精神生命。

然而，在振兴国学的过程中，一些已被时代所淘汰的东西，亦沉渣泛起。他们打着"国学"的旗号，以售其私，危害国学的新发展。因此，为国学者，应不计功谋利，以"国学兴亡，匹夫有责"的自觉担当意识和弘扬民族精神生命的自觉使命意识，丰富、充实、发展新国学。

第三，国学与民族文化的创新。民族精神生命的生生不息，在于民族文化的创新。民族文化是民族精神的载体和体现，民族文化的创新也蕴含着民族精神生命的创新，这是大本达道。无创新，是导致民族精神生命衰老、陈旧以致丧失生命力的主因。

国学的创新要先从大本达道着手。所谓大本达道，是指位天地、育万物之道。换言之，是指中华民族自强不息、厚德载物、保合太和、以和为贵、天人合一、知行合一、身心合一、希贤希圣、经世致用的民族精神。这就是说，国学创新的核心价值和基础，是民族精神生命的创新，这是立国之本、立民之体。抓住了此就抓住了事物的根本、大本，而不是首先从"小学"着手。柳诒徵说："今之治国学者，大别之可区为数类：讲求小学，一也。搜罗金石，二也。熟复目录，三也。专攻考据，四也。耽玩词章，五也。标举掌故，六也。"① 此六类为国学专业知识，其一类造诣深者可尊为"国学大师"。然在柳诒徵看来，这六类都属"小学"范围，而非大本，即其"道"与"器"之别。

第四，国学与民族凝聚力。在世界四大文明古国中，唯有中华民族五千年来文明没有中断过，究其原因，它与中华民族文明有强大的凝聚力、向心力不无关系。民族凝聚力、向心力是对民族的生命存在和民族的尊严、价值、意义的理解和把握，是对民族价值理想、终极关怀的执着追求，是一个民族在长期共同生活和社会实践中所形成的文化思想、精神灵魂、伦理道德、价值观念、宗教信仰的共同维护、共同信守的生命智慧。

民族的凝聚力、向心力无形中指导着这个民族的价值取向、为人处事（包括人与自然、社会、人际、国与国、民族与民族之间的相处）、行为选择、审美导向、思想意识，指点着人的行止、出处、喜怒、态度、礼仪等，把这个民族引向逢凶化吉、否极泰来的康庄大道。

中华民族传统文化（国学），是民族凝聚力、向心力的源泉和载体，是民族凝聚力、向心力的核心价值和基础。在当前经济全球化、科技一体化、文化多元化、网络普及化的新形势下，民族凝聚力、向心力要求作为其源泉、载体、价值和基础的国学有新的发展，以适应新形势民族凝聚力、向心力的需要，所以建构新国学是时代的理势。

第五，国学与中、西、马。中华民族文化、西方文化、马克思主义文化的互动、交流、对话，开启了中华民族文化思想发展的新时期。中华民族文化在受容、吸收、改铸西方文化、马克思主义文化中丰富、发展了自己的文化；西方文化、马克思主义文化在与中华民族文化的融突中而中华民族化，即中国化的西方文化、中国化的马克思主义文化。在中、西、马文化的融突而和合中，必然转生为中华民族新文化形态，即新国学。

① 孙尚扬、郭兰芳：《国故新知论——学衡派文化论著辑要》，北京：中国广播电视出版社1995年版，第414页。

这种情境在国学演变的历程中曾出现过。唐和宋初的儒教文化、道教（家）文化、佛教文化互动、交流、对话，并提出兼容并蓄的文化整合方法，但没有融突而和合为一种新的文化形态。经宋明理学家出入佛、道之学几十年，并尽究其说，而后返诸"六经"，终究融突儒、佛、道三教之学而和合为新的理论思维形态的理学，开创了理学的新学风、新精神，体现了时代精神，使中华民族国学发展到"造极"阶段。当今，我们必须像宋明理学家那样，出入中、西、马几十年，尽究其说，才能融突而和合为一种新的理论思维形态，塑造出中华民族现代的新民族精神。我们期盼一个中华民族国学发展的新的"造极"时期的来临。

（原载于《理论视野》2007 年第 1 期）

国学之原的求索

——由"六经"开出中华国学

"六经"（或"十三经"）是中华民族国学的源头活水，亦是其文本载体。先秦时期，诸侯国林立，民族多样，互相争霸，其文本也具有地域性、民族性。各地域、各民族文本的面貌、风格、文字虽各异，但中华民族多元一体。"六经"文本是中华民族关于宇宙、社会、人生、思维存在样式或精神样式的符号记载，是中华民族在与宇宙、社会、人生、思维交往与反馈活动中凝聚的文化基因的遗传和"文化意象"的遗留，是对中华民族各个时期政治、经济、文化、制度实践活动的体认，生命智慧的觉解，智能创造的阐释。

一、 六书与 "六经"

先秦是中华民族文化初创、书写和结集期。这一时期学术交流频繁，百家争鸣不断，哲学精神觉醒，文化资源深厚，思想遗存丰富。据传楚国左史倚相"能读《三坟》《五典》《八索》《九丘》"[1]，以及"外史……掌三皇五帝之书"[2]。也就是说，在公元前530年，这些书都还存在。殷商有甲骨文，所谓"惟殷先人，有册有典，殷革夏命"[3]；商周有金文，所谓

---

① 杜预注："皆古书名。"但早已只字无存。参见《春秋左传注》，北京：中华书局1981年版，第1340页。

② 郑玄注："楚灵王所谓《三坟》《五典》。"参见《外史》，《周礼注疏》卷26，《十三经注疏》，北京：中华书局1980年版，第820页。

③《多士》，《尚书正义》卷16，《十三经注疏》，北京：中华书局1980年版，第220页。

《三坟》《五典》《八索》《九丘》之书。对此，孔安国曾做了解释："古者伏牺氏之王天下也，始画八卦，造书契，以代结绳之政，由是文籍生焉。伏牺、神农、黄帝之书，谓之《三坟》，言大道也。少昊、颛顼、高辛、唐、虞之书，谓之《五典》，言常道也。至于夏、商、周之书，虽设教不伦，雅诰奥义，其归一揆。是故历代宝之，以为大训。八卦之说，谓之《八索》，求其义也。九州之志，谓之《九丘》。"① 文字的发明替代了结绳，便产生了以文字符号记录的典籍："坟"意为大；"典"意为常，称为大道、常道；"索"意为求，求其义也；"丘"意为聚，讲九州所有，土地所生，风气所宜，都聚此书。此四书在"六经"之前。除此之外，另有《易》《诗》《礼》《乐》《夏书》《商书》《周书》《乘》《梼杌》《春秋》《时》《行》《卜》《世》《令》《语》《故志》《训典》《图》《法》《书》《数》《夏时》《坤乾》等，都是老子、孔子之前的文化典籍。申叔时说："教之《春秋》，而为之耸善而抑恶焉，以戒劝其心；教之《世》，而为之昭明德而废幽昏焉，以休惧其动；教之《诗》，而为之导广显德，以耀明其志；教之《礼》，使之上下之则；教之《乐》，以疏其秽而镇其浮；教之《令》，使访物官；教之《语》，使明其德，而知先王之务，用明德于民也；教之《故志》，使知废兴者而戒惧焉；教之《训典》，使知族类，行比义焉。"② 《春秋》为诸侯之史，以天时记人事；《世》为先王世系之书；《诗》《礼》《乐》经，整理后为"六经"；《令》是先王发布的法令；《语》为治国安民的言语，以记言为主，言多事少；《故志》是记录前世成败的书；《训典》是先王发布的法制文件。"春秋"为各诸侯国史书的通名，但也有专名，如"晋之《乘》，楚之《梼杌》"③，其性质与鲁国《春秋》同。

虽说《三坟》《五典》等书早已失传，但其思想为先秦诸子所继承，并收集整理结集，如孔子"睹史籍之烦文，惧览之者不一，遂乃定礼乐，明旧章，删《诗》为三百篇，约史记而修《春秋》，赞《易》道以黜《八索》，述职方以除《九丘》"④。定礼乐，明《礼》《乐》《诗》《易》《春秋》

① 《尚书序》，《尚书正义》卷1，《十三经注疏》，北京：中华书局1980年版，第113~114页。
② 《楚语上》，《国语集解》卷17，北京：中华书局2002年版，第485~486页。
③ 《离娄下》，《孟子正义》卷16，北京：中华书局1987年版，第574页。
④ 《尚书序》，《尚书正义》卷1，《十三经注疏》，北京：中华书局1980年版，第114页。

之旧章，删《诗》，修《春秋》，赞《易》道，就是明其文、释其义。经当时诸子的汇编，这些史籍以"六经"的形式流传下来，使中华文脉绵延不断。

孔子"述而不作"，但收集、整理、研究了《礼》《乐》《诗》《书》《易》《春秋》。在当时，此六书既未称为经，亦非儒家经典。以"经"称六书，早见于《庄子·天运》①："孔子谓老聃曰：'丘治《诗》《书》《礼》《乐》《易》《春秋》六经，自以为久矣，孰知其故矣。'"② 孔子用它们来游说君主，论述先王的道理，阐明周公、召公的业绩，但没有一个君主予以采用。老子说："夫六经，先王之陈迹也。"③ 也就是说，"六经"是记载先王之道、言行、事迹的典籍。《郭店楚墓竹简·六德》："故夫夫，妇妇，父父，子子，君君，臣臣，六者各行其职而谗诌无由作也。观诸《诗》《书》则亦在矣，观诸《礼》《乐》则亦在矣，观诸《易》《春秋》则亦在矣。"④ 这里虽未提"六经"，但将六书并提。《语丛一》进一步对六书的内容做了阐释："《易》所以会天道人道也。《诗》所以会古今之恃也者。《春秋》所以会古今之事也。《礼》，交之行述也。《乐》，或生或教者也……"⑤ 若郭店一号墓下葬年代与孟子相当，则六书在孟子时代就已存在。六书的思想主旨蕴含伦理道德，尽管先秦诸子对伦理道德的诠释各有不同，但均认同并维护夫妇、父子、君臣伦常关系，并以此作为建构伦理道德的依据。

从六书转换为"六经"需要一个过程。经的本义是指织机纵向的经线。经的引申义：一是泛指典籍或简册；二是专指某几部经典；三是诸子书中分别称"经言""经篇""墨经"，解释经的称"经说"等。若经的本义为经线，则与纬线对言，经线不动而静，纬线在梭，往来穿梭，所以经训为常，有经常、恒常、纲常之义。就书而言，经书非一般的书，它与纬书和其他书或一书中的其他篇章相比具有更重要的地位和意义，具有纲领性质。由于经有以上三种含义，所以经是简册典籍的通名，如"挟经秉枹"，韦昭

---

① 《天运》是否作于先秦，历来有不同意见。南宋黄震认为："六经之名始于汉，而《庄子》之书称六经，意《庄子》之书亦未必尽出于庄子。"参见《黄氏日抄》卷55，《钦定四库全书》。

② 《天运》，《庄子集释》卷5下，北京：中华书局1961年版，第531页。

③ 《天运》，《庄子集释》卷5下，北京：中华书局1961年版，第532页。

④ 《六德》，《郭店楚墓竹简》，北京：文物出版社1998年版，第188页。

⑤ 《语丛一》，《郭店楚墓竹简》，北京：文物出版社1998年版，第194～195页。

注为"经，兵书也"①。就几部书并提联称而言，战国时期，较多认同的是
"六经"。荀子说："学恶乎始？恶乎终？曰：其数则始乎诵经，终乎读礼。"
"数"旧作术解，意谓课程程序、治学方法或途径。杨倞注："经，谓《诗》
《书》；礼，谓典礼之属。"②《荀子》是较早称"六经"为经的典籍之一。
荀子还阐述了"六经"的性质、功能和内容："故《书》者，政事之纪也；
《诗》者，中声之所止也；《礼》者，法之大分类之纲纪也。故学至乎
《礼》而止矣。夫是之谓道德之极。《礼》之敬文也，《乐》之中和也，
《诗》《书》之博也，《春秋》之微也，在天地之间者毕矣。"③《书》是官
方文告和政治文件的汇编，《诗》是符合标准乐章的诗歌的收存，《礼》讲
法律的大原则，是各类律例的准绳。《礼》规定敬重礼节仪式的准则，《乐》
培养中和的情感，《诗》《书》记载内容广博的知识，《春秋》蕴含着微妙
的道理。《礼》《乐》《诗》《书》《春秋》把天地间的一切事情都概括了。
《荀子·儒效》在讲圣人是天下道的总汇、百王之道也都在这里时，认为
《诗》《书》《礼》《乐》《春秋》是道之所归。④ 虽未言及《易》，但荀子在
其书中多次引《易》的话语。《荀子·非相》引《坤卦》六四爻辞："《易》
曰：'括囊无咎无誉。'"《荀子·大略》引《小畜卦》初九爻辞："《易》
曰：'复自道，何其咎？'"《荀子·大略》："《易》之《咸》，见夫妇。夫妇
之道，不可不正也，君臣父子之本也。咸，感也，以高下下，以男下女，
柔上而刚下。"这是对《咸·象传》的解释。《大略》在讲诚信的时候，将
《春秋》《诗》《易》《礼》并提："故《春秋》善胥命，而《诗》非屡盟，
其心一也。善为《诗》者不说，善为《易》者不占，善为《礼》者不相，
其心同也。"⑤ 不及《书》《乐》，可见荀子是依据其思想所要说明的话题而
取舍的，并非厚此薄彼。《庄子·天下》亦如是。

古代道术显明于礼乐制度，旧法规在世代相传的史上，均有很多的保

---

①《吴语》，《国语集解》卷19，北京：中华书局2002年版，第549页。

②《劝学》，《荀子简释》，北京：古籍出版社1956年版，第7页。

③《劝学》，《荀子简释》，北京：古籍出版社1956年版，第7~8页。

④ 荀子说："圣人也者，道之管也。天下之道管是矣，百王之道一是矣；故《诗》《书》《礼》《乐》
之归是矣。《诗》言是其志也，《书》言是其事也，《礼》言是其行也，《乐》言是其和也，《春秋》言是其
微也。"参见《儒效》，《荀子简释》，北京：古籍出版社1956年版，第89页。

⑤《大略》，《荀子简释》，北京：古籍出版社1956年版，第378页。

留。古之道术"其在于《诗》《书》《礼》《乐》者，邹鲁之士搢绅先生，多能明之①，其数散于天下而设于中国者，百家之学时或称而道之"②。尽管没有及《易》和《春秋》，但透露了一个重要信息：古代道术是百家之学时常称道的。换句话说，百家之学的诸子都是从"六经"中继承、阐释古代道术，从而开出百家学说的。

二、 诸子之学的开新

诸子百家之学究竟与"六经"有什么关系？是否以其为依傍的诠释文本？将其放在哲学思潮的社会文化语境来考察，可以发现，乃是地域文化、职业文化和传统文化（以礼乐文化为主导）三者的融突和合而造就了诸子之学。诸子之学的生命智慧，哲学的智能创造，与其生活于其中的特定社会文化氛围密切相关。不同地域的社会风气、生活习俗、交往方式，潜移默化地影响着人的思维方式、价值观念、伦理道德、思想意识。如邹鲁文化明在数度，旧法世传，成就了以儒家为主旨的文化形态；荆楚文化建构了常无有学说，归本为道，以柔弱谦下为表征，以虚无包容万物为实质，造就了以道家为主旨的文化形态③；宋鲁殷周融合文化，兼爱非攻，尊神明鬼，节用交利，培育了以墨家为主旨的文化形态；三晋文化的韩、赵、魏介于大国之间，为谋生存，革故鼎新，奖励耕战，富国强兵，造就了以法术为主旨的文化形态并影响了秦；齐燕文化以稷下学宫为重镇，存亡继绝，礼法相资，寓兵于农，以民为本，开出以管仲为主旨的多元融合的文化形态。由于诸子交往频繁，甚至周游列国，不免接受其他地域文化的影响，因此，诸子百家均具有诸多地域文化的融突性、和合性。不同地域的社会、政治、经济、文化、制度造就了各具特色的诸子学说。

什么样的土壤培育什么样的植物，什么样的社会环境培育什么样的文

---

① "多能明之"下原有"《诗》以道志，《书》以道事，《礼》以道行，《乐》以道和，《易》以道阴阳，《春秋》以道名分"六句，据马叙伦、张恒寿、徐复观说删，系注文误入正文。

② 《天下》，《庄子集释》卷10下，北京：中华书局1961年版，第1067页。

③ 关于道家创始人老子的籍贯和《老子》与地域文化的关系，众说纷纭，约有六说：楚文化、殷文化、彝文化、炎帝族文化、陈文化、虞夏文化。参见张立文主编、陈玉林著：《中国学术通史·先秦卷》，北京：人民出版社2004年版，第263～271页。

化形态。土壤是多样的，环境亦是多样的，但能否培育出特定的文化形态，还需资于其他的因缘。思想学说具有独创性、个体性，它与某一学说创造者的生存世界、意义世界紧密联系，又与创造者自身的价值观念、思维方式、道德修养、知识素养、审美情趣、心路历程等均有关系。这些方面又都与职业文化相联系。凡能从事思想理论创新及其薪火传承者，均为知识阶层，就其知识背景而言，便是官学。官学的教学内容主要是礼、乐、诗、书。春秋时，礼坏乐崩，"天子失官，官学在四夷"①，打破了"学在官府"、由政府垄断教育的格局，出现了私人办学的新气象，消除了对受教育者的等级限制，使教育向大众开放，使人人享有受教育的权利。孔子以"有教无类"为办学方针，不分贫富贵贱、种族国别，为世人提供了平等受教育的平台和场所。他以"文、行、忠、信"为教学内容，强调忠信道德行为、道德观念的培养，重视历代典籍文献的学习。在孔子看来，"不学诗，无以言""不学礼，无以立"。除道德的、知识的、典籍的教学内容外，还有实用的、技能的操作艺术，即"游于艺"的礼、乐、射、御、书、数"六艺"。私学的教学内容不仅包含了官学内容，而且有所扩展。无论是官学还是私学，在教育内容、接受知识方面都有共同之处。

尽管我们可以推倒班固据刘歆"九流"出于王官论，因为他把思想意识的复杂性简单化、知识吸收的多样性单一化、思维观念的变动性固定化，但从诸子知识背景的职业文化层面来观照，诸子之学与职业文化之间隐含着既相即又相离的关系。一个不可否认的社会文化思想的现实是天下大乱，面对"道术将为天下裂"的情境，诸子担负着重建现实社会政治、文化、制度、道德的历史使命。他们从各自的知识素质和职业文化，以及"前见"的价值观念、思维方式出发，来分辨判断，选择某种主张、方案、理论，来化解面临的冲突和危机，所以"道德不一，天下多得一察焉以自好"②。班固据刘歆把这种"道德不一"的诸子之学与相应的职业文化相联系，无疑是一种可供参考的看法。"儒家者流，盖出于司徒之官，助人君顺阴阳明教化者也。""道家者流，盖出于史官，历记成败存亡祸福古今之道，然后

---

① 《左传·昭公十七年》，《春秋左传注》，北京：中华书局 1981 年版，第 1389 页。
② 《天下》，《庄子集释》卷 10 下，北京：中华书局 1961 年版，第 1069 页。

知秉要执本，清虚以自守，卑弱以自持，此君人南面之术也。""阴阳家者流，盖出于羲和之官，敬顺昊天，历象日月星辰，敬授民时，此其所长也。""法家者流，盖出于理官，信赏必罚，以辅礼制。""名家者流，盖出于礼官。""墨家者流，盖出于清庙之守。""从横家者流，盖出于行人之官。""杂家者流，盖出于议官。""农家者流，盖出于农稷之官。""小说家者流，盖出于稗官。"① 班固依刘歆论述十家的来源、特点、内容、性质、短长后说："皆起于王道既微，诸侯力政，时君世主，好恶殊方，是以九家之术蠭出并作，各引一端，崇其所善，以此驰说，取合诸侯。其言虽殊，辟犹水火，相灭亦相生也。仁之与义，敬之与和，相反而皆相成也。《易》曰：'天下同归而殊涂，一致而百虑。'今异家者各推所长，穷知究虑，以明其指，虽有蔽短，合其要归，亦'六经'之支与流裔。"②

班固按刘歆说明：其一，诸子王官说是依诸子各派学说的特点、主张、言行而与某一王官相对应而言的，他对于各家思想的概括具有一定的合理性，并依据他对诸子各家学说的体认寻求某一王官，以与其职业文化相关联。其二，诸子各家学说的产生是为"取合诸侯"，换言之，是适应当时社会现实的需要。在王道衰微、兼并战争频繁的背景下，时君世主，各人好恶不同。诸子各家以其智能创造，建构独特理论思维体系，游说诸侯，以求实践自己的理论和主张，化解社会的冲突和危机。其三，诸子学说虽殊异，但按融突论的思维方法，即相灭（克）相生、相反相成的原理，水火、仁义、敬和都可以在一定因缘情境下达到融合。其四，诸子各家各自宣扬自己的所长，穷究各种知识，探究种种智虑，来说明他们学说的宗旨及其合理性，虽然都有其片面性和局限性，但都合其要归，综合起来，就可以看到诸子各家的思想理论都是从"六经"分流出来的支派，归宗于"六经"。其五，诸子各派，若遇到明王圣主，定出折中各家学说的方案，都可以成为辅佐君主的人才。如果能阐明"六经"的道理，观照诸子各家学说，舍短取长，就可以通万方之略，达到完美的境界。

地域文化、职业文化和传统文化构成三位一体的结构，共同塑造着各

---

①《汉书》，北京：中华书局 1962 年版，第 1728～1745 页。
②《汉书》，北京：中华书局 1962 年版，第 1746 页。

具特色的诸子文化。尽管先秦诸子学说均具有原创性，但思想的闪光、学说的独创，必须借助于已有的文化资源，也依赖于诸子本人的聪明智慧、师友的教导、弟子的传承、时人的论辩及后人的发扬，才使诸子各派学说得以系统化、理性化。

春秋战国时，诸子各派与当时已有的文化资源，或曰传统礼乐文化，有很深的渊源。不仅班固依刘歆讲诸子各派学说是"'六经'之支与流裔"，在此之前的先秦文献中也指出了这一点。《庄子·天下》讲古代的道术存在于《诗》《书》《礼》《乐》，邹鲁学者和士绅都通晓，意谓被学者所绍承。韩非讲"孔子墨子俱道尧舜，而取舍不同，皆自谓真尧舜"①。尧舜作为古代圣王和实行王道之治的符号，也具传统文化的符号形式。《吕氏春秋》尊师重道，"是故古之圣王未有不尊师者也……故师之教也，不争轻重尊卑贫富，而争于道"②。此道即《庄子·天下》中的道术之道，道在传统文化之中，换言之，道在"六经"中。"君子之学也，说义必称师以论道。""天子入太学，祭先圣，则齿尝为师者弗臣，所以见敬学与尊师也。"③ 称师论道和太学，必及《诗》《书》《礼》《乐》。

诸子各派学说以"六经"为源头活水。儒家孔子整理《诗》《书》，修《春秋》，探赜《周易》，韦编三绝，"兴于《诗》，立于礼，成于乐"④，并以《诗》《书》《礼》《乐》《易》《春秋》为教学教材和内容。孔子说："六艺于治一也。《礼》以节人，《乐》以发和，《书》以道事，《诗》以达意，《易》以神化，《春秋》以义。"⑤ 孔子阐释"六经"，而开出以人伦道德为主旨的人文主义精神。孔子弟子及儒家孟子、荀子等对"六经"的研习虽有不同，但未越"六经"的范围。

道家创始人为老子（老聃）。据载孔子曾问礼于老子，可见老子在礼乐文化方面的造诣是很精深的，在当时有一定的权威性。这与老子为"周守

　　①《显学》，《韩子浅解》，北京：中华书局1960年版，第492页。

　　②《劝学》，《吕氏春秋校释》卷4，上海：学林出版社1984年版，第195页。

　　③《尊师》，《吕氏春秋校释》卷4，上海：学林出版社1984年版，第206页。

　　④"孔子曰：'入其国，其教可知也。其为人也，温柔敦厚，《诗》教也；疏通知远，《书》教也；广博易良，《乐》教也；洁静精微，《易》教也；恭俭庄敬，《礼》教也；属辞比事，《春秋》教也。'"参见《礼记正义》卷50，《十三经注疏》，北京：中华书局1980年版，第1609页。

　　⑤《滑稽列传》，《史记》卷126，上海：商务印书馆1932年版。

藏室之史"，能接触阅读周的藏书有关。他可以得天独厚地吸纳比他人更多的文化资料，"六经"当不例外。他在广采博纳的基础上融突而超越原有文化资料，而开出独具特色的道家文化。《老子》的《道》篇和《德》篇把道与德作为其核心话题，亦即是"六经"的主题，是对于这个主题形而上学的阐发，无论是思想的深邃、思维的精密，还是理论的体系、观念的创新，在当时都独具特色，特别是对"三易"中《归藏》的体认并阐发为尊阴贵柔的思想，而与儒家尊阳贵刚思想相对应。① 《庄子·天下》在概括老子思想特点时说："以濡弱谦下为表，以空虚不毁万物为实。"以柔弱谦下为表征，以空虚不毁坏万物为实质，其意与刘歆同。刘歆认为，老子思想"合于尧之克攘，《易》之嗛嗛，一谦而四益，此其所长也"②。颜师古注："《虞书·尧典》称尧之德曰'允恭克让'，言其信恭能让也。""四益，谓天道亏盈而益谦，地道变盈而流谦，鬼神害盈而福谦，人道恶盈而好谦也。此《谦卦》象辞。"③ 由此可见，老子思想与《尚书》《周易》的绍承关系。通行本《周易》的《谦卦》，马王堆帛书《周易》作《嗛卦》，与刘歆所见同（谦为后改。嗛和谦古相通）。④ 《谦卦》的主旨在倡导谦虚美德，并在各个方面和各种情况下，教人如何保持谦虚的美德。在有名声而容易骄傲时要谦虚，在勤劳或有功劳而居功自喜时要谦虚，在受人推举或拥戴而容易独尊、独断时要谦虚。总之，谦是一种美德。这与老子的无为、好静、无欲、无事思想相契合："富贵而骄，自遗其咎。功遂身退，天之道也。"⑤ 有名声、有功劳而跋扈享乐，便有祸殃或困厄，这是"自遗其咎"；有功劳而退身，这是谦谦的表现形式，是符合天道的。此外，道家宇宙本体论的生成论基本模式，矛盾对立、变化发展、对待转化观念，都与《周易》相契。⑥

墨家宣扬其学"上本之于古者圣王之事"，以代古圣王立言为宗旨，以

---

① 参见张立文：《〈周易〉与中国文化之根》，台北：东大图书公司1991年版，第12~21页。

② 《汉书》卷30，北京：中华书局1962年版，第1732页。

③ 《汉书》卷30，北京：中华书局1962年版，第1732页。

④ 参见张立文：《帛书周易注译》，郑州：中州古籍出版社2008年版，第251页。

⑤ 《九章》，《老子今注今译》，北京：商务印书馆2003年版，第105页。

⑥ 参见张立文：《〈周易〉与中国文化之根》，台北：东大图书公司1991年版，第16~20页。

开古圣王之道①，与儒家"祖述尧舜，宪章文武"同。《墨子》中称引"六经"较之同时代诸子的书多，计引《诗》11 处，说《诗》4 处。② 他们或将《诗》诠释为史实，以证自己学说的合理性，或将《诗》作为社会认同的道理，以其为自己学说的所以然依据。在对《诗》的社会功用的体认上，儒墨有别，儒重其教化功能，墨重其历史经验总结。《墨子》引《书》（《尚书》）共 40 处③，或引《夏书》以述禹治水以利万民，或引《周书》以明尚贤、尚同之义等。

先秦诸子各家，以儒、道、墨为主，所谓"逃墨必归于杨，逃杨必归于儒"④。孟子为弘扬儒家，而抨击杨朱、墨翟之学，但从社会学术的效应而言，三家影响均很大，故韩非认为"世之显学，儒、墨也"。对所面临的社会冲突和危机，诸子各家虽在化解现实社会冲突和危机的某一层面或某一问题上有深入的探索和研究，有深邃的洞见和独创的思想，但基本上不越儒、道、墨所涉及的某一层面和问题。就诸子各家而言，尽精微有余而致广大不足。比如阴阳家得益于《周易》的启迪，"《易》以道阴阳"，把《周易》作为其思想的依据，其代表人物邹衍，"乃深观阴阳消息而作怪迂之变"⑤。他依阴阳消息变化和五行相生相克说，而讲五德终始论，来解释自然、社会、人事的变迁，"称引天地剖判以来，五德转移，治各有宜，而符应若兹"⑥。五德转移的符应是按五行相胜的顺序，即虞土、夏木、殷金、周火、秦水。邹衍之所以将五行均赋予德，这与先秦以"道德之意"为核心话题相关。

三、 古之道术永继

《庄子·天下》所言"道术将为天下裂"，是对于道术将裂的文化忧患和觉醒，它激发了诸子各家的文化自觉和创新精神。虽从诸子学说的表现

---

① 张永义：《墨——苦行与救世》，广州：广东人民出版社 1996 年版。
② 郑杰文：《中国墨学通史》，北京：人民出版社 2006 年版，第 75 页。
③ 郑杰文：《中国墨学通史》，北京：人民出版社 2006 年版，第 108 页。
④ 《孟子正义》卷 29，北京：中华书局 1987 年版，第 997 页。
⑤ 《孟子荀卿列传》，《史记》卷 74，上海：商务印书馆 1932 年版。
⑥ 《孟子荀卿列传》，《史记》卷 74，上海：商务印书馆 1932 年版。

形式而言，异说蜂起，"道德不一"，但"皆原于一"。"不一"是指诸子百家分说，"原于一"是就百家之学源头说；"不一"是"系于末度"的末，"原于一"是"明于本数"的本；"不一"是指殊途和百虑，"原于一"是指同归和一致。换言之，"原于一"与"不一"是本与末、一本与万殊、理一与分殊的互动关系。这虽为后儒话语，但在此也契合。这就是说，中华古之道术的文化血脉和生命智慧并没有断裂和死亡，而是随着社会历史的发展不断多元化、分殊化。文化价值的末、万殊、分殊都是对本、一本、理一的一种诠释。诠释既是对本的尊崇和继承，是为往圣继绝学，又是对本的超越和创新，犹"周虽旧邦，其命维新"。穿过历史的隧道，可以体认中华文化的内在精神和哲学思潮，皆原于一的古之道术。

古之道术，可以追溯到夏商两代。两代存在了千余年，其维系国家意识、民族凝聚力的古之道术，是天神（上帝）崇拜和祖先神崇拜。就宗教意识而言，天神崇拜意蕴着天道，祖先神崇拜意蕴着人道。由天神崇拜而导出王权神授，不仅神化了王权，而且使王权具有至高无上的绝对权力，是为王权的合法性、神圣性做论证。由祖先神崇拜而开出了政治典章、伦理道德。舜对契说："百姓不亲，五品不逊，汝作司徒，敬敷五教，在宽。"① 五品是指父母兄弟子之间不恭顺；五教是指父义、母慈、兄友、弟恭、子孝。《国语·郑语》记载："商契能和合五教，以保于百姓者也。"② 把五教传播于四方，使之成为各方都能认同的伦理价值和能保于百姓的文化认同。

西周被西戎、犬戎所灭，平王东迁，是为东周，为春秋战国之始。华夏作为由天子到士庶民的"成一道德"的政治"团体"，已成分裂的多元政治格局，其外部受犬戎的威胁；在文化价值上，"一道德"的维系力已松绑，"一道德"向道德多元化转化，其外也受夷文化的冲击。无论在政治上、军事上、文化上都存在着华夷价值的冲突，进而带来政治、文化价值的危机。《诗》《书》《礼》《乐》既是华夏的政治团聚意识，亦是其文化价值认同意识。华夏的政治文化的凝聚力、向心力、亲和力不完全有赖于单

---

①《舜典》，《尚书正义》卷3，《十三经注疏》，北京：中华书局1980年版，第130页。

②《郑语》，《国语集解》卷16，北京：中华书局2002年版，第466页。

一的宗教信仰，也有赖于根深蒂固的《诗》《书》《礼》《乐》的强大文化价值归属感、传承感和家园感。

然而，在戎夷文化的撞击下，如何维持、延续华夏主体文化意识？春秋各国共同维护华夏主体文化，就成为各诸侯国和诸子各家的共同文化使命。春秋诸侯争霸，既有其战争频繁、杀人盈野的消极、破坏的一面，也有其在周室衰微后担负起继续维系、沟通、联络各诸侯国共同"尊王攘夷"的历史职责，同时肩负着延续华夏以《诗》《书》《礼》《乐》为内涵的主体文化不断裂的文化自觉和文化使命。孔子说："文王既没，文不在兹乎？"① 周文王死了以后，礼乐制度文化不都在我这里吗？体现了孔子高度的文化自觉和延续主体文化的使命感。

古之道术之所以裂而不断，是因为诸子之学皆出于救时之弊。但由于各诸侯国的大小、强弱、贫富、地理以及其统治者主体的政治、道德、文化素质的差分，其救时之弊的主张、措施、思想亦分殊。从整体上看，东周宗主国在形式上仍然存在，各诸侯国的联邦共同体尚保存，社会的各种冲突和时弊危机，往往产生连环反应，无论是合纵还是连横，都关联着各诸侯国的权利和利益，所以各诸侯国相分而不离，相依而不杂，相分相依，不离不杂。基于这样形而下的共同的社会现实，在形而上的道术层面，就需要提出化解现实冲突、时弊危机之方，这不能不汲取古之道术所思考和创造的活水，不仅要从那里汲取重新点燃火焰和唤起生命智慧的力量，而且要重新诠释、传承古之道术的基本精神和《诗》《书》《礼》《乐》的道德之意。体现时代精神的道德之意，不仅是救时之弊的化解之道，而且是构建百虑而一致的无战争、无篡弑、无诈伪的一统理想价值世界的精神力量。

古之道术之所以裂而不断，虽因从殷周—春秋—战国古今异俗，新故异备，但由于有深厚的祖宗崇拜信仰意识，后世炎黄子孙都有根深蒂固的慎终追远、存亡继绝的情结，无论是儒家的"祖述尧舜，宪章文武"，还是道家追慕伏羲、黄帝，还是墨家称道夏禹为大圣，以其"形劳天下"的精神为学习榜样。因此，继往圣之学就成为诸子之学价值合理性和合法性的

①《子罕》，《论语集注》卷5，《四书章句集注》，北京：中华书局1983年版，第110页。

国学的新视野和新诠释

依据，也成为其取法的源头活水。尽管自韩愈始，宋理学家继之，认为古之道术、尧舜道统至孟轲之死"不得其传"，其实不绝如缕，也只是裂，而没有真断；"继往圣之绝学"，其学虽受佛学的冲击，也只是分或裂，而没有绝和断。先秦诸子之学虽"不一"，但"原于一"，都以《诗》《书》《易》《礼》《乐》为共同依傍的理论思维形态和价值理想的根据，以道德之意为共同的核心话题，展现了当时的人文语境，培育了光照日月、璀璨不绝的中华文化。

（原载于《中国人民大学学报》2009 年第 5 期）

儒学是中华民族发展壮大的重要滋养

"千秋龟鉴示兴亡，仁义从来为国宝。"观鉴、反思千年来国家的兴亡，以仁义治国理政从来就是宝物。讲仁爱、崇正义、尚和合不仅是中华优秀传统文化的核心内容之一，而且具有现代价值。中华优秀传统思想文化是中华民族的心和魂、根和体，是中华民族团结奋进、繁荣昌盛的智慧源泉，是巩固民族和合一体大家庭、维护国家统一局面的精神支柱，是民族凝聚力、向心力、亲和力和民族认同感、归属感、安顿感的生命活水。中华优秀思想文化亘古至今，生生不息，是中华民族共有的精神家园。

一、 浴火新生

儒学作为中华民族两千多年来优秀传统思想文化的主干，塑造了中华民族的民族精神。民族精神是这个民族的灵魂，无魂的民族就会成为行尸走肉；培育了中华民族的伦理道德、价值观念、思维方法、行为方式、审美情趣、风俗习惯、宗教信仰，为人类文明进步做出了独特贡献；建构了中华民族的政治文明、经济文明、文化文明、德法文明、生态文明、制度文明、精神文明，而成为世界"礼仪之邦""文明之乡"；开发了化解当代人类所共同面临的人与自然、社会、人际、心灵、文明五大冲突与生态、人文、道德、信仰、价值五大危机的有益资源，激发了中华民族自强不息、厚德载物的民族自信心、自尊心、自立心、自律心而屹立于世界舞台；启发了中华民族天人合一、知行合一、情景合一、真善美合一的思想文化而造福人类；启迪了海纳百川、包容受容、与时偕行、唯变所适的实践道路；发扬了中华民族以和为贵、和而不同、和实生物的思想文化，使人人安居乐业，世界和谐；启示了经世致用、实事求是、革故鼎新、诚信修睦、民为邦本的思想，维护了社会的和谐与稳定。

虽然在历史上，孔子和儒学屡遭批判、批臭的厄境，但每批判、打倒一次，便促进儒学丰厚、发展、繁荣一次，浴血新生，更显灿烂。秦始皇以法为教、以吏为师，统一六国，建立了中央集权的君主专制国家。秦始皇三十四年（前213），嬴政置酒咸阳宫，周青臣与淳于越就分封制与郡县制进行辩论，丞相李斯批判淳于越以古非今，惑乱人心，他建议"天下敢有藏《诗》《书》、百家语者，悉诣守、尉杂烧之。有敢偶语《诗》《书》者，弃市。以古非今者族"（《史记·秦始皇本纪》），便造成"焚书坑儒"的惨祸，也加速了强秦的灭亡。汉初思想家在检讨、反思强秦速亡的原因时，归结为"仁义不施者也"。汉武帝为求大一统和长治久安，董仲舒建议"推明孔氏，抑黜百家"①，被汉武帝所采纳。"卓然罢黜百家，表章'六经'"②，重新发现、认识了孔子与儒学，奠定了孔子与儒学在中华民族历史上的崇高地位和价值。

面对东汉末年到三国和魏晋南北朝的动乱，儒学已无力担当化解社会冲突和危机的重任，特别是印度佛教的传入，在社会动乱中逐渐增强其影响力。佛教由于其般若智慧与涅槃妙道获人信仰而皈依佛教，"处处成寺，家家剃落"③。梁武帝萧衍，四度舍身入寺，在天鉴三年（504）下诏佛教为"正道"，以儒教为邪教、伪道，下令要大家反伪就真（佛），舍邪入正。隋唐时，佛教成为强势文化，孔子儒学被边缘化，在思想信仰上佛盛儒衰，在经济上佛强儒弱，"十分天下之财而佛有七八"④。韩愈认为，在汉末至唐近400年的动乱和佛教的冲击下，儒学被遮蔽、误解了，他要回到儒学的源头，接续尧、舜、禹、汤、文、武、周公、孔子、孟子的"道统"，重新弘扬儒学基本内涵。"博爱之谓仁，行而宜之之谓义，由是而之焉之谓道，足乎己无待于外之谓德。仁与义为定名，道与德为虚位。"⑤ 仁义道德是先王之教，而与佛教的道迥异。仁义道德是社会发展、稳定的支柱，这是儒家

---

① 《董仲舒列传》，《汉书》卷56，北京：中华书局1962年版，第2525页。

② 《武帝纪》，《汉书》卷6，北京：中华书局1962年版，第212页。

③ 《循吏》，《南史》卷70，北京：中华书局1975年版，第1722页。

④ 《辛替否传》，《旧唐书》卷101，北京：中华书局1975年版，第3158页。

⑤ 《原道》，《韩昌黎集》卷11，北京：商务印书馆1958年版。

的一次自我觉醒。

唐末藩镇割据和五代的大动乱，摧毁了儒学的仁义道德、礼乐制度。"五代，干戈贼乱之世也，礼乐崩坏，三纲五常之道绝，而先王之制度文章扫地而尽于是矣!"①儒学在现实中被否定、被蒙上了沉重的尘埃。宋明理学家力挽儒学"几至大坏"的危机，接续韩愈的"道统"，而焕然大明儒学。他们重构儒学的伦理道德、礼乐文化和价值理想，使"《诗》《书》、六艺之文，与夫孔、孟之遗言，颠错于秦火，支离于汉儒，幽沉于魏、晋、六朝者，至是皆焕然而大明，秩然而各得其所。此宋儒之学所以度越诸子，而上接孟氏者与"②。宋明理学家胸怀振兴儒学的历史责任意识、价值创新意识，开出儒学新生命智慧，而把儒学推向"造极"，也把中国传统文化推向致广大而尽精微的高峰。

靖康二年（1127），金朝俘虏宋徽、钦二宗，北宋亡。天兴三年（1234），金被蒙古灭亡。在蒙金战争中，人民屡遭屠戮，儒学经书被毁，孔庙遭焚。"金季板荡，中原邱墟，所在庙学例为灰烬。"③庙学即指孔庙之学，各地办的学校尽废，百不一存。蒙古将军大肆掳掠人口（包括儒生），作为私属"驱口"。儒生丧身兵乱，或病死、饿死不计其数，"大夫、士、衣冠之子孙陷于奴虏者，不知其几千百人"④。儒学面临严重厄运，坠落于水深火热之中。明代复兴儒学，承宋兴办书院，创新儒学，心体学派、气体学派相互切磋，相得益彰，儒学繁荣。

鸦片战争以来，清王朝已是大厦将倾。在内外交困下，救亡图存成为时代的课题，侵略者倚仗其船坚炮利向中国大肆输出其商品、毒品以及价值观，太平天国领袖洪秀全接受西方传教士传播的基督教思想，建立"拜上帝教"，以上帝是"天父"，为天上的族长，耶稣为"天兄"，他为"天王"，为地上族长。凡不符合上帝旨意的言行都是"阎罗妖"，并在《诏书盖玺颁行论》中提出灭"阎罗妖"的措施："当今真道书者三，无他，《旧

---

①《晋家人传》，《新五代史》卷17，北京：中华书局1974年版，第188页。

②《道学一》，《宋史》卷427，北京：中华书局1977年版，第12710页。

③ 徐琰：《大元国京兆府重修宣圣庙记》，《金石萃编未刻稿》，《石刻史料新编》第1辑第5册，台北：台湾新文丰出版公司1977年版。

④ 段成己：《创修栖云观记》，明成化《山西通志》卷15，《四库全书存目丛书》史部第174册，济南：齐鲁书社1996年版。

遗诏圣书》《新遗诏圣书》《真天命诏书》也。凡一切孔孟诸子百家妖书邪说者尽行焚除，皆不准买卖藏读也，否则问罪也。"所谓的旧新诏书就是基督教的《旧约》和《新约》。不仅要把儒家的"四书五经"全部烧毁，诸子书也不幸免，在中国历史上又一次焚书。曾国藩在《讨粤匪檄》中说："焚郴州之学宫，毁宣圣之木主。十哲两庑，狼藉满地。嗣是所过郡县，先毁庙宇，即忠臣义士如关帝、岳王之凛凛，亦皆污其宫室，残其身首。"儒学又遭大劫。

中国近代是一个大动荡、大变革的时代。在五四运动前后，德、赛二先生成为人们追求的目标，吹响了批判、痛斥、打倒传统文化的号角。儒学被看作吃人的礼教，首当其冲。吴虞读了鲁迅的《狂人日记》有感而写《吃人与礼教》一文，把吃人与仁义道德联系起来做了历史的论证，结语说："孔二先生的礼教讲到极点，就非杀人吃人不成功，真是惨酷极了！一部历史里面，讲道德、说仁义的人，时机一到，他们就直接间接的都会吃起人肉来了。"① 吴氏被胡适赞为是"四川省只手打孔家店的老英雄"，是"清除孔渣孔滓的尘土"的"清道夫"。陈独秀用二元对立的思想讲，"要拥护那德先生，便不得不反对孔教，礼法，贞节，旧伦理，旧政治；要拥护那赛先生，便不得不反对旧艺术，旧宗教；要拥护德先生又要拥护赛先生，便不得不反对国粹和旧文学"②。以西方科学与民主的价值观来反对、批判、打倒孔教、伦理道德、礼乐宗教及国学。这种与传统文化一刀两断的彻底决裂，不加分析、区别的一律打倒，造成了不良的后果。

如果五四运动是"打倒孔家店"，那么在十年"文革"中，便是批倒、批臭"孔老二"。孔子、儒家、儒教、儒学统统都成了"牛鬼蛇神"，不仅要批倒、批臭，而且要踏上千万只脚，使他永世不得翻身；不仅要破"四旧"，而且要烧毁封资修的"大毒草"，所谓封建主义大毒草就是指儒学的书等。孔子和儒学成为中华民族历史上的"大罪人"。今天中国人热爱孔子，世界亦爱孔子，尊崇孔子。美国联邦众议院通过的《纪念孔子诞辰第

---

① 吴虞：《吃人与礼教》，原载《新青年》6 卷 6 号，载《中国现代思想史资料简编》卷 1，杭州：浙江人民出版社 1982 年版，第 377 页。

② 陈独秀：《〈新青年〉罪案之答辩书》，原载《新青年》6 卷 1 号，载《中国现代思想史资料简编》卷 1，杭州：浙江人民出版社 1982 年版，第 34 页。

784 号决议案情况》中说："孔子的教诲已发展成一套被称为儒家思想的哲学体系，影响了整个东亚的文化和生活。一些人把孔子对东亚的影响与苏格拉底对西方的影响相提并论……他的教导长期为数以百万计的东亚和东南亚居民奉为道德的指南。"① 中国、韩国、日本等亚洲国家以及中国台湾、香港等地区开展纪念活动，孔子永远活在人们的心里。

历史上六次反孔批儒，可以说明这样的一种历史逻辑：

凡社会动乱，便生反孔批儒；凡反孔批儒，社会便会无序。如南北朝、五代时期王朝更迭迅速，战乱不断，道德沦丧，为争权夺利，不择手段，或父子相杀，或兄弟相残，儒家伦理道德与其利益相冲突，所以产生反孔批儒。

凡政治腐败，奸佞当道，人民陷于水深火热之中，为求活命，便起来反抗，造反派为冲击现有的国家制度和社会秩序，以及为说明造反的合理性，便反孔批儒，唯恐批之不倒不臭。

凡以"马上打天下"而"马上治天下"，不认识"逆取"与"顺守"关系的，仍以"打天下"的方法"治天下"，即以"逆取"的方法"守天下"，必产生反孔批儒的行为。强秦之所以速亡，就在于仁义不施，故"焚书坑儒"，这是陆贾与贾谊的洞见。他们主张以儒家的仁义治天下，社会才会稳定，人民安居乐业，国家才会长治久安。

儒学的价值目标，一言以蔽之，就是求稳定、安定；求稳定、安定必须要和合、和谐；破坏和合、和谐，便导致社会不稳定、不安定，而产生社会动乱、造反；动乱、造反以为有理，必反孔批儒，这便是中国几千年来的历史逻辑。

二、 生命不息

中国几千年的历史逻辑证明，孔子打不倒，儒学批不臭。孔子被打倒一次，便更坚强挺拔、意气风发地站起来；儒学被批臭一次，便更显其合

---

① 尼山世界文明论坛组委会秘书处：《世界文明对话日——来自中国的声音》，北京：五洲传播出版社 2010 年版，第 137～138 页。

情合理、光鲜璀璨。孔子被打倒一次，便获得一次修身养性的机遇，更显其高山景行；儒学被批臭一次，便获得一次"夕惕若厉"的机会，更显其广大精微。这是为什么？需从两方面来探赜，一是内因，二是外缘。

就内因而言，儒学有深刻的反省、反思意识和深沉的忧患、担当意识，这是儒学文化价值系统的"精神"。每一次反孔批儒，社会都面临着严峻的冲突和危机，不能不激烈地刺激着有忧患感、担当感的儒学家反思儒学，发展孔子思想。在秦汉之际的社会大转型、大动乱中，曾以法家和道家思想为主导意识形态来治国理政，结果却造成了强秦速亡和吴楚"七国之乱"。汉武帝"夙兴以求，夜寐以思"，董仲舒"三年不窥园"地反思"大一统"、改制和长治久安课题。于是，儒学文化价值系统自觉"推明孔氏，抑黜百家"。这是一次反思与"大一统"相适应的"一道德"的需要，以便建立以儒学为主导的意识形态。

儒学有宽阔的胸怀、开放意识、包容意识，这是儒学文化价值系统的品德。开放而不封闭，包容而不拒斥，开放而能致广大，包容才能极高明；开放而能视野开阔，接触、体察形形色色的各民族、各国家、各文明的文化形态，包容才能分辨、选择、吸收各民族、各国家、各文明的思想文化。开放包容中外古今文化思想，海纳百川，有容乃大，智能创新，才能使儒学永葆青春，生生不息。时代变迁，春秋易代，从战国七雄转变为秦汉大一统，儒学所面临的并非百家争鸣的形势，儒学必须融突创新而赋予元典儒学以新生命、新理念。董仲舒以孔孟仁义之道为核心价值，广纳先秦阴阳、道、法、墨、名各家思想，融突和合为新儒学，开创了儒学的新学风、新思维、新时代，在儒学史上具有重大的影响力。汉代印度佛教传入中土，隋唐时佛教由于适应了人们追求终极关切的诉求，及人们对般若智慧和涅槃妙道的信奉，成为强势文化，儒学在思想领域被边缘化，重新发现孔子、传承道统、复兴儒学便成为时代课题。宋明理学家对佛教、道教不像韩愈那样采取"人其人，火其书，庐其居"① 的拒斥方法，而是开放包容，出入佛道几十年，而在"尽究其说"，对佛教、道教的学说深入研究，并对儒学做对象性的深刻反思后，吸收佛教本体的追寻、终极的关切和细密的名相

---

① 《原道》，《韩昌黎集》卷11，北京：商务印书馆1958年版。

逻辑分析以及道教对生命的关注、自然人性的修炼、虚静无为之道的激荡启发，融入儒学，丰富儒学，增进儒学，体贴出以儒学为宗、道统为旨、仁义为本、佛道为资的新儒学，又一次开创了儒学的新生命、新学说、新学风、新体系、新方法。宋明理学只能创新多向度的实践，把中华思想文化价值系统推向"造极"。中华思想文化价值系统贴近了"致广大而尽精微，极高明而道中庸"的目标。

儒学有"与时偕行""不可为典要，唯变所适"的生命力，这是儒学文化价值系统的特质。儒学由于其开放包容的品德，而不保守，不守旧；不保守才能变革，不守旧才能创新；不断变革才能与时偕行，不断创新才能唯变所适；与时偕行必须"终日乾乾"，整天勤勤恳恳地奋发工作，唯变所适必须"不可为典要"，没有定规，若有典要犹如"祖宗之法不可变"，这就违背了儒学为道屡迁、变动不居、上下无常、刚柔相易的性质。儒学的理论思维形态随历史时代的人文语境、冲突危机的变化而变化，随理论思维的核心话题、依傍的经典诠释文本的转换而转换，随文化价值理想、精神境界诉求的转变而转变，即顺应时代的发展而转生，以适应时代的需要。先秦元典儒学以"道德之意"为核心话题，孔子"述而不作"，依傍"六经"，其价值理想是追求没有杀伐、没有战争的和平、安定、统一的生存世界；两汉为儒学奠基，以"天人相应"为核心话题，依傍《春秋公羊传》为其诠释文本，其价值理想、精神境界是追求人之所以生存的根源，盼望大同世界的人人安居乐业；宋明儒学在融突而和合儒释道三教中发展到高峰，其核心话题由魏晋的"有无之辨"、隋唐的"性情之原"向"理气心性"转变，其依傍诠释文本为"四书"，其价值理想与精神境界是追求"为天地立心，为生民立命，为往圣继绝学，为万世开太平"；在全球化信息革命的时代，核心话题由"理气心性"向"和合学"的和平、发展、合作、双赢转变，其依傍的诠释文本是《国语》，辅以《墨子》《管子》，标志着儒学在化解人类所共同面临的冲突和危机中有着特殊的意义和作用，其理论思维形态由理学儒学向和合学儒学转生，其价值理想和精神境界是追求天和地和人和、天美地美人美、天地人共和乐和美的和合可能世界。儒学与时偕行、唯变所适的特质，冲破"天不变，道亦不变"的网罗，使儒学永葆青春活力而体现时代精神的精华。

儒学有自我协调、自我修复、自我创新的活力和功能，这是儒学文化价值系统自强不息、永续生生的动能。人有生老，花木有荣枯。人体有病痛，阴阳有不调。凡事物都有差分，差分便生冲突，冲突是平衡、协调、和谐的破坏；工具使用久了便有破缺，破缺便渐失使用功能，思想文化流行久了，也渐显其破绽，就需要修补弥合；儒学若长期守成而无革故鼎新，就会成为工具化的教条或僵死化的陈迹。董仲舒的新儒学之新，就在于他把天道的阴阳冲突、地道的刚柔矛盾、人道的仁义差分，自觉以"王道通三"来协调三才之道，使三道配合适当，达致平衡、和谐，促进儒学的新生；当儒学价值机体、逻辑结构、思想体系出现缺损时，就会从儒学自我机体、结构、体系内诞生一种超越性新机体、结构、体系来修理、整治其缺损，如韩愈认为在佛道"法统"的冲击下，儒学的"道统"缺失了，他自觉地以"道统"来修复、修理，使其恢复完整；修复、修理本身就蕴含着清除旧污、消灭病菌、清扫垃圾，使儒学思想文化价值系统获得创新性的新生。

儒学有"接地通天"的能量，这是儒学思想文化价值系统打不倒、批不臭的本根。"接地"就是不空谈、不虚无，不能不食人间烟火，而是接地气，滋养着社会政治、经济、文化、制度、审美，渗润着家庭、伦理、道德、风俗、习惯，以至教育、礼仪及人生活的方方面面，深深地融入人的言行举止、生活习惯、思维方式、价值观念，真正地融入人的血液，成为人和国家的精神支柱以及为人处世的自然准则。谚曰："江山易改，本性难移。"儒学思想文化已成为中华民族的禀性，这是其一。其二，儒学思想文化是自然、社会、人生、生活实践中提升、精炼出来的结晶，具有普适性、真理性、不朽性，如仁、义、礼、智、信、孝、廉、诚、耻、和。这种中华民族优秀传统文化思想精华和道德精髓，构成中华民族的魂与根，丢掉这个魂与根，就"等于割断了自己的精神命脉"①。其三，儒学文化思想讲求尽心、知性、知天和存心、养性、事天。心具神明之德，穷尽心的全体，体认人物之性，而知天；或者保存神明之心而不放失，修身养性以事奉天，

① 习近平：《培育和弘扬社会主义核心价值观》，《习近平谈治国理政》，北京：外文出版社2014年版，第164页。

上篇　中国传统文化研究

73

尽知心性以通天，所以能够"与天地合其德，与日月合其明，与四时合其序，与鬼神合其吉凶"。人与天地、日月、四时、鬼神相配合而不违，儒学便超越了有限时空而进入无限时空，度超了形而下而超拔为形而上，这便是"天地万物本吾一体"的"天人合一"境界，儒学自身由内超越而具有形上性、宗教性、家园性，而获中华民族的崇拜和敬畏。

儒学思想文化价值系统自身所具的精神、品德、特质、动能、本根，是儒学生生不息的生命智慧，是儒学批不臭、孔子打不倒的内因。就外缘而言，可从两个层面探赜：一是中华民族是"和合一体"的大家庭，中央集权的政体具有无上的权威，汉武帝接受董仲舒的建议，就能实施"罢黜百家，独尊儒术"。两宋时程朱理学未被统治者所体认时，程颐被列为"元祐奸党"中一员，绍圣四年（1097）诏追毁其出身以来文字，被贬到"涪州编管"。朱熹晚年被列为"伪学逆党籍"中重要成员，"选人余嘉上书，乞斩朱熹以绝伪学"[1]。诏道学家的语录之类尽行除毁。到元明时程朱理学逐渐成为占主导地位的意识形态，科举考试"一宗朱氏之学"，从乡学到太学，从私塾到书院，"咸尊以为师者，唯朱文公"。康熙在《御制朱子全书序》中说，其学为"亿万世一定之规"。这种由上而下的推行，便成为全国人民必须遵守的规则，而具有法律的性质，政、经、文各部门各领域均统摄在程朱思想之下，决不能违背，否则就是"异端邪说""邪门歪道"。董仲舒和程颐、朱熹新儒学就成为中央集权君主在全国所推行的意识形态，各方面所必须遵守和实行的指导思想和最高准则。

另一方面是宽松、包容的思想学术环境，北宋的"不得杀士大夫，及上书言事人"[2] 的"佑文"文化政策，创造了一个能够自由地著书立说的人文语境，使得儒臣、道学家敢于解放思想，冲决陈陈相因的"师法""家法"的网罗，建构理学新儒学的理体学、心体学、气体学、性体学等，充分焕发了儒学智能创新的潜能和生命智慧的能量，儒学以新理念、新文化、新学风、新方法，体现了儒学浴血再生的生命力。如果说儒学批不臭、孔子打不倒的内因为主，那么这两方面外缘为辅，构成了儒学不朽的新生和演化。

---

① 《道学崇黜》，《宋史纪事本末》卷 80，北京：中华书局 1977 年版，第 875 页。

② 《君范》，《宋神类钞》卷 1，北京：书目文献出版社 1985 年版，第 1 页。

三、 和合儒学

牢记历史传统才能开拓出未来，善于继承才能有创新。因为今天是昨天的延续，当代的思想文化是传统思想文化的开出。换言之，传统思想文化是当代思想文化的根与源，挖掉了根，再粗壮的树木、再茂盛的枝叶，也会枯萎而死，斩断了其源头活水，再大的河流也会干涸。习近平同志深中肯綮地说："抛弃传统，丢掉根本，就等于割断了自己的精神命脉。"[1] 若一个人割断了其精神命脉，等待他的唯有死亡；一个民族割断了其精神命脉，这个民族也将销声匿迹。

在全球化信息革命的当代，儒学面临新的挑战，即如何转生儒学，赋予儒学新观念、新思维、新生命，以能唯变所适，与现代社会相协调，与思想文化相适应，与现实需求相融合。

继往开来，继承创新。继往、继承并非照着讲，也不是守旧守成、僵死不化，而是理性地超越"天不变，道亦不变"，智慧地冲决"祖宗之法不可变"；就是使中华优秀传统思想文化与现代思想文化相通，"穷则变，变则通，通则久"，儒学作为中华民族优秀传统文化主干唯有与现实思想文化相拥抱，而有知、情、意的交流、会通，相互适应，相得益彰。

中华民族五千年来从未中断的文明史，与中华传统文化相辅相成，它滋养了儒学，儒学亦丰富发展了中华传统思想文化，这是儒学得以创新的根基。创新儒学首先是正确认识儒学的现代价值与意义，清理、打消一些人思想中以中华传统思想文化、孔学、儒学为封建的、落后的、保守的，阻碍现代化发展的思维定式，需要有诲而不倦的精神进行教育，通过实际的事例使其自觉，使全民族团结一心为弘扬中华思想文化而努力。其次，胸怀全球，登高望远，借鉴各民族优秀文化，细致剖析儒学的成分，识别儒学的意蕴，有选择地弘扬当今与未来所需要、所适应的思想文化，而不是一股脑儿照搬照抄，以利于儒学创新。再次，创新儒学必须清扫与现代

---

[1] 习近平：《培育和弘扬社会主义核心价值观》，《习近平谈治国理政》，北京：外文出版社 2014 年版，第 164 页。

社会思想文化悖逆的、过时的污泥浊水，以清新鲜活面貌迎接儒学的新生。当代新儒学是从三个维度和合起来的：一是通过超拔认知度，解构思维定式，转生传统，将古往、现在、未来和合成一条不断超越的升华之路；二是通过仰观俯察中外古今思想文化，互鉴互济，和合成一条不断通达儒学新生命的智慧之路；三是通过解构旧观念、旧思维、旧方法，澄明一条精神家园的新儒学之路。

民本民主，相互促进。五四运动，中国人向西方追求民主，而抛弃中华传统文化中的民本精华，一些人甚至拜倒在民主的"石榴裙"下而不自觉。从现代全球化视阈观之，所谓西方民主，实是一种以集权为体、分权为用的形式，如其民选和多党制，似乎分权于各政党和选民，但当选者必定具有一定的政治、经济、家族、出身等背景，一般民众和穷苦百姓是根本没有资格和可能当选的。当选者基本上都属于一定党派，代表该党派所属一定阶级、阶层、集团的利益，通过竞选的方式，多党制集中为两党，两党再集中为一党，在一党独大的情况下，可联合某些小党，大党可以把自己的意志，加于联合执政的小党，大党产生的最高领导人，就掌握该国的军、政、财、人事、外交等权力及最终裁决权，这种民主形式实是手段，是"用"，而非"体"，"用"为"体"所用。① 儒家的民本政治学，以"泛爱众""博爱"为魂，立足于"天人合一"，倡导"民惟邦本"（《尚书·五子之歌》），"民之所欲，天必从之"（《尚书·泰誓上》），"天视自我民视，天听自我民听"（《尚书·泰誓中》）。上古宗教信仰中最高权威——天，服从民众的意欲，民视、民听与天视、天听是一致的，这样便提升了民的权威性，故而孟子提出"民为贵，社稷次之，君为轻"（《孟子·尽心下》）的理念，民的价值超越国家和君主。荀子把民众譬为水，君主喻为舟，"水则载舟，水则覆舟"（《荀子·王制》）。君主上台与下台、委任与罢免的权力掌握在民众手里。这种民本政治学赋予民众以主宰权、主导权，体现了以民做主的权威性、天从民欲的合法性、民贵君轻的合理性。建设当代民主价值观，必须以中华民本为魂、为根，使民主价值形式真正体现民本的魂与根的精神，也使中华民本的价值理念具有现代民主的形式；民主的价值

---

① 张立文：《论集权与分权——由朱熹的集权与分权说推致》，《哲学动态》2014 年第 8 期。

在民本的指导下为民做主，民本价值在民主形式的促进下更加完善；民主并不必然导致善政和代表多数人的利益，民本以博爱为魂为根，必然导致仁政、德政、惠政为标的，能代表大多数人的利益①；民本与民主互补互济，互相促进，相得益彰，是现代政治的创新。

礼法互济，公平正义。孔子说："道之以政，齐之以刑，民免而无耻；道之以德，齐之以礼，有耻且格。"（《论语·为政》）如何治国理政，凡刑政，凡德礼，刑政为法治，德礼为礼治。孔子从两者治理的效果视角考察，一是暂时免于犯法，但没有廉耻感；一是有廉耻，人心归服。前者他律，后者自律，就自觉不会犯法，两者相辅相成。依法治国就是一个国家、社会、政府尊重法律权威，使法律成为人们自觉遵守的行为准则。法治核心内涵是其法治精神，法治精神的建设，使人人信仰法律权威和自觉遵法、守法、用法，营造安定和谐社会。中华民族自古以来便是"礼仪之邦"，《左传》讲："礼，经国家，定社稷，序民人，利后嗣者也。"管理国家，安定社稷，百姓都遵守秩序，有利后代子孙。

礼治与法治所体现的精神与社会效果有相同之处。就此而言，现代法治精神与中华传统礼治精神相结合，使现代法治精神具有更鲜明的中华特色、内涵和神韵，更能适应中国的国情；中华传统礼治精神也在包容、吸收现代法治精神中改善自身，以符合现代社会的需要。之所以说两者可以互济，是因为礼治精神较法治精神更注重启发人遵法、守法、遵礼、守礼的自觉。孔子讲"克己复礼为仁"。如何克己，"非礼勿视，非礼勿听，非礼勿言，非礼勿动"（《论语·颜渊》）。要正视勿邪视；听忠言、正言，不要听阿谀奉承、歌功颂德的话，也不偏听偏信；要正言，不要编造假信息，造谣传谣；要正动，发挥正能量，不要乱动、盲动及违法活动。视、听、言、动都符合礼的规范，也就达到仁义的标准，以至天下归仁，如此人无偏私、谋私，一心为公，伸张正义，再由现代法治精神滋养和施行，社会的公平、正义就能实现。这是新儒学所开出的公平、正义之路。

仁义礼智，精神家园。孟子认为，人之所以为人，是因为人具有四德的恻隐、羞恶、辞让、是非的四端之心，若无此四德四端，"非人也"。这

① 彭永捷：《论儒家政治哲学的特质、使命和方法》，《江汉论坛》2014 年第 4 期。

是人作为人的道德底线。后来四德加信为"五常"。仁包四德，孔子规定仁为爱人，后引申为爱人类、博爱，超越了亲缘而成为大爱、泛爱、普遍的爱，推而广之为"仁民爱物"，爱万物；义，"人路也"，走正路、正道，这才是义。荀子说："正利而为谓之事，正义而为谓之行。"（《荀子·正名》）为正当的利益去做，叫作事业；为正义而做称为德行。杨倞注："苟非正义，则谓之奸邪。"正义为善行。"夫义者，所以限禁人之为恶与奸者也。"（《荀子·强国》）限禁恶奸，扬善去恶。"义胜利者为治世，利克义者为乱世。"（《荀子·大略》）义超越个人道德行为而与社会治乱相关联，"多行不义必自毙"；礼呈现为三个维度：礼法、礼义、礼仪。"不学礼，无以立"，做人必须遵守这三个维度的规范，否则就是违礼，造成社会的动乱。礼的目标是使每个人知道自己的身份，孔庙里有"明伦堂"。在韩国"明伦堂"中都挂着写有"父子有亲，君臣有义，夫妇有别，长幼有序，朋友有信"的牌子，要人尽伦尽职尽责，社会就有序和谐、安居乐业；智，"知者不惑"，为君子的三达德之一，具有明辨是非的能力和价值，这是人的生命智慧所具有的智能创造的动能，"人是会自我创造的和合存在"，就在于人有智慧、爱智慧、善于运用智慧。信，"民无信不立"，孔子认为，信对于人和国家来说比粮食和军备更重要。信是言行一致，诚实不欺。信与四德是圆融的，《左传》载"信以守礼""信以行义"。孔子也说："信近于义。"一个诚信的社会一定是和谐的社会。

仁义礼智信是每个宗教所具有的品德。仁爱、博爱是基督教、儒教、佛教、伊斯兰教、道教的信条；义，劝人改过从善，改恶扬善；智，明辨是非，超越群己，化解烦恼，获得精神解脱；信，天地四时著信不殆，信以立国，信以立教；这四德与礼相圆融，构成中华民族的宗教信仰，古礼敬天法祖，荀子说："礼有三本：天地者，生之本也；先祖者，类之本也；君师者，治之本也。"（《荀子·礼论》）它是人类生存、宗族生命、治己治人的根本。"故礼，上事天，下事地，尊先祖，而隆君师，是礼之三本也。"（《荀子·礼论》）事奉天地，尊敬先祖，祭天祭祖，几乎成为全民族的终极信仰体系，既维护着中华民族和合一体的大家庭的不分裂，也是中华民族终极关切的精神家园。今天可继承重建，给人以精神的寄托和慰藉。

诚实守信，互惠互利。市场经济是经济全球化的需求，是信息革命渗入经济各领域的需要。它极大地调动人们参与经济活动的积极性，经济快速发展，社会财富不断丰富，百姓生活得到改善。但由于资本垄断和贪婪，而造成贫富分化加剧，见利忘义横行，假冒伪劣泛滥，贪污腐败成灾，凸显了利益集团与非利益群体、金融集团与非金融群体、权力集团与人民大众的严峻冲突，造成社会与人际间不公平、不正义、不和合的危机。为化解危机，要积善成德，革除"人不为己，天诛地灭"的恶心、私心，从"公天下之善而不为私"的善心、良心、正心、公心出发，视听言动，以澄清天下；要诚实守信，不欺骗，不虚伪，不作假，不坑人，以真诚、诚意、真心、真言、真行、真实，清除贪心、嗔心、痴心、嫉心、害心、私心；要以义取利，清扫金钱崇拜、唯利是图、见利忘义、假公济私的思想行为。在现代市场经济竞争的时代，商业家、企业家、金融家、事业家，应以和合学的五大原理作为其企业、事业、商业的核心内涵：一是和生为生财之道，财源生生不息。《周易·说卦传》："（巽）为近利市三倍。"利用三倍，成为买卖吉利的话语，"和合利市""和气生财，生意会来"。当今中国企业、商业等需要重构竞争力基础，转变生产方式，通过技术、产品、商业模式的创新，整合与优化资源要素，开辟商业、企业新路径。二是和处为处世之道，事事合作互利。在全球化信息革命时代，市场全球化，国与国、企业与企业、地区与地区之间一体化，形成"你中有我、我中有你"的互相依赖局面，构成命运共同体，必须互惠互利，合作共赢。三是和立为立诚之道，诚信成功之本。"君子爱财，取之有道"，商业、企业要把"道"摆在第一位，守诚信，讲道义，严律己，知廉耻。要走向世界，必须把企业、商业的社会效益、社会责任和商业、企业目标，无缝对接，指引商业、企业心怀善念，以诚善为本，才能走向世界。四是和达为通达之道，人人安身立命。有一副对联："生意兴隆通四海，财源茂盛达三江。"通四海、达三江，企、商、事业"走出去"，必须对那个国家、地区的天时、地利、人和仔细地考察、研究，整体估量、全局谋划。天道阴阳是变化的，那个地区、国家的政治环境、政治制度、领导人的更替、社会状况，都需全面考量；地利就要对物产资源的储量、质量以及资金、能力、交通、安全有科学的估量和研究；人和要调查了解那个地区、国家的民情、民风、风俗习惯，以至对其社会的政、经、文、法都要"穷理尽性以至于命"，这事关企、商、事业的命运。五是和爱为博爱之道，世界和合太平。仁爱之心是商、企、事业的核心理念，对顾客、同业、合作方，都要以"己所不欲，勿施于人"为指导，爱别人像爱自己一样，不要把自己不欲要的加给别人，这样就不会做出伤天害理的事。爱人，人便爱己，推而广之，世界和合太平的美好愿望便可实现。

和合生态，尊重生命。"钓而不纲，弋不射宿。"（《论语·述而》）反对妄杀滥捕，体现了仁爱生物生命的环保意识。《史记·孔子世家》明确反对剖腹取胎、竭泽而渔、覆巢毁卵。这种灭绝生物的做法，人类必遭巨大的灾难，这是古人保护生态的自觉。当今人与自然冲突已造成严重生态危机，它威胁人类的生存环境，损害人的生命财产和生活质量。为了人类的福祉、国家的繁荣、民族的未来，必须发扬孔子儒学的生命智慧和智能创造，以"万物并育而不相害"为大本，以敬畏、尊重、爱护自然为指导，以建设文明、和谐、持续发展以及天蓝、地绿、水净的美好家园为宗旨，化解生态危机，建构生态文明社会。要继承弘扬中华民族独具魅力和卓越智慧的和合生态理论。如天人合一的智慧，如大人与天地、日月、四时、鬼神合其德、明、序、吉凶。朱熹认为由于"天地万物本吾一体"，吾心正天地之心亦正，吾气顺天地之气亦顺。爱护、保护天地自然就是爱护、保护人类自己。敬畏尊重的智慧。孔子基于"知天命"，而"畏天命"，因为"唯天为大，唯尧则之"。这是一种以天为大的敬畏天的宗教情感的体现。敬畏天地自然就是敬畏、尊重生命体，构成天地自然与人类互相尊重的互动关系。仁民爱物的智慧。仁爱人民推而爱护万物，人类有了这种爱心，便会有尊重自然生命的自觉。顺应自然的智慧。《礼记·月令》是将政令与月令的农事季节活动和保护生态的管理条例相结合的条令，而具有国家法律的意义。如此，当下必须提升对生态重要性、突出性的教育和认识；建构科学合理的发展模式，发展绿色经济以及消费模式，走出一条自然生态资源节约型、人民生活幸福安康型的模式；建构生态创新新体制，把生态发展评价、考核、检查、奖惩机制和生态资源开发、利用、保护、补偿监管制度化、体制化，健全生态监管的法律法规、方针政策、技术标准、审检机制等，实现中华民族永续发展，惠及子孙后代。①

　　和合儒学，理论创新。在全球化信息革命时代，其所面临的冲突与危机已与农业革命、工业革命时代迥异，以至与现代新儒家所面临的救亡图存的危机亦有天壤之别。现代新儒家的理论思维把形上学问题引向道德，偏离了知识论，形上学绝对与绝对形上学以及道德形上学与现实的疏离等②，已不能回应化解全人类所共同面临的冲突与危机。和合新儒学在解构"古今之变""中西之争""象理之辨"基础上为和合新儒学奠基③。它是为回应与化解人类所共同面临的人与自然、社会、人际、心灵、文明间冲突，从而造成自然生态、社会人文、伦理道德、精神信仰、价值观念的严重危机而建构的。和合既是中华传统文化思想的精华和生命智慧，亦是和平、发展、合作、共赢的时代主题和世界潮流。

　　和合的世界观。和合语出《国语·郑语》，主张"和实生物"，由多元五行互相冲突融合而成万物，亦是天父地母，阴与阳冲突通过氤氲、构精而成人类万物。"万物并育而不相害"，世界各国各民族共同发展繁荣。

　　和合价值观。中华民族自古以来以"和为贵"作为自己所追求的价值目标和价值评价体系，以和合作为认识、处理各种错综复杂的冲突的指导思想和根本原则。和，便是"以他平他谓之和"。各国、各民族、各种族、各宗教间要平等、公平地承认、尊重他者。他与他之间相互包容，和衷共济。

　　和合人生观。儒家认为"天地之性，人为贵"，人的生命有珍贵的价值，其珍贵的价值就在于能立德、立功、立言，这样人活着才有意义。

　　和合的道德观。在中华传统思想文化中蕴含着丰厚的道德资源和精髓，仁义礼智信"五常"应继承发扬，赋予现代新的内涵，成为中华民族核心价值观的重要滋养。

　　和合审美观。以审美情感为中心，以审美活动的关系为纽带，以艺术和合范畴为框架，构成新和合审美体系，提升审美主体的知、情、意，建

---

①　张立文：《儒家和合生态智慧》，《黑龙江社会科学》2013 年第 1 期。
②　张立文：《现代新儒学能否化解冲突》，《和合与东亚意识——21 世纪东亚和合哲学的价值共享》，上海：华东师范大学出版社 2001 年版，第 50～111 页。
③　张立文：《和合哲学论》，北京：人民出版社 2004 年版，第 2～16 页。

构真实、完善、优美的现代审美观。

和合国际观。《中庸》说："和也者，天下之达道也。"和是交通、沟通天下最大、最普适的大道。中华民族素来"讲信修睦"，以"协和万邦"为处理国际关系的原则。以"己所不欲，勿施于人"为指导自身和化解国际冲突对抗的原则。以"己欲立而立人，己欲达而达人"为求各国、各民族、各宗教共立共达。以"和而不同"原则与所有国家、民族、宗教和平共处。以和平、发展、合作、共赢的精神，建设和谐世界。

和合儒学"六观"的核心内容已成为中华民族最基本的文化基因和独特标识。这些基因滋养儒学适应当代社会大变革、大转型所需要的理论思维观点、方法的创新及革故鼎新、唯变所适的当代新儒学。其新之所新，便是和合儒学开出了新生面，建构和合学理论思维体系，成为化解当代人类所面临五大冲突与危机的优化武器，是中华民族生生不息、发展壮大的重要滋养。

（原载于《社会科学战线》2015 年第 8 期）

儒学人文精神与现代社会

一

人文是中国各家各派文化现象中所蕴含的基本文化精神。中国文化中的"文"以人为本位,"人"与"文"为本性或自性。通过人与自然、社会、人际和人自身心灵诸关系合乎中节的协调,以教化天下。由此而开出礼乐文化、仁爱文化、人神文化、自然文化和生生文化等。

人文主义或人文精神,作为特有的概念,是欧洲文艺复兴时的产物,作为一种文化现象,则古已有之。中国文化作为人文型的文化,有丰富的人文精神的内涵。人文这个概念,见于《周易·贲·彖》:"观乎人文,以化成天下。""文"的本义是纹理,后引申为文明、文化;"文"释教化。"文明以止,人文也。"① 人文是"化成天下"的学问。

所谓人文精神,是指对人的生命存在和人的尊严、价值、意义的理解和把握,以及对价值理想或终极理想的执着追求的总和。人文精神既是一种形而上的追求,也是一种形而下的思考。它不仅仅是道德价值本身,而且是人之所以为人的权利和责任。它作为道德的基础,应该具有超越层面的和终极关怀的性质。中国人文精神的宗旨,是对于生命的关怀。宋明理学儒学释孔子之"仁"为生,如"杏仁""桃仁"之仁,都是生命之源,是新生生命潜能或基因的载体;"孝"亦是生,是生命延续、繁殖的保证和条件;"义"也是生,是生命生生之所宜。所以说:"天地之大德曰生。"

---

① 《贲》,《周易正义》卷3,《十三经注疏》,北京:中华书局1980年版,第37页。

"仁者，生生之德。"① 在中国儒学人文精神的视野中，差分化的生命个体本身就是独特的、复杂的、创造的生生和合体，这便是生生和合。生生便是儒学人文精神的血脉。由生生而展开为如下的说明。

二

（一）忧患精神

儒学忧国忧民的忧患意识，是对于国家生命和人民生命生存的关怀，是对个体和整个人类生命存在的命运、变化的责任和使命意识的表征。中国忧患意识之所以孕育，是基于宗教的人文化、圣王的分裂和士的自我觉醒。

孔子讲"士志于道"，正是这些道德价值理念的维护者，肩负起拯救社会无序的宏愿，激发起无限忧道忧民的悲情。"君子忧道不忧贫"②，这种忧道的积极入世和承担实践责任，使忧世悯民精神得以提升，而与仁相融合。《郭店楚墓竹简》作为儒者思孟著作，发展了孔子的忧患精神。"凡忧患之事欲任，乐事欲后。"③ 积极担当忧患的责任意识，尽力谦让快乐的后乐精神，是启范仲淹先忧后乐的先河。

孟子绍承孔子的忧患精神，提出了"忧患"概念，认为人的生命生存、事业兴败、国家存亡都与有否忧患意识相关联。

孟子以拯溺解悬的悲愿，以自己终生的忧患去担当国忧和民忧。这种君子有终身之忧的范围，到了圣人那里，己忧即是国忧，两者是融合的。

忧国忧民之心是责任意识、承担意识得以生发的活水，是以自我关怀和群体关怀的博大情怀，与民同忧同乐。"乐民之乐者，民亦乐其乐；忧民之忧者，民亦忧其忧。乐以天下，忧以天下，然而不王者，未之有也。"④ 以百姓忧乐为自己的忧乐，百姓也会以君主的忧乐为自己的忧乐，和普天

---

① 戴震：《仁义礼智》，《孟子字义疏证》卷下，北京：中华书局 1982 年版，第 48 页。

②《卫灵公》，《论语集注》卷 8，《四书章句集注》，北京：中华书局 1983 年版，第 167 页。

③《性自命出》，《郭店楚墓竹简》，北京：文物出版社 1998 年版，第 181 页。

④《梁惠王下》，《孟子集注》卷 2，《四书章句集注》，北京：中华书局 1983 年版，第 216 页。

下人同忧同乐，就可以达到圣王的境界。

《周易》是忧患之作，孔子韦编三绝，为之作《传》，是要懂得知危则戒惧，才能平安无危；知平安无危则偷安，就会倾危。这是要人们居安思危，存而忧亡，治而患乱，这样才能长治久安。马王堆帛书《易传》亦说："夫易，上圣之治也。古君子处尊思卑，处贵思贱，处富思贫，处乐思劳。此四者，足以长又亓立，各与天地俱。"① 此四处四思，是忧患精神的精华，这与孔孟的忧国忧民的忧患精神是一致的。

两宋时儒学的忧患精神得以发扬。宋代社会、政治、经济、文化尖锐冲突，外族不时入侵，国家分裂，社会政治经济危机，"积贫积弱"，内忧外患，岌岌可危。范仲淹发挥孟子与民同乐的思想，在《岳阳楼记》中提出"先天下之忧而忧，后天下之乐而乐"的忧乐观，光照后世。

（二）乐道精神

乐道精神是以求道、得道为快乐的精神。人总有所向往，有所追求，这是精神的特殊需要。此道可以是一种理论、学说，也可以是一种高超的技艺，如茶道、花道。它们都可以给人以精神的宁静、愉悦的享受。在这种享受中，人的气质得到了陶冶，精神获得了提升，情操获得了超拔。

乐道精神在孔子的求道历程中得到充分体现。他"发愤忘食，乐以忘忧，不知老之将至云尔"②。一生孜孜追求，发愤忘食求道，而忧道之不可得，一旦得道，乐而忘忧，这种乐道精神，是得道时的美的精神满足。为获得得道的精神满足，颜回宁可放弃富裕的物质生活，甘受贫困之苦。后来孟子发挥这种乐道精神说："得志与民由之，不得志独行其道。富贵不能淫，贫贱不能移，威武不能屈。此之谓大丈夫。"③ 这是讲应怎样坚持自己的信念和原则，即不放弃求道、得道之乐。

孔子认为乐有两种：一是对人有益的快乐，如符合礼乐的节度，称道别人的善处，交了许多贤明的朋友，这是真快乐，包含着丰富的仁义礼乐的内涵，是乐道精神的体现；二是对人有害的快乐，如以骄傲为乐，以游

---

①《帛书〈缪和〉释文》，《国际易学研究》第 1 辑，北京：华夏出版社 1995 年版，第 32 页。
②《述而》，《论语集注》卷 4，《四书章句集注》，北京：中华书局 1983 年版，第 98 页。
③《滕文公下》，《孟子集注》卷 6，《四书章句集注》，北京：中华书局 1983 年版，第 265～266 页。

荡为乐，以晏食荒淫为乐，这种快乐是不符礼乐节度、有违仁义廉耻的快乐，是非乐道精神。

孟子并不否定人可以从感官欲望和自然生理本能的满足中获得快乐，但不是指纵欲、佚游、晏乐的满足和愉快。虽然孟子把"理义之悦我心，犹刍豢之悦我口"并提，但"理义"的道德愉悦和道德美感与感性愉悦和生理美感并非并重，实际上孟子更重视前者。理义的愉悦，即乐道精神的体现，为乐道精神的内涵，具体而言，如事亲从兄的仁义之乐，知此节此的智礼之乐。这种道德愉悦使人情不自禁地手舞足蹈，达到道德美感的精神境界。

孟子认为，达到诚的境界，是人最高的乐道精神的体现。"万物皆备于我矣。反身而诚，乐莫大焉。"① "反身而诚"的大乐，是最高的道德境界的内在愉悦体验。孟子把诚提高到天道的位置，是一种天人合一境界的内外融合而产生的愉悦体验。

《郭店楚墓竹简》中儒者作 12 篇②，大体为孔子后学思孟一系的著作，其讲乐，除指礼乐之乐外，是指道德心灵的体验和精神快乐。"乐，服德者之所乐也。"③ 遵守道德规范、原则所得到的道德精神的快乐便是乐。所以说"得者乐，失者哀"或"亡非乐者"④。得、德古通。有所"得"是指对道德的体悟，而引发道德情感所获得的快乐；失者亡者，即指没有获得对道德原理的体验，所以不能引起精神愉悦。

快乐既有心灵内在形式，又有情感外在形式。孟子把乐道精神与人性相联系，楚简则把其与性情相联系。"用情之至者，哀乐为甚。"⑤ 儒学认为性情是乐的基础，事亲从兄是人的本性和自然情感，随时都要践履。乐道精神的内涵，便是爱好仁德。

《郭店楚墓竹简》儒者思孟一系说："凡至乐必悲，哭亦悲，皆至其情也。哀、乐，其性相近也，是故其心不远。"⑥ 是讲人的心理情感或生理情

①《尽心上》，《孟子集注》卷 13，《四书章句集注》，北京：中华书局 1983 年版，第 350 页。
② 张立文：《郭店楚墓竹简篇题的认定》，《人民政协报》1998 年 8 月 3 日。
③《语丛三》，《郭店楚墓竹简》，北京：文物出版社 1998 年版，第 212 页。
④《语丛三》，《郭店楚墓竹简》，北京：文物出版社 1998 年版，第 212～213 页。
⑤《性自命出》，《郭店楚墓竹简》，北京：文物出版社 1998 年版，第 180 页。
⑥《性自命出》，《郭店楚墓竹简》，北京：文物出版社 1998 年版，第 180 页。

感所产生的快乐体验，也不否定耳目情感之乐。孔、孟、荀虽都肯定心理、生理情欲满足引起的快乐体验，但重心逐渐从物质的、感性的、生理的层面转向精神的、道德的、理性的层面，追求"乐心"和乐道。乐道和乐心，就是要塑造真善美和合境界，这是乐道精神所追求的终极境界。

（三）和合精神

和合是儒学对人的生存、意义、可能世界的思考活动，它是儒学所普遍认同的理念，并纵贯儒学演变的全过程，尽管先秦以后有断裂，但仍有传承；它横摄社会伦理道德、心理结构、价值观念、行为方式、思维方式、审美情感等。

"和"的初义是声音相和，旋律合韵，是音乐艺术的和声谐音机制，是中国音乐诗歌对宇宙大化流行内在节律的深切体悟。"合"指诸形相汇合口中，上下合拢，氤氲出新事物。《国语·郑语》和《左传》记载史伯论和同及晏婴论和同，都以"和"为诸多形相的冲突融合，以"和实生物，同则不继"① 为宗旨，"和"首先要承认多元、多样事物的存在，而不是单一、同一、唯一的同，"若以同裨同，尽乃弃矣"。东西方的神创论、天创论、理念论都是单一论、唯一论，具有强烈的排他性，中国古人"和实生物"的观念，回答了世界万物从哪里来的根据、根源问题。

儒学的创始人孔子继承《左传》《国语》的思想，他认为在人与人的关系中，"君子和而不同，小人同而不和"②。君子听取多数不同的意见，团结大多数人；小人听不得不同意见，搞结党营私。这表现了两种不同的人格理想、道德情操、思维方法和价值标准。若小人当政，就会排斥不同意见的贤明之士，任人唯亲，搞专制独裁。因此，孔子认为为政应"和"。这里所谓"和"，除"和而不同"外，还应宽猛相济，才能达到恰到好处的政和的情境。

由人际关系而推及为政，和是普遍的原则。"礼之用，和为贵"，礼乐文化的功用，以和为最高的价值，先王治国爱民而有天下，这是最宝贵的、

---

①《郑语》，《国语》卷16，上海：上海古籍出版社1978年版，第515页。
②《子路》，《论语集注》卷7，《四书章句集注》，北京：中华书局1983年版，第147页。

最美好的原理。

《左传》《国语》与孔子和的思想，已体现一种和合精神。"商契能和合五教"①，五教的道德规范，在父母与儿子、兄与弟之间都是互相的，双方互动的，而不是后世只强化单方面的孝恭，可见当时的五教体现了人本主义的较为宽松、平等的人文精神。"和合五教"的和合概念的提出，便蕴含着人本主义的精神。这种人本主义是从现实人、人际关系和人的价值出发的。

在战争频繁的战国时期，孟子从战争胜败三个主要因素中，凸显了"人和"的因素，这是对中国古代战争的深刻体验。这里的人和，与孟子所主张的仁政相联系，只有实行仁政，才能人和。《郭店楚墓竹简》中的和与同概念与西周末年史伯、春秋时晏婴的和同概念已有不同。史伯、晏婴的"和同之辨"，虽来自现实人事、生活交往、养生卫体的社会生活实践，但已舍弃了各要素的具体个性、特征，抽取了和与同的共性而升华为和同概念、范畴。这种抽取事实上是对于声、色、味、政事、人际关系等现象后面为什么味美、声美、政平、人和的追寻以及如何能味美、声美、政平、人和的探索，这种追寻和探索蕴含着哲学形上学的意味，但仍没有摆脱服务于当时政治的价值导向。《郭店楚墓竹简·五行》论和同，主要着眼于仁义礼智圣道德意识与道德行为的道德哲学。仁义礼智圣和合为德，为天道，仁义礼智和合为善，为人道。善与德相依不离，人道与天道会通合一。

《易传》是对于《易经》的解释。从春秋到战国是各家各派学说的原创期，他们依据自家的需要和利益，来建构自身对《易经》的解释系统，通行本（今本）是其中的一种，马王堆帛书《易传》是另一种。今本《易传》认为："乾道变化，各正性命。保合太和，乃利贞。"② 合和即和合，各事物的性命差异便成冲突；有冲突，需要保合太和。合是相冲突的两性的和合。在天地万物的创造、人类社会道德的产生中起着联系、沟通阴阳、刚柔、天地等作用。这是因为《易传》把宇宙万物视为"天地絪缊，万物化醇；男女构精，万物化生"③ 的生生的和合体：冲突⟵⟶融合⟶和合体

---

① 《郑语》，《国语》卷 16，上海：上海古籍出版社 1978 年版，第 511 页。
② 《乾》，《周易正义》卷 1，《十三经注疏》北京：中华书局 1980 年版，第 14 页。
③ 《系辞下》，《周易正义》卷 8，《十三经注疏》，北京：中华书局 1980 年版，第 88 页。

的形式，就更加明确、具体地回答了"和实生物"的问题。

　　和合作为人文世界的所应然和所以然的原则，在人与自然的冲突中，"内得于心，外度于义，外内和同，上顺天道，下中地理，中适人心"，此上、中、下，即天道、人道、地道，三者相差分而冲突。冲突的融合，是需要主体意识、智力的投入，而到天、人、地和合的境界。

　　在人与社会、人与人的关系中，和合作为以道德理性为基础的人文关怀，《二三子》说："其子随之，通也。昌而和之，和也。曰和同至矣。"君子的德义，就是和合。"戒事敬合，精白柔和，而不讳贤。"① 人生在世，不能独存，必须与他人生活在一起，群居不免与人发生冲突，冲突得以和谐，而达到和合。

　　和合在人的精神情感、道德情感方面。如祭祀作为人的心志和思慕情感的寄托，在人们欢乐和合的时候，使人们感受到哀思自己双亲之情。

　　儒学的和合精神是其价值理想。它既是宇宙精神，又是道德精神，是天道与人道即天人合一的精神，是人与社会、人与人、人的心灵冲突融合而和合的精神。和合是天地万物存有的根据或原因，是存有的方式，是动态的、开放的过程，是心情宁静安详、心绪和平恬淡、心灵充实愉悦的境界，可以达到人和而天和、人合而天合、人乐而天乐的天人和乐的和合境界。

（四）人本精神

　　西方人本学（anthropologie）的本义是指研究人类起源和人种演化的科学。费尔巴哈把自己的哲学称为"人本学"，是指以自然感性的人为基础和中心的哲学。中国古代的"人本"是指以人为根本，肯定人在自然、社会中的地位、作用和价值，并以此为中心，解释一切问题。在解释一切问题中所体现的人在世界中的地位、作用的价值，便构成一种人本精神。中国较早提出"人本"概念的是管子。《管子·霸言》说："夫霸王之所始也，以人为本。本理则国固。"② 管子所讲的人本，就是把人当人看，尊重人格，

　　①《帛书〈二三子〉释文》，《国际易学研究》第1辑，北京：华夏出版社1995年版，第8页。
　　②《霸言》，《管子校正》卷9，《诸子集成》第5册，北京：中华书局1954年版，第144页。

尊重人的自我意志，满足人的需要，可称为人本位主义。

孔子的人本精神不仅在把人当人看，尊重人格，而且重如何做人，怎样做人，关怀人的内在道德修养。在孔子的仁学中，充分体现了人本精神。他所说的人，只是人，是具有人格的人，而不是其他外在要素的附属品或派生者。因为孔子仁学的核心是讲人，所以仁学也可称为人学或人本学。

仁之所以说是人的内在超越，首先在于仁与人在内涵上有互相贯通、圆融之处。如"泛爱众，而亲仁"①，是讲博爱大众，亲近有道德的仁人。仁与人的内在联系，是超越的基础。其次，人应该是有仁德的人，无仁德就不是人，人与自我超越为仁。仁是处理人与人之间关系的行为规范或道德标准。"仁者爱人"，爱人是人的自我觉醒和自我肯定，仁是人的自我实现和自我完善的内在超越。再次，爱人虽意味着由主体而及于客体，但要求由主体自我做起，树立主体性人格。克己的"己"非指人的私欲，而是指约束、克制自己，就是发挥人的主体性和能动性，协调人的视听言动等活动、行为，都符合礼的要求。孔子强调"为仁由己"，实是内圣的道路，他试图将内圣与外王统一起来，以贯彻他的仁（人）本精神。

从内圣仁的自我修养，到家庭仁的实践，再到外王仁行天下，贯穿着爱人而人人互爱的人道（仁道）精神，这是人本精神的血脉和生命。若无仁道精神，人本精神不仅不能实现，而且也不可能实现。战国时，战争频繁，人民苦难，有睿智的思想家都超越国家的局限，从天下人的视角来思考战争问题。墨子提出"兼相爱"的主张。孟子虽批判墨子的爱无亲疏、差等是脱离现实社会实际的空想，但仍然提倡仁爱，为儒家人学做出有力的回应。孟子的贡献不是停留在孔子规范型的规定上，而是进行了元哲学型的探讨，提出了人的本质是什么，而不仅是应该怎样，即以是什么代替应该怎样，去追求所当然的所以然，就发现人与人相关爱的最一般、最基本、最普遍的人皆有之的"不忍人之心"。人对人和物的恻隐、羞恶、辞让、是非之心，是人的本性，是人人内心所具有的类似的亲情感，是爱人的发端和根本。

孟子的仁，是人的哲学升华与人本精神的显现，也是人的本质的体现。

①《学而》，《论语集注》卷1，《四书章句集注》，北京：中华书局1983年版，第49页。

就是说，仁的本质就是人，无人就无所谓仁；人蕴含着仁，无仁，人本、人的本质便无以表现。"仁也者，人也。"①"仁，人心也。"② 于是便从仁中发现了人及人的本质，从仁学中建立了人学。只有当人超越了自然人、本能人，人的本质才被发现，人本精神才得以体现。

荀子继承孔子的"仁者爱人"，而又发挥孟子"亲亲仁也"的思想，又接受墨子的"兼爱"思想。他把爱分为爱人和爱民两个层次。一从爱人来说，是仁者之事，施予不同人以不同的爱，以及不同的敬。爱人是有限定的、非普遍的偏爱。二从爱民来说，是政治价值的选择，而非道德价值的选择；是以普天下所有的人为施爱的对象，而非以亲者、贤者、贵者为先为厚的施爱对象。荀子据古书记载而说明君民关系："君者，舟也；庶人者，水也。水则载舟，水则覆舟。"③ 他依此人能载舟亦能覆舟的人本主义精神原则，提出三项大节，即"平政爱民""隆礼敬士""尚贤使能"。若能改善政治，仁爱人民，尊重知识之士，任人唯贤唯能，国家就会强。

儒、墨都强调泛爱众的人类之爱的人本精神（人道精神），当儒学在强调"仁"要从自我做起的时候，就确认了个体主体的独立人格和尊严，标志着个体主体的自觉。个体主体的提升为类主体，并从人性的普遍性说明人的类存在，天、地、人三才凸显人在天地间的特殊作用和价值。儒学对个体主体和类主体的地位、作用、价值的独立性、尊严性的肯定，即是人本精神的确立。

（五）笃行精神

它凸显于儒学入世品格和刚健精神，是儒学积极投身现实社会、奋发进取、自强不息、追求自己理想价值实现的精神。儒学认为，忧患精神的化解，乐道精神的实现，和合精神的追求，人本精神的弘扬，都有赖于笃行精神的支撑和践行。儒学由于具有入世品格和刚健精神，便激发了"国家兴亡，匹夫有责"的担当意识和忧患精神，提升了处贫贱而乐于救道的乐感精神，探索了"和实生物"和化解人与自然、社会、人际冲突融合的

---

①《尽心下》，《孟子集注》卷14，《四书章句集注》，北京：中华书局1983年版，第367页。
②《告子上》，《孟子集注》卷11，《四书章句集注》，北京：中华书局1983年版，第333页。
③《王制》，《荀子集解》卷5，《诸子集成》第2册，北京：中华书局1954年版，第97页。

和合精神，培育了仁者爱人，民贵君轻，水（人民）能载舟覆舟的人道（人本）精神。在忧患、乐道、和合、人本四精神中，都蕴含着笃行精神的意蕴。

孔子既重视认知主体和知识的来源问题的探讨，又强调行的价值，讲求学与行、言与行的一致、融合。孔子主张听言观行，重视对行的考察，"君子不以言举人"①。这是选拔人才的重要原则，否则能说会道者、阿谀奉承者会被选择上来，而埋头苦干者、能干实干者就会被冷落。孔子看到了言与行、知与行的冲突分裂，主张转知为行、知行统一的笃行精神。孔子认为有识之士，不应贪图安逸，而应该走向社会，服务于社会，否则无做士的资格。他鄙视"饱食终日，无所用心"者。

《中庸》据朱熹考证是"子思子忧道学之失其传而作也"，大体可信，可作为思孟一系的文本。《中庸》凸显了自强、刚健的笃行精神："博学之，审问之，慎思之，明辨之，笃行之。"学—问—思—辨—笃行，这个次序是重笃行的知行融合，行是检验学、问、思、辨的尺度，以及实践学、问、思、辨的过程。学、问、思、辨、行的价值目标，是要获得预期的成效，所以学、问、思、辨、行是统一的过程，而每一阶段都包含着行。无行，学、问、思、辨就不可能取得成效。

荀子认为一种学说和认知，必须经得起实践的检验，方可笃行。基于此，荀子认为："不闻不若闻之，闻之不若见之，见之不若知之，知之不若行之。学至于行之而止矣。行之明也，明之为圣人。"② 从闻→见→知→行的感性知识到理性知识再到践行的认知过程，是认知的次序，最后落实到行，笃行才能深刻体认事物的本质，从而达到成圣的境界。

儒学的忧患精神、乐道精神、和合精神、人本精神、笃行精神是中国人文精神的体现。这五大精神是本体人对于自然环境的恶劣变化，社会环境的腐败、凶险，人际关系的错综复杂，心灵环境的孤独、苦闷等的思考和回应，是对人的生命的尊严、价值、意义的重建，是人对价值理想的终极追求。

①《卫灵公》，《论语集注》卷8，《四书章句集注》，北京：中华书局1983年版，第166页。
②《儒效》，《荀子集解》卷4，《诸子集成》第2册，北京：中华书局1954年版，第90页。

三

21 世纪人类社会面临着严峻的冲突，概而言之，有五个方面，即人与自然、人与社会、人与人、人的心灵以及文明之间冲突，并由此五大冲突而造成生态、社会、道德、精神、价值五大危机。此五大冲突和危机，关系着人的生命存在和利益，以至人人均不可逃。为了求索人类所共同面临的五大冲突和危机的化解之道，追究人类文化能否为化解五大冲突和危机提供资源，东西方学者都提出了各种各样的理论、学说和设计以及各种组织机构，做了许多有益的工作。

任何理论、学说和设计的生命力，不在于其言词表述的高深玄妙，而在于能否化解现代人类所面临的冲突和危机的现实，即是否适应现代人类的需要或时代精神的呼唤。若以此为价值标准和价值导向来审视一切文化，则无所谓西方文化与东方文化的绝对界限或优劣之分，也可以跳出传统与现代二元对立的思维框架。人们不妨转换视角，用一种新的"融突论"观念，来思考人类所面临的冲突。

当前，如何化解生态危机，恢复生态平衡，治理环境污染，防止土地沙漠化，计划人口生育，解决资源匮乏，预防疾病肆虐？如何协调社会危机，解决国际社会南北贫富不均、东西发达与不发达失衡的冲突，以逃离经济困难为主的新移民浪潮带来的紧张、冲突和暴力，以及种族歧视、战争、黑社会组织、邪教、恐怖组织、政治腐败、金权交易等问题？如何化解道德危机，和谐人际冲突，化解道德失落、行为失范，制止尔虞我诈、坑蒙拐骗、公然抢劫、谋财害命等危害人际关系的行为？如何治疗心灵冲突，平衡心灵的精神危机，消除心灵的孤独、苦闷、烦恼、焦虑等紧张心绪？如何化解文明间的冲突，消解价值危机，使不同文明间互相对话、沟通，和而不同，和平共处？

面对人类所面临的这五大冲突和危机，虽不能建构全人类共同和一致的价值理想、精神家园、伦理道德、终极关怀，但需要确立一些各民族、国家最低限度的，即底线认同的规则、原则或价值观念，作为化解人类五大冲突和危机之道。基于此，笔者根据中国文化的人文精神（包括儒学人文精神）提出了和合学。

和合是中华文化的首要价值，也是中华哲学人文精神的精髓、中华哲学生命的最完善的体现形式，亦是东亚各国文化价值的基本取向和东亚各民族多元文化所整合的哲学人文精神的精髓。

和合是指自然、社会、人际、心灵、文明中诸多形相、非形相的相互冲突、融合，与在冲突、融合的动态过程中各构成新结构方式、新事物、新生命的总和。

和合之真，是和合关系之真，即"融突"关系之真。和合而有事物的本质，事物本质只有在和合中存有，无和合亦无所谓事物本质，通过和合才能有张力。它是如何的真？可谓是差异和生之真，存相式能之真，冲突融合之真，汰劣择优之真和烦恼和乐之真。差异和生是和合的自性生生义，存相式能是和合的本质形式义，冲突融合是和合的变化超越义，汰劣择优是和合的过程真切义，烦恼和乐是和合的艺术美感义。此五义，即"融突"关系之真的和合整合。和合此五义，即是和合意蕴的内在结构方式：和合第一义，有自性，才能生生，差异和生，生命生生之所本；第二义，有"内涵"，才有形式，存相式能是变化日新之所本；第三义，会变化，才会超越，故冲突融合为大化流行之所本；第四义，有过程，才会真切，故汰劣择优是对称整合之所本；第五义，有艺术，才有美感，故烦恼和乐是中和审美之所本。差异和生的氤氲原理，存相式能的选择原理，冲突融合的变化原理，汰劣择优的互动原理，烦恼和乐的平衡原理，是"和合论"的五原理，这便是"融突论"和合的基本内涵。基于这种融突而和合观念，以"观"人类 21 世纪所面临的五大冲突和危机，人们可通过最低限度的共识而获得五个中心价值或五大原理。这便是：

（一）和生原理

人在与自然、社会、他人、心灵、文明的互动中，应建构共生意识。因为任何一方的生命受到威胁和危害，另一方的生命亦会遭到威胁和危害而不可逃。和生意识是以"地球村意识"与"太空船意识"为基点和基础的。各民族、种族、国家、社会、文化、他人以及贫富、集团之间，都应相互和生，和生才能共荣共富，否则就会走向共亡。和生必然有竞争、斗争、冲突，如优胜劣败，适者生存。但这种竞争、冲突必导向和谐、融合，即融突而和合，意蕴着新的生命基础上的和荣和富。换言之，共生意识要提升为和生意识，使生态环境、生态社会人文、生态人际心灵、生态文明，皆依和生原理实现。

（二）和处原理

"共生"意识是与"共处"意识相联系的。人类既最善于共处，又最不善于共处。人与自然、社会、他人、心灵、文明，都处在各种各样形式的共处中，并在共处中生活和活动。人们欲自己生存，亦要让自然、社会、他人、他文明生存。人们相互共处，但由于其价值观、思维方式、风俗习惯、文化素质的差异，亦会发生冲突和竞争。人们必须以"温、良、恭、俭、让"的规范自律，以和而不同的心态和处。这种和处意识应成为人类自觉的责任。

（三）和立原理

任何东西都有自己独立的、特殊的存在形式、方式和模式。对此，必须建立和立意识，绝不能唯我独优，唯我独尊，强加于人，霸权主义，以他物、他国、他族、他种、他人的失败、消亡来使自己生存、成功。这种和立意识，就是孔子所说的"己欲立而立人""己所不欲，勿施于人"的精神，以开放的、宽容的胸怀，接纳自然、社会、人生、他人心灵与他文明，按适合于自己特性的生存方式和适合于自己实际的发展道路发展，不要搞一律、一个模式化，而是求多样、多元的和生、和处、和立，这便是和立意识或和立原理。

（四）和达原理

和立意识基于和达意识。人与自然、社会、他人、他文明、他人心灵都应共同发达。人类既然共同生存于一个"地球村"或"太空船"中，就要允许差异的存在。各国、各族、各人、各文明既自己走自己的发达之路，亦要有和达的意识。发达国家应以和达意识为指导，帮助不发达国家走向发达，而不应采取各种制裁、限制等手段，延误其发达。现代明智的政治家、思想家、战略家应具有长远的观念来观照不发达和发展中国家。和达意识是在当前多元文化、多元发展、多元模式各种错综复杂情境中求取协调和谐，以获共同发达，这便是孔子所说的"己欲达而达人"，这种达人意识，便是和达原理。

（五）和爱原理

和生、和处、和立、和达意识的基础和核心是共爱，即兼爱意识。如墨子那样，对于他人、他家、他国都像爱自己、自己的家、自己的国那样去爱，推而广之，对于自然、社会、文化也像爱自己一样去爱。这就是说，人类要懂得爱，学会爱，这是人类生命存在第一要义。这样，21世纪人类所面临的五大冲突，以至种种冲突，均会得到化解。人类再经过几个世纪的努力，可以逐步实现大和理想社会，这就是孔子"泛爱众"、墨子"兼相爱"的和爱原理。和生、和处、和立、和达、和爱五大原理，是21世纪人类社会最重要的原理和最高的价值。

（原载于《南昌大学学报（人文社会科学版）》2002年第2期）

论儒学的创新

中华民族是一个智慧的民族，是一个不断创新的民族。从上古时代就初步形成民族共同体，商周时建构了"协和万邦"的联邦式的和合体，这在世界文明古国中是唯一的，也是理性的、合理的睿智结构机制。弘扬中华民族优秀文化，需要唯变所适，即转古为今、转旧为新、转死为活、转丑为美、化腐朽为神奇，这个转化、转生是历史价值时空赋予今人的使命和职责。从儒学在历史价值时空的逻辑演变中，可以获得儒学之所以能不断转生其存在样式和连续创新其理论思维形态的借鉴、启发，为当今儒学创新提供参照。

一、 觉醒动能

儒学文化价值系统具有历史觉醒的动能。每一次思想的突破创新，都是对时代所面临的冲突和危机深刻的洞察和体贴，然后激发了从理论思维高度提出化解之道的自觉动能，从而成为时代思潮。

时代的严峻冲突和危机激烈地刺激着知识精英的神经，使他们不得不反思时代课题。东周时期，礼崩乐坏，战争连绵，杀人盈野，社会无序，协和万邦的形势被破坏，价值信仰的天命被动摇。孔子在对礼崩乐坏的反思中，重塑价值理想，重构伦理道德，重建社会秩序，祈求社会和平安定，人民安居乐业。这是儒学在元创期的文化价值系统的自觉。

秦统一中国，标志着天地人"三才之道"向"天下同归而殊途，一致而百虑"的同归、一致的转化；董仲舒的"王道通三"道出了由战国七雄分裂向统一转变、由封建制向郡县制转型以及由"道术将为天下裂"向

"罢黜百家，独尊儒术"转变。在这场社会大变革、大转型中，曾经以法、道为主导思想治理社会的国家，结果是强秦的速亡和吴楚"七国之乱"。在面临改制、大一统和长治久安的冲突和危机的情境下，汉武帝"夙兴以求，夜寐以思"，董仲舒"三年不窥园"地反思，终于重新发现了孔子，重新发现了儒学，决定"推明孔氏，抑黜百家"，从而奠定了儒学在中华民族历史时空中重构价值的自觉。

魏晋时期，历经汉末三国的动乱分裂，曹魏集团与司马氏集团惨烈而紧张的争权夺利斗争已登峰造极，动辄滥杀，诛夷名族，朝不保夕，名教与自然分裂，名教变成砍向名士的屠刀。面对残酷的现实，人们只能将自然理想境界寄寓于精神世界；面对现实的无望，人们只能将自身无比痛苦的心情放置于纵酒之中。放浪形骸是他们反抗现实的一种方式。他们在道儒融突、自然与名教的调适中，追求精神的自由。这是儒学文化价值系统另一种发展形式的自觉。

南北朝时期，国家分裂，政治动乱，经济凋敝，人民疾苦，百业俱废，人民期盼统一和安居乐业。隋唐时期，儒释道三教鼎立，相互论争，冲突融合，佛教在与中华传统文化结合中实现了中国化。佛强儒弱激发了以古文运动为先导的儒学复兴思潮，韩愈等鉴于佛教所带来的社会政治、经济、思想、伦常的冲突和危机，倡导道统论，重新弘扬儒学仁义之道。这不仅是中华哲学思辨的深化，也是儒学文化价值系统的又一次觉醒。

唐末藩镇割据，五代十国长期混战，致使纲常失序、道德沦丧、理想失落、精神迷惘，导致价值颠覆和意义危机。两宋面临着社会伦常冲突和价值危机、社会积贫积弱冲突和社会危机、儒学式微冲突和其生命智慧危机，为化解冲突和危机，宋代儒学家绍承孔孟道统，重整伦理纲常和道德规范，重建价值理想、终极关切和精神家园，使儒学起死回生，开出新的生命智慧。这是儒学文化价值系统的一次大觉醒。

当前，中华民族所面临的冲突和危机，与现代新儒家所面临的帝国主义、军国主义的侵略，中华民族陷于亡国亡种深渊已有根本的差异。在全球化、网络化的当下，地球村落化，天下如一家，世界已成为命运共同体，人类共同面临着人与自然、社会、人际、心灵、文明的冲突，由此带来了自然生态、社会人文、伦理道德、精神信仰和价值危机，化解此五大冲突和危机关系着全人类的前途与未来。和合学作为化解此冲突和危机之道，标志着儒学文化价值系统的又一次觉醒。

时代的冲突和危机是儒学文化价值系统觉醒的基础和动力，是儒学温故创新的活水和根基，更是儒学创新思想一浪高过一浪的内生增长力。

二、 开放包容

儒学文化价值系统具有开放包容的品德。开放才能"致广大而尽精微"，包容才能"极高明而道中庸"。由于其开放，而能海纳百川，博收广采古今中外文化；由于其包容，而能有容乃大，融突转生中外古今文化。开放包容的品德使儒学永葆青春，生生不息。

儒学创始者孔子就是具有开放包容品德的典范。先秦时期，百家争鸣，典籍五车，《三坟》《五典》《八索》《九丘》等。孔子收集、整理、研究旧章，"睹史籍之烦文，惧览之者不一，遂乃定礼乐，明旧章，删《诗》为三百篇，约史记而修《春秋》，赞《易》道以黜《八索》，述职方以除《九丘》"①。

孔子定礼乐，明《礼》《乐》《诗》《书》《易》《春秋》其文其义。此"六书"（后称"六经"）是中华民族关于宇宙、社会、人生、思维的存在样式或精神样式的符号踪迹，是中华民族在与宇宙、社会、人生、思维交往与反馈活动中凝聚的文化基因的遗传和文化意向的遗留，它对中华民族各个时期的政治、经济、文化、制度实践活动的体认、生命智慧的觉解、智能创造的阐释具有深远的影响。

孔子看似"述而不作"，实乃综合创新。先秦诸侯国林立，百家争鸣，此"百"是为多的意思，司马谈归于"六家"，班固称为"十家"。秦汉大一统要求儒学必须创新，赋予元典儒学孔孟之道以新生命、新理念。董仲舒以开放包容的态度，"推明孔氏"，以孔孟仁义之道为核心价值，吸收先秦阴阳、道、法、墨、名各家思想，融突和合为新儒学，构建了化解时代冲突和危机、体现时代精神所需要的意识形态指导思想的理论基础。

①《尚书序》，《尚书正义》卷1，《十三经注疏》，北京：中华书局1980年版，第114页。

南北朝和隋唐时期，与佛学的强势相对而言，儒学渐趋弱势。然而，正是儒学崇高而理性的开放包容的品德、儒学的慧命促使儒释道三教互相对话、交流、切磋，不仅产生了儒学化的佛家，也产生了佛学化的儒家。儒学引领佛教的中国化，即佛教在与中华传统文化价值系统会通、融合中，特别是在与占主导地位的儒学的融突而和合中，诞生了中国化的佛教，并传播于东南亚和世界各国。

儒释道三教在隋唐时论争不息，为适应中央集权统一国家"一道术"的需要，曾提出开放包容的兼容并蓄儒释道三教文化整合的方法，但由于各教之间价值观迥异，致使兼容并蓄长期不能落实。宋代儒家开放包容，解放思想，冲决"家法""师法"的网罗，知己知彼地出入佛道几十年，而"尽究其说"。在对儒学深刻反思和对佛道之学尽精微地研究后，把三教兼容并蓄落实到"天理"上。程颢说："天理二字却是自家体贴出来。"这一体贴开创了儒学的新生命、新学说、新学风、新体系，这是以儒学为宗、道统为旨、释道为材的儒学智能创新的实践，把中华文化价值系统推向了高峰。

近代中国内外交困，外受帝国主义列强的侵略，被迫签订丧权辱国的不平等条约；内是清王朝腐败透顶，不可救药。胸怀救国救民悲愿的知识精英们以开放包容的品德，认识到"师夷长技以制夷"，于是涌现出了一批早期改良主义者。中日甲午战争的失败，洋务运动的破产，更是强烈地刺激了中华民族儿女的身心情感，也更坚定了有识之士变法图强、救中华民族于水火的决心和信心，诞生了波澜壮阔的戊戌变法维新运动，然却以谭嗣同等"六君子"的热血换来了变法维新运动的失败。变法维新失败后，唯有推翻清王朝一途，于是有了孙中山领导的辛亥革命。五四运动前后，在西风劲吹横扫下，作为中华传统文化价值系统代表的儒学及其创始人孔子，成为被痛批、打倒的对象，与传统文化彻底决裂的口号响彻云霄。然而，在中华民族危急存亡的抗日战争中，爱国知识分子胸怀"国家兴亡，匹夫有责"的悲愿，以忧国忧民的忧患意识和救国救民的责任意识，弘扬中华文化，振兴民族精神，现代新儒家接着宋明理学中的程朱理体学、陆王心体学及张（载）王（夫之）的气体学讲，以抵制和抗衡日本军国主义的政治、经济、文化侵略行径，而开出了儒学的新局面。

在全球化的当代，儒学更以其开放包容的品德，胸怀全球，吸收各国、各民族的优秀文化，外为中用，西为中资，马为中化，冲突融合，智能创新，开出当代和合学的新儒学文化价值系统。儒学开放包容的品德是儒学文化价值系统不断创新的前提和条件，是儒学内涵更新发展繁荣的生命力，是儒学吐故纳新、生生不息的驱动力。

三、 唯变所适

儒学文化价值系统具有唯变所适的特质。《周易·系辞下》曰："为道也屡迁，变动不居，周流六虚，上下无常，刚柔相易，不可为典要，唯变所适。"天地人三才之道是不断变迁的，社会人事、制度、王朝不断替换，历史时空的政治、经济、文化、思想也变动不居。每个历史因素的发生，即每个历史时期的冲突和危机的出现和化解，必然推动着新的哲学思潮的诞生。新的哲学思潮既体现了时代精神的精华，也适应了新历史时代的需求，赋予儒学文化价值系统以新智慧生命。

在儒学文化价值系统随历史时代唯变所适的过程中，儒学的理论思维形态也随着历史时代的人文语境、冲突危机的变化而变化，随着理论思维的核心话题、诠释经典文本的转换而转换，随着儒学文化价值理想、精神境界诉求的转变而转变。

儒学文化价值系统的逻辑演化是系统的、有序的，其理论思维形态的创新和转生，都是对以往既定的、固化的理论思维逻辑体系、价值观念、思维方法的冲决，这个冲决使儒学的发展经历了先秦的元创期、两汉的奠基期、魏晋南北朝的发展期、隋唐的深化期、宋元明清的造极期和当代的创新期。随着此六个历史时空逻辑的变化，儒学文化价值系统的核心话题、诠释文本、理论思维形态，以及其价值理想、精神境界的追求均大相径庭。

先秦儒学以思议"道德之意"为核心话题，其依傍的文本为"六经"，其理论思维形态为人文性的元典儒学，其价值理想是追求一个没有杀戮、没有战争的和平、安定、统一的生存世界。

两汉儒学思议"天人相应"的核心话题，其诠释文本为《春秋公羊传》，其理论思维形态从人文性的元典儒学转变为独尊性的经学儒学，其价值理想、精神境界是追究人之所以生存的根源、根据，回应人为什么生存的天人感应及其相互制约问题，追求大同世界的人人安居乐业，不受社会动乱、战争之苦。

魏晋儒学在会通儒道中，思议"有无之辨"的核心话题，其依傍的文本为"三玄"，其理论思维形态从独尊性烦琐的经学儒学转变为思辨性义理的玄学儒学，其价值理想、精神境界是回应人为什么活着、人活着有没有意义、以什么样的方式实现人生价值、能否实现人生价值等问题，追求"玄远"的自由人生。

隋唐儒学在儒释道三教融突中，由魏晋"有无之辨"向"性情之原"的核心话题转生，其诠释文本为佛经和道经，标志着在对人生本来面目的参悟上有了自觉，其理论思维形态亦从思辨性义理的玄学儒学向原道性复性的道统儒学转生，其价值理想、精神境界是追究人生从何而来、死了到何处去的灵魂安顿、终极关切问题。

宋元明清儒学在融突而和合儒释道三教中，由隋唐"性情之原"向"理气心性"的核心话题转变，其依傍的文本是"四书"，标志着儒学价值自觉意识、智能创新意识、历史责任意识、忧国忧民意识的大发扬和大提升，其理论思维形态随之从原道性的道统儒学向"理一分殊"性的理学儒学转生，其价值理想、精神境界是追求"为天地立心，为生民立命，为往圣继绝学，为万世开太平"的理想世界。

现代新儒学接着宋明理学讲，而会通中西。

在全球化、信息革命的时代，核心话题由宋元明清的"理气心性"向"和合学"转变，其依傍的文本是《国语》，辅以《墨子》《管子》，标志着儒学文化价值系统在化解人类所共同面临的冲突和危机中有着特殊的意义和作用，其理论思维形态由理学儒学向和合学儒学转生，其价值理想和精神境界是追求天和地和人和、天美地美人美、天地人共和乐和美的和合世界。

儒学唯变所适的特质，是儒学文化价值系统之所以能"终日乾乾，与时偕行"的支撑，是儒学之所以能自强不息、厚德载物的能量。儒学唯变所适的特质使其能冲破"天不变，道亦不变"的网罗，与时俱进，随历史时空的变迁而周流六虚，上下无常，刚柔相易。唯有"变则通，通则久"，儒学才能永葆其青春活力，才能体现时代精神的精华。

四、 仁的现释

儒学文化价值系统历史觉醒的动能、开放包容的品德、唯变所适的特质，是儒学之所以能智能创新的根基动力、前提条件、支撑能量、生命活水。儒学若没有创新性的超越，就没有生意化的流行，就会成为工具化的教条或僵死化的陈迹；儒学如果没有创新性的流行，就没有实质性的度越，就会沦为虚伪性的粉饰或云烟般的消散。创新是一切理论学说的生命线，是中华民族繁荣发展、生生不息的动力。

人类文明大体经历了农业革命、工业革命，现在进入了信息革命的新阶段。当代信息革命以惊人的速度蓬勃发展，势不可当，它虽不采取暴力的形式，但比之农业革命、工业革命更深入、更具影响力。它全面改变了人类在世的一切方式，如人类的生活、交往、行为、写作、购物、议政、舆论、思维、情感等，改变了人的生活、行为、心理、精神的方方面面。它突破了以往的现实性、经验性、时态性、空态性、面向性的世界，度越了现实世界，而创造了一个虚拟世界。在虚拟世界中，虚拟时空代替了物理时空，以虚拟的自然、社会、人际、心灵、生态环境替代现实的自然、社会、人际、心灵、生态环境，创造了新的时空观；在虚拟世界中，人类拥有更舒适、安逸、丰富、方便、快捷的生活方式，也可以实现自由、民主、平等和人权，创造了新的价值观。虚拟世界把不现实变成了现实，把不可能变成了可能。

在信息革命的严峻挑战面前，儒学文化价值系统如何创新？如何适应信息革命的诉求？如何转旧为新、转死为活？这是一个探赜索隐、钩深致远的过程，也是一个"善于继承才能善于创新"的历程，因为儒学是中华民族的魂和根、体与源之一，"讲仁爱、重民本、守诚信、崇正义、尚和合、求大同"，既是时代价值，也是儒学的核心价值。以"讲仁爱"而言，仁既包"义、礼、智、信"①，亦含正义、和合及大同之意。

在历史上，"仁爱"随儒学文化价值系统的演变而呈现不同的诠释，以便唯变所适。樊迟问孔子仁是什么，孔子说："爱人。"孟子更直白地说："仁者爱人。"（《孟子·离娄下》）据载，孔子有一天退朝后，家人对孔子说马厩起火，孔子只问伤人乎，不问马。在当时马的价值比人的价值要超出好几倍，足见其对人的尊重。在春秋无义战、杀人盈野的情景下，孔子高扬爱人旗帜，是对人的伟大发现，是对杀人者的抗议。换言之，要把人当人看待，这样才能尊重、关怀、体贴他人。所以孟子说："仁也者，人也。"（《孟子·尽心下》）《中庸》说："仁者，人也。"人是一个人，是独立的主体。②"立人之道曰仁与义。"（《周易·说卦传》）这是对人道的挺立和人道主义的发现和涌动。

秦汉时一大统，秦始皇"严刑峻法""以吏为师"。吕不韦主张"仁也者，仁乎其类者也"（《吕氏春秋·爱类》），把人与人视为同类，这种同类相爱意识类似于孔子的"泛爱众"，爱类就不能杀人。"杀民，非仁也。"（《吕氏春秋·离俗》）残杀人民，便不是人，这是吕不韦对秦政严刑峻法的箴弊。汉初，陆贾、贾谊在总结强秦速亡的教训时指出：仁义不施而攻守之势异也。董仲舒为化解汉代所面临的社会冲突和危机，提倡"天人相应"之道，主张"仁者所以爱人类"（《春秋繁露·必仁且智》），"仁之法，在爱人"（《春秋繁露·仁义法》）。如何爱人？如何"天人相应"？他对人与天的关系做了创新性的解释："为生不能为人，为人者天也。人之人本于天，天亦人之曾祖父也。此人之所以上类天也。"（《春秋繁露·为人者天》）人本于天，天是人的曾祖父，人与天同类，人的形体、血气、德行、好恶、喜怒等都是天之所化生。因此，敬畏、尊重、仁爱天，就是敬畏、尊重、仁爱人自己，反之，就是对天对人的不敬畏、不尊重和不仁爱。这是仁的进境创新，是儒学文化价值系统的一次智能创造。

魏晋时崇有论派裴頠深患时俗放荡，不尊儒术。何晏、嵇康、阮籍等

---

① 朱熹说："仁所以包三者，盖义礼智皆是流动底物，所以皆从仁上渐渐推出。"又说："仁，浑沦言……义礼智都是仁。"参见朱熹：《朱子语类》卷6，北京：中华书局1986年版，第107页。

② 孔子、孟子以往对仁的诠释，参见孔立文：《中国哲学范畴发展史（人道篇）》，北京：中国人民大学出版社1995年版，第316～325页。

名士，口谈浮虚，不遵礼法。① 于是，裴頠作《崇有论》，绍承儒术，主张
"居以仁顺，守以恭俭，率以忠信，行以敬让"（《晋书·裴頠传》），居守率
行儒学仁义之道。尽管王弼与裴頠相对，属本无论派，但他作《论语释
疑》，在释"孝弟也者，其为仁之本与"时说："自然亲爱为孝，推爱及物
为仁也。"（《论语释疑辑佚·学而》）以自然释仁、爱，是道法自然思想的
贯彻。

隋唐时儒释道三教融突，韩愈忧"今也举夷狄之法，而加之先王之教
之上，几何其不胥而为夷也"（韩愈《原道》），认为佛教乃外来的夷狄之
法，并非中华文明的道统、正统，却加之先王之教之上。什么是先王之教？
韩愈说："夫所谓先王之教者，何也？博爱之谓仁，行而宜之之谓义，由是
而之焉之谓道，足乎己无待于外之谓德。"（同上）先王的仁义道德是中华
文明从尧舜禹汤文武周公到孔孟道统的内涵，此"非向所谓老与佛之道也"
（同上）。韩愈释"博爱之谓仁"似与董仲舒释"仁者所以爱人类"同，然
在唐人崇佛、道德仁义"不入于老，则入于佛"的情境下，韩愈却高举儒
学道德仁义大旗，振兴儒学仁义价值，接续中华文明道统。

宋代贯彻"佑文"政策，思想解放，各学派之间互相切磋，儒学文化
价值系统"造极"，重新唤起了人们对儒学伦理道德的信仰，把仁提升至道
德形上学的高度。周敦颐不仅以爱释仁，而且以生释仁。他说："生，仁也；
成，义也。故圣人在上，以仁育万物，以义正万民。"（《通书·顺化》）仁
是生育天下万物的根源，义是端正万民的道德根据，这是道体学家（理体
学家）的创发。"二程"不仅释仁为生，而且释仁为公。他们说："万物之
生意最可观，此元者善之长也，斯所谓仁也。"（《河南程氏遗书》卷 11）
"仁者，天下之公，善之本也。"（《近思录·道体》）这是以天下为公释仁，
作为儒学的价值导向。仁既生、又爱、且公，是放之四海而皆准的价值原
则。"是以仁者无对，放之东海而准，放之西海而准，放之南海而准，放之
北海而准。"（《河南程氏遗书》卷 11）仁是普遍性形式，是无对的形上学。

理体学之集大成者朱熹，释仁别有一种意味。他以理体学的观点诠释

① 嵇康从自然人性的养真出发，揭露外在仁义的虚伪性，激烈批判"以六经为芜秽，以仁义为奥
腐……于是兼而弃之"。参见《嵇康集校注》卷 7，北京：人民文学出版社 1962 年版，第 263 页。

仁："仁者，心之德、爱之理。"（《孟子集注》卷 1）仁者爱人、博爱都是仁的一种表象，"爱之理"是对仁的表象的所以然的追究，即仁爱的根据为理，赋予其形而上的意蕴。朱熹绍承周、程，亦以生释仁："'仁'字恐只是生意。""如谷种、桃仁、杏仁之类，种着便生，不是死物，所以名之曰'仁'，见得都是生意。"（《朱子语类》卷 6）这是以具体事实论证仁的生意。

心体学者陆九渊和王守仁，则以心性释仁。陆九渊说："仁义者，人之本心也。"（《与赵监》，《陆九渊集》卷 1）王守仁说："盖其心学纯明，而有以全其万物一体之仁，故其精神流贯，志气通达，而无有乎人己之分，物我之间。"（《传习录（中）·答顾东桥书》）心可达天地万物一体之仁的境界。如果说朱熹之仁得于心外的天理而直贯心之德，陆王则从"心即理"出发，以本心之仁通贯天地一体之仁，而无人己、物我的分别。

气体学者从"理者，气之理也"出发释仁。王夫之说："在天为阴阳者，在人为仁义，皆二气之实也。"（《读四书大全说·孟子·告子上》）仁义实为阴阳二气。戴震说："气化流行，生生不息，仁也。"（《孟子字义疏证·仁义礼智》）仁是气化流行的一种形态。

理学儒学的各派都从其价值观出发对仁做了不同的诠释，无论是"性之理"之仁，"心之理"之仁，还是"气之理"之仁，都是在天理价值观逻辑范围内的论争，这对于理学儒学的丰富、繁荣、发展大有裨益。然而，理学儒学经长期被奉为主导意识形态后，便逐渐固化、僵化，以致成为"理能杀人"之具。理学儒学在为道屡迁下，已不能唯变所适。近代政治家、思想家向西方学习，会通中西，以西方的进化论、契约论及其自由、平等、博爱等观念诠释仁，尤其是接引自然科学释仁。康有为说："仁从二人，人道相偶，有吸引之意，即爱力也，实电力也。人具此爱力，故仁即人也。苟无此爱力，即不得为人矣。"（《中庸注》）这是以物理学中的力解释仁的互相吸引的特性。"仁者，热力也；义者，重力也；天下不能出此二者。"（《人我篇》）仁为爱力、电力、热力，都有吸引、流通、热能的功力，试图给予已固化、僵化的仁以新的生命活力和能量。

谭嗣同自称私淑康有为，他著《仁学》，把儒家的仁者爱人、墨家的兼爱、基督教的博爱互相融突，以仁爱救人救世，又把仁与自然科学中光热传导、电磁引力等现象的媒介体"以太"相结合，而通向自由、平等，构建了仁（心、识）—通（以太、心力）—平等的理论思维逻辑结构。他认为仁之体是不生不灭的形上学，"仁为天地万物之源，故唯心，故唯识"①。仁具有感而遂通的功能："仁以通为第一义。以太也，电也，心力也，皆指出所以通之具。"② 谭嗣同站在理论思维的高度揭露清王朝闭关自守、不通而落后、落后而挨打的败局，故以通为仁的第一义。"是故仁不仁之辨，于其通与塞；通塞之本，惟其仁不仁。通者如电线四达，无远弗届，异域如一身也。"③ 通才能使中外、上下、男女、内外、人我平等，这是仁的标的，亦是谭嗣同的价值理想境界。

辛亥革命的领袖孙中山把进化分为物质进化、物种进化、人类进化三个阶段，其中人类进化以互助为原则。"仁则不问利害如何，有杀身以成仁，无求生以害仁。求仁得仁，斯无怨矣。仁与智之差别若此，定义即由之而生。中国古来学者，言仁者不一而足。据余所见，仁之定义，诚如唐韩愈所云'博爱之谓仁'，敢云适当。博爱云者，为公爱而非私爱。"④ 发扬人类博爱精神，为救中国，为"四万万人谋幸福就是博爱"，这便是为革命服务之仁。

在当代信息革命和全球化时代，人类面临人与自然、社会、人际、心灵、文明五大冲突和生态、社会、道德、精神信仰、价值五大危机的情境下，和合学把仁诠释为和、和合，作为化解五大冲突和危机之道。其实，把仁诠释为和，并非和合学的独创，朱熹曾说："仁，便是个温和底意思。"（《朱子语类》卷6）"要识仁之意思，是一个浑然温和之气，其气则天地阳春之气，其理则天地生物之心。"（同上）又说："仁虽似有刚直意，毕竟本是个温和之物。"（同上）仁具温和特质，就温和之气言，如春天温和之气生物；就温和之理言，则是天地生物之心；就伦理道德言，"试自看温和柔软时如何，此所以'孝悌为仁之本'"（同上）。子女对父母要孝，兄弟间要悌，体现了亲情间的温馨与和合。和合学将仁释为和、和合，既体现了儒

① 谭嗣同：《仁学界说》，《谭嗣同全集》，北京：中华书局1981年版，第292页。
② 谭嗣同：《仁学界说》，《谭嗣同全集》，北京：中华书局1981年版，第291页。
③ 谭嗣同：《仁学一》，《谭嗣同全集》，北京：中华书局1981年版，第296页。
④ 孙中山：《在桂林对滇赣粤军的演说》，《孙中山全集》第3册，上海：三民图书公司1927年版，第313~314页。

学文化价值系统的开放包容精神、文化的自觉功能和唯变所适的特质，亦是当代世界人民的愿望和时代精神的体现。在化解信息革命时代五大冲突和危机的过程中，和平发展，合作共赢，建构天地人共和乐、共和美的和合世界，是和合学的价值理想，亦是儒学文化价值系统一次转死为生、转旧为新、转丑为美的智能创新。

（原载于《中国人民大学学报》2015 年第 3 期）

下篇

传统文化与中国哲学建构

建构中国哲学思想话语体系和学派

中华民族有五千年的文明史，中国人的禀赋是善于智能创造，中国的发明创造曾助力西方资本主义社会的发展，中国的发展也曾居世界鳌头。近代中国，由于闭关自守，落后于西方，而西方以军事、经济、文化、话语的强势实力侵略中国，这就刺激中国知识分子追问中国落后的原因与西方先进的缘由，在这个追问、检讨的过程中，出现了一些偏差，致使一些人把落后的缘由简单地归咎于中国思想文化。

一、 迷失——中国哲学思想话语的缺失

近代以来，中国落后挨打，中华民族长期以来形成的思想文化话语权逐渐丧失。在西方列强的挑战下，一些中国人迷惑了，"天朝帝国"迷惑了，"夷夏之辩"倒过来了。一些前仆后继地向西方追求真理的人片面地认为，东方文明主旨是主静的，而西方文明主旨是主动的；东方文明为自然、安息、消极、依赖、苟安、因袭、保守、空想的，而西方文明为人为、斗争、积极、独立、突进、创造、进步、体验、科学的。这种一贬一褒之间的文明价值判断，容易使人在心态、思维、观念上产生误导和迷惑，丧失民族文化的主体性和自信，出现文化自卑和鄙视民族文明的心理状态。他们接受西方非此即彼的二元对立思维，一切以西方标准为真理的观念，导致了一种强烈的与中华传统文明彻底决裂的观念，甚至出现了抛弃传统文化、割断精神命脉的激烈行为，提出了"打倒孔家店"的口号。

在人们思想迷惑的情境下，冯友兰在 20 世纪 30 年代出版的《中国哲学史》中说："哲学本一西洋名词，今欲讲中国哲学史，其主要工作之一，即

就中国历史上各种学问中，将其可以西洋所谓哲学名之者，选出而叙述之。"① 这就肢解了中国哲学和哲学家思想的整体性、有机性、逻辑性、生命性，犹如庄子寓言，南北海二帝倏和忽，结伴到中央浑沌帝那里去玩，受到了浑沌帝的热情招待，为报答浑沌，倏、忽商量按照他们的样子改变浑沌，七天凿七窍，结果是七孔凿好，而浑沌死了。从中国哲学中选出、拣出西方哲学所谓哲学的资料而叙述之，这样，中国哲学的精神、灵魂没有了，中国哲学也就死了。冯友兰所说的"照着讲"，即照着西方哲学之谓哲学讲，在迷惑之中，在不知不觉间，丧失了中国哲学思想的话语权，因为哲学之所谓哲学的定义标准是西方制定的。当然，冯友兰系统地讲中国哲学史有开创之功。

　　1949 年以来，我们学习苏联，以《联共（布）党史简明教程》第四章第二节的"辩证唯物主义与历史唯物主义"为标准，以"哲学史也就是唯物主义与唯心主义斗争的历史"② 为原则，照着他们讲中国哲学史。1957 年在北京大学召开的中国哲学方法论讨论会中，最后得出了一个结论：唯物主义和辩证法是先进阶级的世界观；唯心主义和形而上学是反动阶级的世界观。③ 于是，孔子为没落奴隶主阶级代表，其思想是唯心主义的，是形而上学的；老子为小农阶级代表，其思想是唯物主义的，是辩证的，后来听领导说老子是唯心主义的，又改老子为没落奴隶主阶级的代表。这就是我们失去自己哲学标准和话语权的结果。在"文革"中，"以阶级斗争为纲"发展到极致，"打倒孔老二"成为口号，还将中国哲学以儒法斗争为线加以划分，儒家反动保守，法家进步，因此，以儒家为唯心，法家为唯物。这样一来，"评法批儒"成为"破四旧"及打倒"封、资、修"的理论武器。中国传统文化的精华几乎都成了封建的糟粕、被烧掉的对象和被抄家没收之物，孔子成为林彪的替罪羊。所谓"批林批孔"，不仅不是照着讲，而是打倒讲，完全没有中国自己的话语权，直接搬用和移植西方的话语体系。

---

① 冯友兰：《中国哲学史》上册，北京：中华书局 1961 年版，第 1 页。
② 日丹诺夫：《日丹诺夫论文学与艺术》，北京：人民文学出版社 1959 年版，第 84 页。
③ 赵修义、张翼星等编：《守道 1957：1957 年中国哲学史座谈会实录与反思》，上海：上海人民出版社 2012 年版。

二、 辉煌——中国话语强势走出去

话语权是英国学者爱德华·霍列特·卡尔提出的,他将国际权力格局分为三种:军事权的威慑力、经济权的收买力以及话语权的吸引力(舆论控制力)。[①] 之后,话语权的内涵、价值被强化、扩展,并被政治化、意识形态化。哈佛大学的约瑟夫·奈按照西方的二元对立思维将军事力与经济力称为硬实力,将话语力称为软实力。他认为软实力有三个维度:一是文化背景,二是政治价值观,三是外交政策。[②] 依据此三个维度,他认为俄罗斯和中国不了解软实力。他所说的软实力实质上是西方宣扬其政治价值观的工具和手段,并以此来建构其话语体系,然后渗透到各个领域,包括其所制定的、代表其利益的各领域的规则、标准,为掌控世界舆论服务。

中国作为文明古国,军事、经济、政治、文化、制度在世界舞台上曾具有领先地位,具有强大的话语权,吸引了各个国家和地区的留学生,曾在东亚形成汉语文化圈,或曰儒学文化圈。

汉武帝时,随着在朝鲜设四郡(乐浪、临屯、真番、玄菟),儒学传到朝鲜,随后朝鲜的教育内容、形式、体制、目的都与儒学相关,儒学成为其政治理念和道德伦理标准。《三国史记·高句丽本纪》载,小兽林王二年(372)正式成立大学、设博士,仿中国教育制度;新罗元圣四年(788)实行科举制度。朝鲜李朝成立成均馆,建文庙,研究儒家义理,传承朱子学,并作为其政治意识形态,形成朝鲜儒学的话语体系。

据日本史书《古事记》载,应神天皇十六年(285),百济博士王仁以《论语》献给朝廷,儒学的政治理念、道德观念被日本上层所接受。仁德天皇实行仁德之治。推古朝圣德太子(574—622)在摄政期间,多次派遣使者、留学生、学问僧到中国学习儒家经典及学说。他亲自制定旨在对官吏进行道德训诫的《十七条宪法》,第一条就是"以和为贵,无忤为宗",以

---

① 爱德华·霍列特·卡尔:《二十年危机(1919—1939):国际关系研究导论》,北京:世界知识出版社 2005 年版,第 103 页。

② 约瑟夫·奈:《美国注定领导世界?——美国权力性质的变迁》,北京:中国人民大学出版社 2012 年版。

儒家礼治为本。7世纪大化革新之后，儒家政治理念成为日本统治阶层的政治原则，促成儒学教育，祀孔始于701年。游学僧圆尔辨圆（1202—1280）是"传入日本宋学第一人"。德川幕府时代（1603—1868），倡导儒学的"大义名分"，把程朱理学作为统治的主导思想，在日本政、经、文、教育的话语权中具有无可或缺的统治地位。日本曾出现诸多朱子学、阳明学的大家及不同的学派。

公元前2世纪，汉字、诗书等儒学经典及儒学仁义思想已传入越南。汉武帝于公元前111年，在越南中部和北部设交趾、九真、日南三郡。1070年，李圣宗在升龙（今河内）修文庙，开始儒学化；1075年，开科取士，考试科目为儒学经典；1076年，设国子监，实行儒学教育。后来，在黎朝、阮朝的400余年间独尊儒学。阮朝，春秋祭孔、学校教学、政府文书、科举考试一律用汉字，汉文化话语完全普及。

明代以后，中国的哲学、伦理、文学、艺术、政治经耶稣会传教士介绍到西方，引起了西方人的兴趣，如奥皮茨、托马西乌斯、莱布尼茨、沃尔夫等。莱布尼茨认为中西文明各有所长，西方以哲学与科学理论见长，中国以道德哲学见长："在实用艺术及自然物的实际应用上，我们总算与他们处于同等地位，我们与他们各有自己的知识，可用来与对方进行有用的交流……在实践哲学方面（虽然承认这一点几乎是可耻的），他们确实比我们更有成就。这指的是道德学与政治学的规律。其实，要描述中国人的规则与世上其他人相比，是多么善美地导向太平与社会的安定，实是不容易的事。他们的目的，是尽量减少人与人之间的不和。"[1] 莱氏基本上是把中西放在平等的天平上进行比较，比较客观。他发明了二进位数学，并从曾在中国传教的白晋送给他的邵雍《周易》六十四卦方位图（圆图）中得到印证，这是中西哲学思想的相契之处。莱氏认为，他的形上学与朱熹的理气之学相通，理是中国思想中的第一义，是至高、至善、至纯、至静、至微、至神而无形的，唯有人的智力能认识，并由此产生众善，等于西方哲理中的神。[2] 尽管这种比较欠妥，但莱氏看到了中西哲学智慧的相似性并对

---

[1] 秦家懿编译：《德国哲学家论中国》，北京：生活·读书·新知三联书店1993年版，第11～12页。
[2] 秦家懿编译：《德国哲学家论中国》，北京：生活·读书·新知三联书店1993年版，第21页。

中国思想热烈向往。沃尔夫可算是莱氏的继承人，他在《中国的实践哲学》一文的结论中说："我已述出古中国智慧的原则，就如我已多次公开说明的，这些原则与我本人的原则也符合，而这也是我希望在此会合的各位高人能够接纳的事。"① 他承认自己的道德哲学与儒家的学说相合，儒家学说是一种本乎人的理性与自然的、非基督教的哲学体系。因此，他认为"中国哲学有悠久历史与声誉"，而孔子是中国智慧的重建者。法国思想家如伏尔泰等也尊崇儒学，认为儒学是世界上最好的、最合于理性的哲学，并以此来批判基督教神学。魁奈认为，中国的道是儒家学者讲的天理天则，就是自然法的根本，是中国政治伦理的基础，中国人对自然法的研究已经达到了尽善尽美的最高水平。

三、 复兴——建构中国哲学思想话语体系

中华民族话语的强音在东亚、东南亚及欧洲都发挥了正能量。中国的政治、文化、思想、哲学、制度成为学习的样板，成为具有重要影响力的哲学思想话语体系。如何复兴近现代以来丧失了的话语权，建构有中国特色、气魄、风格、神韵的哲学思想话语体系，是全国人民和广大学者的期盼。

首先，要胸怀理想，志存高远。

陆九渊说："人惟患无志，有志无有不成者。"② 建立中国哲学思想话语体系应有敢于转"哲学在中国"为"中国的哲学"的志气。哲学这个词源于西方，就此而言，若以希腊哲学为哲学，可以说哲学在中国；若以哲学为爱智慧，可以说中国是爱智慧的民族，这是西方学者普遍认同的。五千年来中华文明和哲学思想的话语体系的发生、发展、繁荣，以及走出去为其他国家所认同、吸收并成为其意识形态，是中华民族爱智慧的智能创造。希腊人辟出哲学之路，是他们的精神家园；中华民族也开出爱智慧哲学理想之路，是我们的精神家园。尽管各走各的路，但也有其"家族类似"性。

① 秦家懿编译：《德国哲学家论中国》，北京：生活·读书·新知三联书店1993年版，第168页。
② 陆九渊：《语录下》，《陆九渊集》卷35，北京：中华书局1980年版，第439页。

哲学作为爱智之学，是时代的语言、文化、制度、社会、生活的升华，是中华民族时代精神的体现，是中国人志存高远的精神家园的建构。当代中国人应抛弃照着讲，建构自己讲、讲自己的具有中国特色、风格、气魄、神韵的学科体系、学术体系、话语体系。

其次，要自定界说，自立标准。

哲学之所谓哲学，是西方人按照西方哲学资源制定的定义和标准。胡适在《中国哲学史大纲》中说："哲学的定义，从来没有一定的。我如今也暂下一个定义：凡研究人生切要的问题，从根本上着想，要寻一个根本的解决，这种学问，叫做哲学。"① 他是按实验主义来定义哲学的。冯友兰也说："哲学一名词在西洋有甚久的历史，各哲学家对于哲学所下之定义亦各不相同。为方便起见，兹先述普通所认为哲学之内容。知其内容，即可知哲学之为何物，而哲学一名词之正式的定义，亦无需另举矣。"② 所谓哲学内容，即按西洋哲学为宇宙论（对于世界之道理）、人生论（对于人生之道理）、知识论（对于知识之道理），他是按新实在论来定义哲学的。胡适和冯友兰基本上是照着其师承的西方关于哲学的含义讲的。李石岑的《中国哲学十讲》认为应按照对什么是物质的回答来决定哲学的性质，即以精神与物质来划分唯心与唯物来讲中国哲学。③ 范寿康与李石岑一样，他在《中国哲学史通论》中说："外物反映到我们意识之中，我们头脑里面的观念方才产生，这就是唯物论的见解。简单说，唯物论的根本要旨就是主张我们的意识乃系把外界的存在加以反映而成的。"④ 这一时期，正如贺麟所说："辩证法唯物论盛行于九一八前后十年左右，当时有希望的青年几乎都曾受此思潮的影响……辩证法唯物论的书籍遂充斥坊间，占据着一般青年的思想了。"⑤ 因此，李石岑、范寿康在青年中讲辩证法、唯物论就是很自然的了。

因各哲学家的哲学观点不同，所以"各哲学家对于哲学所下之定义亦各不相同"。中国哲学要建构自己的哲学话语体系，就必须根据中国哲学与

① 胡适：《中国哲学史大纲》卷上，上海：商务印书馆1919年版，第1页。
② 冯友兰：《中国哲学史》上册，北京：中华书局1961年版，第1页。
③ 李石岑：《中国哲学十讲》，北京：世界书局1935年版。
④ 范寿康：《中国哲学史通论》，北京：生活·读书·新知三联书店1983年版，第15～16页。
⑤ 贺麟：《当代中国哲学》，南京：胜利出版公司1947年版，第72页。

西方哲学差分的实际，自下定义："哲学是指人对宇宙、社会、人生之道的道的体贴和名字体系。"也就是说，要立足于中华民族独特的哲学，在与各国、各民族哲学对话、沟通的实践中建构中国哲学的话语体系，并得到其他民族的认同。有异才能互补，有差分才能和合。这是中国哲学思想自觉、自信和不失主体性的标志，也是建构中国哲学思想话语体系的前提。

再次，要发己之声，言己之事。

世界各民族的哲学都有自己的话语体系，西方哲学有西方哲学的话语体系，印度哲学有印度哲学的话语体系，中国哲学有中国哲学的话语体系。一个民族的理论思维，一个时代的哲学思潮，一个哲学家的哲学话语体系，是由诸多具有不同内涵的概念、范畴构成的。哲学思想的概念、范畴既是人类的、民族的认识精华，又是认识不断发展途中的"驿站"。各民族哲学思想总是以核心概念、范畴的方式，体现特定时代的意义追寻和价值创造，以建构安身立命的精神家园。从先秦到明清，形成了具有中国特色、风格、气魄、神韵的原创性、主体性的中华民族哲学思潮的核心概念、范畴，比如道/德、天/人、有/无、性/情、理/气、心/性等，而每个哲学家亦有不同的核心概念、范畴以及逻辑结构，彰显了中国哲学思想与时偕行的强健步伐，呈现为各显风采、百花齐放的大观园。这与西方哲学大异其趣。每种哲学若离开自身的、整体的、独特的哲学话语体系，就不是其自己。若抛弃这套核心范畴，就等于割断自己哲学思想的命脉。因此，传承、弘扬、创新中国哲学思想的命脉，是当今中国学者义不容辞的历史使命和职责，也是建构中国哲学话语体系的根基。

最后，要互相尊重，互发火花。

假如说世界各民族哲学具有"家族类似"性的话，那么，其呈现出的特点就是"或恐是同乡"，又"相煎何太急"呢？在中西哲学话语体系融突和合的大视域里，在人文价值的时态、空态纵横碰撞融突的互动互补中，思议的广域必定开花结果。各民族哲学话语体系虽然有差分，但没有优劣、高低之别，都是各民族爱智精神精华的结晶，各民族在对话、交往、会通中，应该互相尊重、互相借鉴、互相吸收，并以此为基础，转碰撞为互济，转冲突为互补，融突而和合，开出世界哲学的新生面、新体系、新话语。在此，既不能搞西方哲学中心主义，也不能搞东方哲学中心主义。这是建构中国哲学话语体系的必要条件。

四、 创新——建构中国哲学思想话语体系和学派

博大精深的中华优秀传统文化是我们在世界文化激荡中站稳脚跟的根基。中国哲学思想话语体系源远流长，积淀着中华民族最深层的精神追求，传承着中国哲学思想话语体系的生命智慧。因此，提升中华民族哲学自信、文化自信，有必要建构中国哲学思想话语体系的学派。

中华民族在各个历史时期，学派林立，百家争鸣，学术创新，哲学辉煌。尽管每个时代其哲学思潮的核心话题是共同的，但细究起来各个学派的话语系统却有差分，如先秦儒、道、墨、名、法、阴阳、兵的话语系统，两汉董仲舒、王充、扬雄的话语系统，魏晋贵无派与崇有派的话语系统，隋唐儒释道话语系统及佛教各宗派的话语系统，宋元明清理体派、心体派、气体派的话语系统。虽然各个时期、各派各宗有话语差分，但"道并行而不相悖"，他们共同为中国文化、哲学思维的发展繁荣做出了贡献。

所谓学派，是指"具有共同学术渊源、学术宗旨、研究兴趣、研究倾向、研究范式的学者组成的学术共同体"①。学派具有区别于其他学派的特质，它代表学术传统和独特的学术风格、特色、神韵以及话语系统。我们必须要有文化自信、哲学自信，"立足中国，借鉴国外，挖掘历史，把握当代，关怀人类，面向未来"，建构中国的哲学话语体系及其学派。

第一，勇立潮头，敢于创新。

在当今信息化、大智能的时代，地球已被压缩成一个村，人与人、国与国、民族与民族、宗教与宗教都成为村中休戚相关的命运共同体。但世界并不太平，各种对抗、冲突、战争相继不断，人与自然、社会、人际、心灵、文明之间的冲突和危机有增无减，世界各国、各民族的智者都在探索化解之道。探索化解之道，就意味着创新，创新是一种"标新理于二家之表，立异议于众贤之外"的工作。创新意味着痛苦和磨炼、攻击和批判，需要冲决原有定式、原则、原理、观念、方法，以及自己习以为常的思维

---

① 彭永捷主编：《张立文学派》，保定：河北大学出版社 2014 年版，第 1 页。

定式、价值尺度，因而往往使人陷入彷徨、矛盾之中，但它预示着新生命火花的再次点燃，意味着思想话语体系的浴火重生。中国学者只有以不怕下地狱的精神和不畏"枪打出头鸟"的气概，才能勇立潮头，我自屹立不动地建构中国哲学思想话语学派，而与世界各国、各民族的哲学思想话语体系相比肩。

第二，奇思妙想，无中生有。

奇思妙想，必本于"情穷造化理，学贯天人际"，与天地变化的妙理能进行有情感的交流而体认入微，对自然和社会的演化规则有深刻的了解而融会贯通。为学之道，本于思，在此基础上的奇思妙想就是有根据的、合理的思和想。思则得之，就能实现中国哲学思想话语体系的建构和学派的建立。在中华文明史上，先贤智者甘于寂寞、乐于清苦、终日乾乾，以无中生有的奇思妙想创新了中国的科举制度、文官制度、纸币制度，建立了异彩纷呈的哲学思想体系，四大发明助推了世界资本主义的发生、发展。哲学理论思维体系的创造，在科学史上跨时代的科学发明，无不都是思想家、哲学家、科学家无中生有的奇思妙想的结果，无不都是他们"不顾旁人是非，不计自己得失"，勇往直前，说出他人不敢说的道理的结果。新之所新是前之无，所以为新。只有敢于奇思妙想，突破一切既定、既成之思之想，才能为创新开出新路径、新生面。走前人没有走过的路，启前人没有想过的思，是创建中国哲学思想话语体系和学派的必经历程。

第三，不畏浮云，抢占高层。

"不畏浮云遮望眼""直挂云帆济沧海"。乘着强劲的风势，劈开浮云，胸怀高远，挂起云帆，一定能渡到沧海的彼岸，实现中国哲学思想话语体系和学派创新的目标。既然是一种理论创新、思维创新、话语创新、学派创新，就与旧有的、习惯的、既成的有区别，人们就会有不同意见、看法和不理解，以致招来批评，如果因此而退缩，明哲保身，就显然是被浮云遮望眼，没有"天地万物本吾一体"的胸襟，没有"为天地立心，为生民立命"宇宙观、天下观的眼光。中国哲学思想话语体系要抢占高层，登高望远，行谨胜祸，不畏艰难，夕惕若厉，志之所趋，必能梦想成真。

第四，立足中华，放眼世界。

中华文明延续着中华民族的精神血脉，应激活其蕴藏的精神血脉的生命力。只有更深入地认识自己的文明，才能更好地认识他者、各民族、各国的文明，知己才能深入地知彼。只有讲好中国的哲学思想话语体系，才能更好地吸收其他民族优秀的哲学思想话语体系。一个民族哲学思想话语的丧失，标志着其深层哲学思想灵魂的丧失。因为民族的哲学话语标志是使用这种话语的民族文化之根、之魂、之体。黑格尔曾经说过："教给哲学说德语。""如果哲学一旦学会了说德语，那么那些平庸的思想就永远也难于在语言上貌似深奥了。"① 他认为哲学作为古希腊人的爱智觉醒，是他们用"自己的语言"的智能创造。只有运用自己民族规范化的语言，才能表达哲学思辨精神。换句话说，中华民族的母语是建构中华民族哲学思想话语体系和学派的源头活水。用母语的思辨精神进行逻辑理论思维、哲学话语思辨的表达，是最睿智、最有效的选择。然而，世界各民族的文明是丰富多彩的，放眼世界，各文明之间应相互尊重和处，相互信任互鉴，相互包容吸收，相互平等和合。这是推动建构中华民族哲学思想话语体系和学派的强大动力。

（原载于《中国人民大学学报》2017 年第 5 期）

---

① 苗力田译编：《黑格尔通信百封》，上海：上海人民出版社 1981 年版，第 262 页。

中国哲学方法论的新建构

——关于中国哲学概念范畴的逻辑结构

几千年来，人类的各个民族共同创造了光辉灿烂的智慧，多彩绚丽的人类文明普照寰宇，生生不息。中华文明是世界文明中最古老、最鲜活、最伟大而未曾凋谢的花朵。中华文明在五千年的发展中，兼容并蓄、海纳百川，凝结着最深层的精神追求，蕴含着最深刻的道德精髓，激荡着最丰富的理论思维，呈现着最具神韵的精神特质，为世界文明做出了不可磨灭的伟大贡献。

中国哲学逻辑结构交感联通法

在全球化信息革命时代，人类共同迎接着人工智能的来临，它跨越了工业革命有线的时代，迈入无线的、自主操控的时代，它不仅变更了我们对生活世界的定义，而且将带来前所未有的思想波涛，深刻影响人们的理论思维。当前人类生活在大智能时代，这个时代是在人类深度学习、跨界融合、人机互创、心智开发、自主把握的人文语境中，以互联网、物联网、大数据、云计算为显著特征，由交感而融合，再由深度交感而和合，创造新的生活环境、新的生活方式、新的思维理念，这三者的变通化、系统化活动也创造了新的智慧世界。

随着人类生活世界的大变化，人们一切生活活动，包括政治、经济、文化、军事、外交、学术活动的实现，都离不开交感联通、智能互应，哲学也不例外。哲学是对哲学概念反思的反思，因此也在反思中变化。中国哲学作为世界哲学中不可或缺的哲学理论思维形态之一，唯变所适。中国哲学理论思维以交感为关节点，系统化、结构化，以适应大智能时代的需求。所谓交感的"交"有交接、交通、交泰、交心、交好、交亲、交道、交欢、交颈等意思，"感"有感通、感应、感化、感情、感动、感悟、感激、感触、感遇等意思。交感两字相联，曾见于周敦颐的《太极图说》："无极之真，二五之精，妙合而凝，乾道成男，坤道成女，二气交感，化生万物，万物生生，而变化无穷焉。"① 朱熹注曰："人物之始，以气化而生者也。气聚成形，则形交气感，遂以形化，而人物生生，变化无穷矣。"② 太极已在无极之真的真中，阴阳五行凝聚而成人物的形状、形态，形的交媾与气的感应，天地间人物生生不息，变化无穷无尽。

交感何以成为中国哲学理论思维的关节点？中华民族先圣先贤在回答天地万物从哪里来的问题时，提出了与西方以天地万物是由单一的、唯一的本体派生的哲学理论思维殊异的话题，主张"和实生物"。怎样和实生物？《周易·系辞传》说："天地缊缊，万物化醇；男女构精，万物化生。"朱熹注曰："缊缊，交密之状。"由于天地阴阳交密，气化丰厚而凝聚成万物。构精，是交构的方式，也作交媾，《后汉书·周举传》载："二仪交构，乃生万物。"二仪即阴阳，男女阴阳交构，万物化生。"交"何以能化生万物？因为"交"智能地促使天地万物沟通，其智慧能促使上下交感而志向相同。《泰卦·象传》载："天地交而万物通也，上下交而其志同也。"③ 何妥注："夫泰之为道，本以通生万物。若天气上腾，地气下降，各自闭塞，不能相交，则万物无由得生。明万物生由天地交也。"④ 天地之气交通生物，如果天地之气不交，天气上升，地气下降，各不相交，万物不能化生。因而《否卦·象传》曰："天地不交而万物不通也。"⑤ 不交通就不能化生万物。"上下交而其志同也"，李道平疏："以人事之泰言之，则君上臣下，交相感应，乃可济养万民，阴阳有气，故天地之通以气言；上下有志，故君

---

① 周敦颐：《太极图说》，《周子全书》卷1，上海：商务印书馆1937年版，第14页。

② 朱熹：《太极图说注》，《周子全书》卷1，上海：商务印书馆1937年版，第15页。

③ 朱熹：《朱子全书》第1册，上海：上海古籍出版社；合肥：安徽教育出版社2002年版，第93页。

④ 李道平：《周易集解纂疏》卷3，上海：商务印书馆1936年版，第97页。

⑤ 朱熹：《朱子全书》第1册，上海：上海古籍出版社；合肥：安徽教育出版社2002年版，第93页。

臣之同以志言。"① 志为气帅，民为邦本，泰交感，民志同，而本以固，济养万民，民安居乐业，志同本固。假如上下不交感，人志不同，必导致民心离散，国家动乱而亡。所以《否卦·象传》曰："上下不交而天下无邦也。"中华民族优秀文化中，对"交"非常重视："天地交，泰。"② 《周易·序卦传》曰："泰者通也。"交泰是天地之气融合贯通，生养万物，物得大通，万物生生。

交的智能价值呈现于天地、男女、上下、君臣、臣民、阴阳之间的差分、矛盾甚至冲突之中，由于通过"交"而使差异、矛盾、冲突得以交通、交流、交接、对话、谈判，而消除误解、误判、怀疑、猜忌，以增强了解和信任，以达交和的境界。《战国策·齐策》载："秦假道韩、魏以攻齐，齐威王（当为齐宣王）使章子（匡章）将而应之。与秦交和而舍，使者数相往来，章子为变其徽章，以杂秦军。"③ 齐国侦探数次向齐宣王报告章子投降秦军，甚至有官员向齐宣王建议派军去攻打章子的叛军。齐宣王很了解章子，君臣相和、和合。最后报告说齐军大胜，秦军大败，交和意蕴阴阳交和。《文选》载汉张平子（张衡）《东京赋》："于是阴阳交和，庶物时育。"在阴阳交和、和合境域中，万物得以发育成长。

交感的"感"，其智能价值与"交"相似而其侧重点有所差分，"交"的侧重点在交通，感的侧重点在感化，两者结合，相得益彰。就其相似之同言。《周易·咸卦》朱熹注曰："咸，交感也。兑柔在上，艮刚在下，而交相感应。"④ 既交感相联一词，又兑艮、柔刚、上下差分的形相交相感应，构成万物的化生和人心的感化。"天地感而万物化生，圣人感人心而天下和平。观其所感，而天地万物之情可见矣。"⑤ 与"交"的概念一样，回答了天地万物从哪里来、怎样来的话题。差分矛盾的事物形相，唯有通过交感智能中介的作用，才能化生万物、感化人心，而通达天下和平。感化人心，使民心变善。《礼记·乐记》曰："乐也者，圣人之所乐也，而可以善民心，

① 李道平：《周易集解纂疏》卷3，上海：商务印书馆1936年版，第98页。
② 朱熹：《朱子全书》第1册，上海：上海古籍出版社；合肥：安徽教育出版社2002年版，第108页。
③ 王守谦等：《战国策全译》，贵阳：贵州人民出版社1992年版，第241页。
④ 朱熹：《朱子全书》第1册，上海：上海古籍出版社；合肥：安徽教育出版社2002年版，第59页。
⑤ 朱熹：《朱子全书》第1册，上海：上海古籍出版社；合肥：安徽教育出版社2002年版，第98页。

其感人深，其移风易俗，故先王著其教焉。"[1] 乐的价值功能可感动、感化人心，使其向善，并移风易俗。荀子《乐论》曰："使其曲直、繁省、廉肉、节奏，足以感动人之善心，使夫邪污之气无由得接焉。"[2] 乐声的曲折与平直、复杂与简单、清晰与饱满的和合，感动人心的善心，使其不与邪污之气接触，以通达天下和平。感与交都有通的含义，《周易·系辞传》载："《易》无思也，无为也，寂然不动，感而遂通天下之故。非天下之至神，其孰能与于此？"朱熹注曰："无思无为，言其无心也。寂然者，感之体；感通者，寂之用。人心之妙，其动静亦如此。"[3] 感通是此有所感而通于彼，亦是以体贯通于用。由于感通的互相感应的性能，从而构成理论思维的整体系统的体系。

何谓中国哲学逻辑结构

交感概念、范畴的智能价值，圆融美满地回应了中华民族"和实生物"之怎样"和"能生物的话题，构成了差分、矛盾、冲突 $\overset{\text{交感智能}}{\xrightleftharpoons}$ 融合 $\overset{\text{交感智能}}{\xrightarrow{\hspace{1cm}}}$ 和合体（新事物、新生儿、新结构）的公式，也是中国哲学体系的各哲学概念、范畴之间由此范畴通达彼范畴之间，必须由交感智能中介将彼此范畴互通互联起来，以成为完整的哲学逻辑结构。

金岳霖曾说："哲学是概念的游戏。"冯友兰认为，金岳霖的这个提法，不过是用简单的话说出了一个公开的秘密，说出了哲学的一种真实性质[4]。金岳霖的这个提法虽稍有偏颇，但亦不无道理。因为一个民族的理论思维，一个时代的哲学思潮，一个哲学家的哲学理论思维体系，总是通过一系列哲学概念、范畴来表达的，是由诸多概念、范畴通过交感智能中介，使之交通、沟通、感化而互相联系起来，构成哲学理论思维各概念、范畴之间的逻辑顺序、秩序或结合、融合、和合的方式，并从哲学理论思维体系的

---

① 《礼记·乐记》，《礼记正义》卷38，《十三经注疏》，北京：中华书局1980年版，第1534页。

② 《荀子新注》，北京：中华书局1979年版，第332页。

③ 朱熹：《朱子全书》第1册，上海：上海古籍出版社；合肥：安徽教育出版社2002年版，第132页。

④ 冯友兰：《中国现代哲学史》，广州：广东人民出版社1999年版，第239页。

整体概念、范畴的逻辑结构上，确定诸多概念、范畴在一个时代思潮或哲学体系中的地位、功能、性质、作用，以明确那个概念、范畴是时代思潮或哲学体系的核心概念、范畴，是统摄诸多概念、范畴的。诸多概念、范畴围绕这个核心概念、范畴而构成其哲学理论思维体系，如宋明理学中程朱哲学理论思维的理体学，以理为核心概念、范畴；陆王哲学理论思维的心体学，以心为核心概念、范畴；张（张载）王（王夫之）哲学理论思维的气体学，以气为核心概念、范畴。他们的理、心、气均是统率、统摄其哲学理论思维中诸多概念、范畴的最高概念、范畴，亦是其交感一系列诸多概念、范畴的中心，而构成其哲学理论思维逻辑结构体系。假如一个哲学理论思维只有一些概念、范畴，而没有核心概念、范畴，也不能有一概念、范畴将其诸多概念、范畴统率、统摄起来，没有交感智能中介将诸多概念、范畴互联互通、感化感应起来，便不能构成哲学理论思维逻辑结构，也不能构成一个哲学理论思维体系。

中国哲学概念、范畴交感的逻辑结构的新方法论是指研究、反思中国哲学理论思维概念、范畴在每一个时期的哲学思潮、哲学家的哲学理论思维逻辑结构的发展、演变及其哲学理论思维诸概念、范畴之间的内在交感联通，是中国哲学理论思维概念、范畴在一定社会政治、经济、文化和思维语境下的反映，是那个时代精神的精华。

所谓范畴是指呈现实存世界、虚拟世界、信息世界的信息元的思维的类，而构成内涵丰富的概念、范畴，是人们认知世界的一种思维形式。它犹如人身上的细胞，生命不能没有细胞；理论思维不能离开概念、范畴，离开概念、范畴就无法进行理论思维。范畴是概念的类，是对概念整合的虚拟化。哲学理论思维逻辑范畴与具体学科范畴有异：它是高层次和深层次的概念，是呈现整体世界最普遍的本质联系的基本概念，是整体系统认识之网上的纽结；它是相互交感互联互通的统一整体，哲学理论思维逻辑结构诸多概念、范畴唯有构成整体系统才能呈现哲学理论思维体系的性质、品格和神韵；它是哲学理论思维的最基本的支点、纽结，通过各概念、范畴的支点、纽结的交感而构成上下、左右、前后纵横、互联互通的巨型网络系统和有序的逻辑结构系统；它是现实生存世界中事物元素的类别，体现意义世界中的真实追求，呈现逻辑世界（可能世界）中的正当原则。它需要满足两方面要求：一是在体认上显现事物类别形态间的关系网络，二是实践上体现了意义主体对价值的追求。它是生存世界、意义世界、可能世界的概念、范畴逻辑结构及结构"同时态"与"历时态"的整体表现，是诸概念、范畴融突交感和合的理论思维形态依序的、稳定的体现。

中国哲学理论思维形态概念、范畴的逻辑发展联通，既把人类体认生存世界、意义世界、可能世界的进程作为自己"和实生物"的妙凝进程，又把自然、社会、人生的历时性发展互通、交感互应进程作为自己化生、并育、形成的依据，这两个妙凝生物和交感联通的进程是理论思维的结晶，是一定时期时代精神精华的体现。

中国哲学逻辑结构的交感联通系统和内在根据

中国哲学理论思维概念、范畴的逻辑结构，扎根于源远流长的中国哲学理论思维概念、范畴的丰厚沃土，既继承又转生《北溪字义》《孟子字义疏证》等中国哲学理论思维概念、范畴的优秀传统，其中凝聚着中华民族先圣先贤最深层的精神追求，标志着中华民族独特的哲学理论思维的逻辑结构，呈现着中华民族殊性的哲学理论思维概念、范畴，体现着中华民族哲学理论思维特有的性质、风格、特色、神韵而走向世界，并被东亚一些国家所接受。

"不忘本来才能开辟未来，善于继承才能更好创新。"中国哲学理论思维范畴逻辑结构是依傍中国哲学理论思维的实际和哲学概念、范畴发展的固有特点、性质以及人类认识、思维发展的次序，通过对中国哲学理论思维概念、范畴各属性，交感、关系、联通的基本体认，进行概念、范畴方面阶段、层次、中介的分析，以及纵向、横向、纵横结合的研究。纵向哲学概念、范畴和逻辑结构的研究，可揭示整个历史长河中本质相同和不同概念、范畴的交感继承、创新关系及其演变发展的规则；横向哲学概念、范畴和逻辑结构的研究，可揭示哲学概念、范畴在各个历史阶段中，彼此之间的交感关系和其内在逻辑的联通，以构成一个时代的哲学思潮，体现一个时代的哲学理论思维发展阶段和水平；纵横结合哲学概念、范畴和逻辑结构的研究，可揭示哲学理论思维概念、范畴在各历史阶段之间和各时代哲学思潮之间的交感中介环节，以及它们之间是如何互相交感、互相度越关系，发现中国哲学理论思维、逻辑结构的核心话题的转换，依傍经典文本的更替、人文语境的变化三大"游戏规则"，为中国哲学理论思维形态的怎样创新、在哪里创新找到了依据和标准。

通过对中国哲学理论思维概念、范畴、逻辑结构如此的分析研究，依据中国哲学概念、范畴自身内在的实际内涵、性质、特点、作用，度越国内外传统和现代哲学概念、范畴分类方法。在西方思想史上，曾把概念、范畴分为实体、属性、关系，或者把概念、范畴分为唯物论、辩证法、认识论等，这种概念、范畴分类方法既不符合中国哲学理论思维概念、范畴的实际，不能确切说明中国哲学概念、范畴的内在交感关系与联通联系，亦不契合中国哲学理论思维概念、范畴的特性，不能体现中国哲学概念、范畴的阶段性、时代性、演变性、交感性。现根据中国哲学理论思维概念、范畴的实存的实际，提出象性范畴、实性范畴、虚性范畴三类分类法，并构成三类概念，范畴上下、左右、内外互相交感联通、智能互应的逻辑结构。

象性范畴逻辑结构。"象"是指对于客体事物的现象的模拟，或对于万物形象的描写，如写象。《周易·系辞传》曰："是故，易者，象也；象也者，像也。"[1] 孔颖达疏："谓卦为万物象者，法象万物。犹若乾卦之象，法象于天也。"[2]《经典释文》曰："象，拟也。"是以某种事物结构模拟世界多样性的融突和合，包括象象、象实、象虚三方面的交感联通、智能互应。象象概念、范畴有五行（金、木、水、火、土）、天；象实概念、范畴有气；象虚概念、范畴有道（无）、仁、数等。三类概念、范畴互相递进，环环相扣，乃是具体的感性认识和抽象理性认识的融合，是客体事物个性、特殊性和其内在一些规定和外在形式舍弃后的抽象的概括，但又没有完全度越某种特殊的东西。

实性范畴逻辑结构。"实"是指体现某类事物本质交感联通关系的实体性、实相性或本体性的概念、范畴。《淮南子·泰族训》："知械机而实衰。"

---

①《系辞下传》，《周易正义》卷 8，《十三经注疏》，北京：中华书局 1980 年版，第 87 页。
②《系辞下传》，《周易正义》卷 8，《十三经注疏》，北京：中华书局 1980 年版，第 87 页。

高诱注："实，质也。"引申为事物的本质、实质或本来状态。从象性概念、范畴过渡到实性概念、范畴，道（无）、数概念、范畴是其交感联通的智能互应中介，它不是如象性概念、范畴那样从某种具有形相、形体的东西或某种特殊东西中去寻找统一性，而是从事物内在的矛盾关系中，自然现象和社会现象的错综复杂关系中，探索世界事物所以存在的原因和根据，构筑哲学理论思维概念、范畴的逻辑结构和世界的本体。实性范畴逻辑结构包括实象、实实（实体）、实虚三方面交感联通、智能互应。实象概念、范畴有天人、形神、宇宙；实实概念、范畴有道器、有无、理气、心物，一二、动静、变化、知行、能所、格物致知；实虚概念、范畴有性情、阴阳，等等。乃是由理性思维方法所构建的理论概念、范畴，体现事物普遍融突而和合、交感而联通的关系。不仅其间每对概念、范畴都具有交感联通关系，而且每个概念、范畴的内涵亦是交感联通的。

虚性范畴逻辑结构。"虚"是指那种以凝缩的形式把握事物一般规定性的思维模型。这种思维模型，是共性与个性、抽象性与具体性、灵活性与确定性的冲突融合、交感联通。它的智能互应，与代数学的原理公式相似，诸如象性和实性概念、范畴，只要代入虚性概念、范畴逻辑结构的思维模型，便可以从其规定性和交感联通关系，而推演诸概念、范畴的规定性和交感联通关系，而具有普遍的通用性的特点。从实性概念、范畴过渡演化为虚性概念、范畴是范畴逻辑结构的一种趋向。曾子曰："有若无，实若虚，犯而不校。"[1] 有学问与没有学问、实有知识与空无知识是一样的，所以可由此到彼，有即无，实即虚，这在一定意义上可通。老子说："是以圣人之治，虚其心，实其腹。"[2] "致虚极，守静笃。万物并作，吾以观复。"[3] 虚与实相对，虚有空与无的意思，因其空无，所以能容纳食物而实其腹；虚极静笃的虚静，犹如管子和荀子的"虚一而静""虚无""三十辐共一毂，当其无，有车之用。埏埴以为器，当其无，有器之用。凿户牖以为室，当其无，有室之用"[4]。当其无才有车、器、室的功用，实就不能容纳其他东

---

① 朱熹：《朱子全书》第 6 册，上海：上海古籍出版社；合肥：安徽教育出版社 2002 年版，第 132 页。
② 任继愈：《老子新译》，上海：上海古籍出版社 1985 年版，第 62～63 页。
③ 任继愈：《老子新译》，上海：上海古籍出版社 1985 年版，第 94 页。
④ 任继愈：《老子新译》，上海：上海古籍出版社 1985 年版，第 82～83 页。

西，就失去车、器、室的功用。虚性范畴逻辑结构包括虚象、虚实、虚虚（虚体）三方面交感联通、智能互应。虚象概念、范畴有刚柔、健顺；虚实概念、范畴有形而上、形而下；虚虚概念、范畴有体用。虚性哲学理论思维概念、范畴逻辑结构，人类的思维不再局限于世界的本质或基础是什么，世界存在的状态怎样及能否认知的探索，而是要揭示象性和实性概念、范畴内在的交感联通，使诸概念、范畴按一定交感联通的方式构成一定的整体的逻辑结构系统。

中国哲学逻辑结构三类概念、范畴之间，互相交感贯通。其间每个概念、范畴对于比它高一级概念、范畴来说是内容，对于比它低一级概念、范畴来说是形式。它们互相交感联通，促进哲学概念、范畴的发展。在这个交感联通中，有一些贯通始终的概念、范畴，如五行、天、气、仁、道、无、理、阴阳等，它们在中国哲学逻辑结构的演变中，用来诠释自然现象到诠释社会现象，以及思维现象，都能体现某一时代的哲学逻辑结构的特色。我们把这种概念、范畴称为"元创范畴"。"元创范畴"不仅主动担负起交感联通各哲学逻辑结构的纽带作用，而且成为化生新概念、范畴的源头活水。"元创范畴"既具有贯通性品格，又具有动态性与稳定性冲突融合的特色。

中国哲学逻辑结构系统，既不是哲学家思辨的独撰，也不是千古的心传，而是中国哲学历史的发展和中国哲学内在逻辑的体现：

一是整体的和谐性。中国哲学在开始研究客体宇宙自然（天道）的时候，亦下功夫探索主体社会人生（人道），而把两者作整体的思考，与西方哲学有别。这种整体的思考，从形式到内容都是和谐的、圆融的。《易传》说："观乎天文，以察时变；观乎人文，以化成天下。"[1]《说卦传》把"天文"诠释为天道和人道，并赋予它具体内涵："立天之道曰阴与阳，立地之道曰柔与刚，立人之道曰仁与义。"[2] 构成了宇宙本体观与社会伦理观一体化的逻辑结构。天、地、人整体和谐系统，道是弥纶三者的中介，使三者互相协调。董仲舒把三者贯通起来，这便是王道。"三画者，天地与人也，

---

① 朱熹：《朱子全书》第 1 册，上海：上海古籍出版社；合肥：安徽教育出版社 2002 年版，第 95 页。
② 朱熹：《朱子全书》第 1 册，上海：上海古籍出版社；合肥：安徽教育出版社 2002 年版，第 153 页。

而连其中者，通其道也。取天地与人之中以为贯而参通之，非王者孰能当是?"① 构成了整体融突而和合的格局和思维方式，影响、支配着中国社会结构和意识结构，这便构成了中国哲学逻辑系统的内在根据。

二是传统的延续性。中国传统哲学概念、范畴，不是静态，而是动态逻辑结构。它的自变化系统和自转换系统，使概念、范畴的产生、演变、发展以及革故鼎新的代谢、转换，都处于有效的进程之中。透视中国传统哲学范畴在这一动态过程中所具有的不同活动类型，笔者用"同心圆扩大型"来表示。这是因为中国哲学概念、范畴在时间上具有延续性，表现为环环相串；在空间上具有广袤性，表现为环环展开，两者的融突和合，便构成"同心圆"为逻辑起点，依串而环环扩大。时空上的环环相串和环环展开的融合，既把诸概念、范畴排列组合成有机整体系统，又把各概念、范畴自身构成整体系统。它是从平面的视域观照哲学概念、范畴的动态发展，呈现为"同心圆"的状态；若从时间和空间的立体视域来观照其动态的发展，则呈现为"螺旋式上升型"模式。"同心圆扩大型"与"螺旋式上升型"模式的融突和合，构成了中国传统概念、范畴的延续系统。

三是结构的有序性。结构在中国哲学范畴逻辑结构中，具有自我调节作用。它具有两方面含义：一是指概念、范畴排列在时间上与空间上的有序性；二是指概念、范畴排列的逻辑次序。《周易·序卦传》可视为人们对有序性的自觉；《周易·系辞上传》："天尊地卑，乾坤定矣。卑高以陈，贵贱位矣。"体现了哲学概念、范畴自身或概念、范畴系统"定位"的状态。即使从六十四卦的卦象来看，也是互相交感联通、互相智能互应的融突和合结构。

中国哲学逻辑结构的范畴和合诠释学

中国哲学逻辑结构的范畴和合诠释，主旨是揭示哲学概念、范畴内在本质、特征及其关系，沟通"历史范畴"与"现实范畴"（相对于以往历史的现实），使"历史范畴"更具连续性，"现实范畴"更具动力性。范畴诠

---

① 苏奥：《王道通三》，《春秋繁露义证》卷11，北京：中华书局1992年版，第329页。

释学作为一种思维方法或工具，它用一种说明释义原典的方法去理解自然和社会、人生现实，蕴含着人类在一定历史条件下，对某些形式、时间、地点出现的有关原典解释问题或范畴诠释问题的反思。

要把握中国哲学逻辑结构中的概念、范畴，需要有具体、义理、真实三层次的句法、语义、网状、时代、历史、统摄等六层面的概念、范畴的和合诠释，以揭示哲学概念、范畴的本意，义理蕴含和整体本质。图示如下：

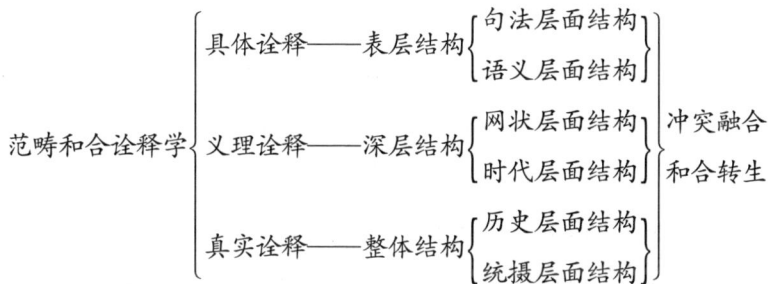

第一层次的具体诠释，是指一般具有固定面结构形式，亦即按照其思维逻辑概念、范畴的资料、文本，作原原本本、实事求是的诠释，力求如实地显现概念、范畴固有含义。表层结构的具体诠释，是指客观地再现思维逻辑结构概念、范畴的本意，这就需要对哲学家的言论、著作作句法层面结构和语义层面结构的和合诠释。中国古代典籍，特别是先秦，文字并未统一，年代久远，或埋于地下，或毁于焚书，或口传耳闻而误，或传写转抄而讹，或锓板缺损而谬，其句法语义，不易理解。需要校勘字句，梳理语句，以求切实可靠。其语义有混乱、模糊、矛盾，需要从多方面、多角度、多联系中加以诠释，使语义明白清晰。

第二层次的义理诠释，是指一般具有横断面的结构形式，它是指把哲学概念、范畴置于特定的历史环境中，从一定历史时代的整体思潮中，从整体哲学思维交感联通、智能互应网状的时代精神和多向逻辑结构中，深一层地揭示概念、范畴的内容。所谓深层逻辑结构的义理诠释，是指从整体思维的逻辑结构，即概念、范畴之网和时代思潮之网中，再现哲学逻辑结构中概念、范畴的义理蕴含。从宏观的整体来观照微观的局部概念、范畴的义理，这就需要对哲学范畴作网状层面结构和时代层面结构的和合诠释。要求把每个哲学概念、范畴放在整体概念、范畴之网络中，从其交感联通、智能互应中反思概念、范畴的含义，便能深层次地认识概念、范畴。任何概念、范畴都是一定时代哲学理论思维精华的升华，又与时代思潮交感联通，因而，从时代哲学思潮的整体系统智能互应中，便可进一步认知确定概念、范畴的意蕴，以便精准把握时代哲学思潮和每个哲学家理论思维的体系。

第三层的真实诠释，是指一般具有纵断面或横断面相结合的逻辑结构形式。随着历史的发展和材料、文本出土的发现，便能更全面、清晰地呈现哲学概念、范畴的本质含义：历史的发展，也清洗掉避讳、隐私等障蔽，使概念、范畴的本来面目更明白地呈现出来。所谓深层结构的真实诠释，是指从历史的发展演变的交感联通、智能互应中，掌握概念、范畴演变的必然趋向，以验证概念、范畴的本质意蕴，从时代与历史、历史与逻辑的融突和合中，深层地揭示哲学概念、范畴的整体本质，这就需要对哲学概念、范畴作历史层面结构和统摄层面结构的和合诠释。时代的更替，若所有的历史都是现代史，其意思是表明每个时代对历史上哲学理论思维的认知是依照当时人的认知去体认的，这种时空差，造成体认哲学概念、范畴真义和哲学家本意的困境，化解这种困境，便需进入统摄层面结构，即把句法、语义的表层结构和时代、网状的深层结构及历史层面结构在交感联通、智能互应中统摄起来，进而梳理出整体系统思维逻辑结构的核心概念、范畴，显现一系列概念、范畴的属性、地位、功用在整体系统理论思维体系网络中的层次、纲目，在一定层次上跨越哲学概念、范畴时空差，使中国哲学概念、范畴和合诠释学能够尽可能贴近哲学文本的原来真实含义和哲学家的本意，以化解诠释学的困境。

中西思维模式和逻辑结构的比较

中西世界文明古国在数千年的发展中，各自创造了光辉灿烂的文化、思想、哲学而光照寰宇。如果说在哲学理论思维的初级阶段，古希腊哲学理论思维的概念、范畴和中国先秦时代的哲学理论思维的概念、范畴既有相似之处，如水火与五行等，但其哲学理论思维模式和方法亦已差分。这种差分随着哲学理论思维概念、范畴及其思维模式和方法的演变，其差分越来越显明，便形成各具特色的西方型的哲学理论思维模式及方法与中国型的哲学理论思维模式及方法。

中西哲学理论思维模式和方法的差分，表现为：

第一，二元对立与融突和合。西方哲学理论思维模式，基本都追求万物世界的一个本源或本体，从古希腊的柏拉图到费尔巴哈都探赜万物世界第一性话题，存在是一，此一犹如上帝，他是至真、至善、至美的真理，违背这唯一的、真善美的上帝的意志，便是不真、不善、不美，于是开出非此即彼、二元对立的思维模式和方法。中国哲学理论思维模式是融突和合，万物世界是和合而生，是由金木水火土或天地、男女相对差异、矛盾的阴阳等多元形相、无形相，通过交感联通、智能互应而化生万物，它具有多元的包容性、和合性，而非西方的一元的斗争性、独断性的思维模式和方法。

第二，整体思维与个体思维。由于哲学理论思维模式的包容性、和合性与斗争性、独断性，而导致整体思维与个体思维方法。中国的哲学理论思维方法和价值观念是整体意识，这与中国长期为自给自足的农业社会相关联，先民们在广袤的土地上耕耘收获，直接与大自然相接触，为大自然的静谧、深沉所感染，感受大自然的生命力，充满对大自然恩赐的感激之情，人与自然相近、相亲、相合、相融，世界犹如天人合一的整体。中国又是家国同构的社会，个体与社会一体化，"国家兴亡，匹夫有责"。人与人、人与国家的维系，重视与教化人的内在的道德自觉，这种道德的凝聚力、向心力，抗拒着种种冲击，维护着整体的融突而和合，而在各学术理论思维领域提出天人合一、知行合一、情景合一、真善合一、情理合一、理势合一等整体思维模式和方法。西方如古希腊、罗马，由于大规模移民活动及海上贸易，必须经历冒险与艰难，人们的同伙关系常常会度越血缘关系，人与人、与社会、与自然，都处于一种对立之中，人们的思维心理以自我为中心，形成个人本位观念，而为个体思维模式和方法。

第三，大同世界与上帝天国。哲学理论思维的理想价值世界，中国的愿景为"大道之行，天下为公"的大同世界，并为实现、实施而设置了、制定了具体制度：货"不必藏于己"的经济制度，人们创造的财富为全社会成员公有；"力恶其不出于身也"的劳动工作制度；"男有分，女有归"

的分工制度；"选贤与能"的官吏选拔制度；"人不独亲其亲，不独子其子"的泛爱众、兼相爱原则；"讲信修睦"的人际、社会、国家、国际关系原则。但在上帝天国的《新旧约全书》中，没有给出天国的具体制度措施，只是一种信仰体系。

第四，阴阳交感与阴阳二分。中西印哲学理论思维模式的差分，其最显著的差分的特征，表现为中国是阴中有阳、阳中有阴，阴阳虽不同，而不相互排斥，亦非有我无你、有你无我，如中国的"太极图"，阴阳交感、互相包容；西方是阴就阴，阳就阳，阴阳互相拒斥，两不相容，彼此对立，有你无我，有我无你，绝不是"万物并育而不相害"，而是"己所不欲，要施于人"；印度是空，既无阴，亦无阳，阴阳都无自性。

中西哲学概念、范畴逻辑结构的特点：其一，中国哲学理论思维有"字义疏证"的逻辑传统，没有"形式逻辑"工具（如亚里士多德《工具论》）系统。"字义疏证"是概念、范畴结构分析，西方"形式逻辑"是谓词结构分析。其二，中国传统思维受《周易》影响，易学思维模式实质上是象数化的义理思维，重象的数序结构及其义理和合。西方思维模式至今仍受《几何原本》的影响，本质上是谓词公理化演绎思维模式。中国传统思维通过类象递归，没有"归纳问题"；西方谓词演绎思维模式，至今没有摆脱"归纳困境"。其三，中国语言文字属表意符号系统，形声字占很大比重，比喻是最佳的论证方式。比喻的精湛奇妙，标志着思维认知的深化。西方语言文字属表音符号系统，文字形象本身不能引发想象，语言声音也不能赋予意象，只有意向性。

中西哲学概念、范畴逻辑结构思维模式的比较可概括如下：从思维模式类型而言，中哲为范畴逻辑结构意象思维，西哲为谓词逻辑结构演绎思维；从思维核心运算而言，中哲为意象递归和合，西哲为公理化演绎；从思维基本单元而言，中哲为意象化概念、范畴，西哲为意向性谓词；从思维符号系统来说，中文为表意符号系统，西文为表音符号系统；从思维论证方法来说，中哲经典诠释、模拟譬喻，西哲修辞辩证、公理推论；从思维经典依据来说，中哲为《周易》《老子》《庄子》等，西哲为《工具论》《几何原本》等。

中西哲学理论思维模式、途径是两条路向，体现了中国哲学理论思维在其独立的、殊性的发展中，走出自己讲、讲自己的哲学理论思维的康庄大道，使中国哲学理论思维在世界哲学舞台上独树一帜。在此互联网、物联网、大数据、云计算的智能革命时代，中西哲学理论思维虽为两个思维模式和路向，但"道并行而不相悖"，可通过交感联通、智能互应、互学互鉴、互容互纳，融突和合，创造世界哲学理论思维新生面、新风格、新神韵、新模式，使世界哲学理论思维更上一层楼。

（原载于《探索与争鸣》2017 年第 8 期）

中国哲学的"自己讲""讲自己"

——论走出中国哲学的危机和超越合法性问题

　　晚清以来，中国在西学及武力的入侵下，无论在政治、经济、制度方面，还是在文化、道德、观念层面，沉沦于整体的危机之中，这些危机有的一直延续下来，以至于直到现在我们不得不回应一些不清不楚和本不是问题的问题。前者的问题本文不做探讨，后者的问题本文仅涉及学术、思想、观念层面。

一、危机与合法性问题

　　五四运动期间及以后，先进的中国人前仆后继地向西方追求真理，在人们的心目中，真理在西方而不在东方和中国。这种判断主要基于这样一种认识："东西文明有根本不同之点，即东洋文明主静，西洋文明主动是也……一为自然的，一为人为的；一为安息的，一为战争的；一为消极的，一为积极的；一为依赖的，一为独立的；一为苟安的，一为突进的；一为因袭的，一为创造的；一为保守的，一为进步的；一为直觉的，一为理智的；一为空想的，一为体验的；一为艺术的，一为科学的；一为精神的，一为物质的；一为灵的，一为肉的；一为向天的，一为立地的；一为自然支配人间的，一为人间征服自然的。"① 这种一切不如他者的体认蕴含着强烈的与传统实行彻底决裂、批判传统文化的精神。这在当时来说有其内因和外缘促成的合理性和合法性。但这种一贬一褒之间的文明价值判断，却容易给人们在心态、思维、观念上产生一种误导：如自卑的和鄙视自我民族文明的心理状态，非此即彼的二元对立的思维，一切以西方真理为真理的观念等。

正是在先进的中国人向西方追求真理，以西方真理为真理的情境中，中华民族文化与西方文化发生了全面碰撞和会通，"哲学"一词被引进中国。随后谢无量著《中国哲学史》（中华书局 1916 年版），他在该书《绪言》中说，中国"古有六艺、后有九流，大抵皆哲学范围所摄"。以中国传统的道术、儒学、佛学为哲学。在《六艺哲学》一章中他认为，"六艺"经孔子删改，成为"儒家之秘要，哲学之统宗"。尽管谢氏在《绪言》中阐述其书旨趣时讲："述自来哲学变迁之大势，因其世以论其人，掇学说之要删，考思想之异同，以史传之体裁，兼流略之义旨。"可见，谢氏注意哲学历史的变迁发展及哲学思想同异的比较，但基本未摆脱传统儒家史观的樊篱，对西方哲学之为哲学及中国哲学之为哲学未予展开阐述。换言之，他没有回应黑格尔所提出的中国"只停留在最浅薄的思想里面""找不到对于自然力量或精神力量有意义的认识""没有概念化，没有被思辨地思考"②，即中国没有哲学问题。这个问题只有待到既具有"汉学"功底又具有西洋哲学形式的胡适③，才能做出正面的回应。胡适在《中国哲学史大纲》（商务印书馆 1919 年版）的导言中对哲学的定义、什么是哲学史、哲学史的目的、哲学史的史料以及"中国哲学在世界哲学史上的位置"等问题，都做出了明确的回答，奠定了中国哲学史的规模和范式。胡适的《中国哲学史大纲》虽比谢氏的《中国哲学史》晚出版三年，但却有隔世之感，究其原因，正如蔡元培所说："我们要编成系统，古人的著作没有可依傍的，不能

---

① 李大钊：《东西文明根本之异点》，《李大钊文集（上）》，北京：人民出版社 1984 年版，第 557 ~ 558 页。

② 黑格尔：《哲学史讲演录》卷 1，北京：三联书店 1956 年版，第 122 ~ 123 页。

③ 蔡元培：《中国古代哲学史大纲序》，载胡适：《中国哲学史大纲》卷上，上海：商务印书馆 1919 年版，第 1 ~ 2 页。

不依傍西洋人的哲学史，所以非研究过西洋哲学史的人不能构成适当的形式。"① 谢氏虽汉学造诣很深，但毕竟没治过西洋哲学史，而停滞在儒家古史观的阶段。

兼治汉学和西洋哲学的冯友兰继谢、胡之后出版了两卷本的《中国哲学史》（1931—1933 年神州国光出版社、商务印书馆出版）。他在《绪论》中对蔡元培所提出的构成中国哲学的"适当的形式"做了进一步阐发。他主张应从"普通所认为哲学之内容"，即由哲学内容而知哲学之"正式的定义"。"哲学本一西洋名词，今欲讲中国哲学史，其主要工作之一，即就中国历史上各种学问中，将其可以西洋所谓哲学名之者，选出而叙述之。"② 这样的叙述不可避免地要把中国历史上各种学问加以肢解，即将中国各种有机整体性的学问分解打碎，把"可以西洋所谓哲学名之者"拣出来，舍弃不可以西洋所谓哲学名之者，重新组装。这样组装的结果，不仅中国学术、思想或哲学的活的生命终结了，就像《庄子》中所说的儵与忽为了报答浑沌的热情款待，儵与忽商量按照自己的样子为浑沌凿出了七窍，七窍凿好了，浑沌也就死了。虽然冯友兰是讲按西洋所谓哲学名之者"选出"和儵、忽的"凿出"有异，但意义是相同的。而且按"西洋所谓哲学名之者，选出而叙述"的中国哲学史，只能是西洋哲学的产儿，而非原本意义上的中国哲学和中国哲学史。于是冯友兰更明确地说："所谓中国哲学者，即中国之某种学问或某种学问之某部分之可以西洋所谓哲学名之者也。所谓中国哲学家者，即中国某种学者，可以西洋所谓哲学家名之者也。"③ 这种既具有"西装"的外表，又具有西洋哲学的灵魂的中国哲学和中国哲学史，究竟算不算、是不是中国哲学？又究竟算不算、是不是中国哲学史？的确大成问题。

但无论如何，胡适和冯友兰对自黑格尔以来西方学者否定中国哲学的论断做了积极的回应，也为中国哲学争得了小小一席之地，这个功绩是不能抹杀的。在 20 世纪二三十年代，辩证法、唯物论成为"时髦"的话语和

① 蔡元培：《中国古代哲学史大纲序》，载胡适：《中国哲学史大纲》卷上，上海：商务印书馆 1919 年版，第 1 页。
② 冯友兰：《中国哲学史》上册，北京：中华书局 1961 年版，第 1 页。
③ 冯友兰：《中国哲学史》上册，北京：中华书局 1961 年版，第 8 页。

思想潮流①，李石岑的《中国哲学十讲》（世界书局 1935 年版）在《绪论》即《中国哲学与西洋哲学的比较研究》中认为，应以对于"什么是物质"的回答来决定哲学的性质，即以精神与物质来划分唯心论与唯物论，儒家提出了十足的唯心论，这是与其以"拥护封建组织为职责"相适应的，从而推导出中国哲学"有辩证法，也有仅少的唯物论"。范寿康的《中国哲学史通论》（开明书店 1936 年版）与李石岑相似，推崇辩证法、唯物论。范氏在《绪论》中说："对于人类社会的历史讲，所谓生产诸力及生产诸关系可以说是两种最基本最一般的对立物。所以我们一定要把社会的发展看作这两种对立物的斗争的历程时，方才对于社会的发展能够彻底理解。"② 于是他主张以唯物史观观照社会发展史，以唯物辩证法阐述历代各家思想。"唯物论的根本要旨就是主张我们的意识乃系把外界的存在加以反映而成的"③"唯心论者认为意识可以支配存在，而唯物论者却以为存在对于意识是独立的"④。这就是说，范氏表明他是以存在与意识的关系问题，即马克思主义关于唯心论与唯物论的划分来写中国哲学史的，也对中国有没有哲学做出了回应。

胡适以西方实验主义哲学为指导撰写中国的哲学史，冯友兰以西方新实在论哲学为指导著中国哲学史，李石岑、范寿康以马克思主义为指导写中国哲学史，他们的指导思想虽有不同，但都肯定中国有哲学，并撰写中国哲学史来证明中国有哲学。尽管中国哲学家做了种种努力，撰写了大量中国哲学和中国哲学史著作，却并没有得到西方哲学家的认同，改变自黑格尔以来认为中国没有哲学的认识。即使像冯友兰那样，选出中国历史上各种学问中可以西洋所谓哲学名之者叙述之，也没有讨到什么特别的"恩赐"，西方学者照样不承认中国有哲学。1949 年以后，中国内地、香港、台湾有关中国哲学的著作可谓汗牛充栋，西方哲学家仍是置之不理或少理。

---

① 贺麟说："辩证法唯物论盛行于九一八前后十年左右，当时有希望的青年几乎都曾受此思潮的影响。那时的中国学术界，既没有重要的典籍出版，又没有伟大的哲学家领导，但青年求知的饥渴，不因此而稍衰，于是从日本传译过来的辩证法唯物论的书籍遂充斥坊间，占据着一般青年的思想了。"（贺麟：《当代中国哲学》，南京：胜利出版公司 1947 年版，第 72 页。）

② 范寿康：《中国哲学史通论》，上海：开明书店 1983 年版，第 7 页。

③ 范寿康：《中国哲学史通论》，上海：开明书店 1983 年版，第 15~16 页。

④ 范寿康：《中国哲学史通论》，上海：开明书店 1983 年版，第 18 页。

2001 年 9 月 11 日法国著名的解构主义哲学家德里达在与王元化的对话中重提"中国没有哲学，只有思想"①，使在座的人不禁愕然。虽然他解释说，"他的意思并不含褒贬，而哲学和思想之间也没有高低之分"，也"丝毫没有文化霸权主义的意味"②，但中国哲学的"合法性"问题又被凸现出来。此后，就中国哲学的"合法性"问题及中国哲学的危机问题，各报刊发表了大量文章。就目前来看，多数文章认为中国有哲学，并论证为什么有哲学，就中国哲学之为哲学提出种种证明。如中国有意志的普遍性和思想的自由，中国有抽象思辨的理智的形而上学，中国有爱智慧的哲学品格，等等。也有的文章认为，从狭义上说，中国确实没有西方哲学意义上的哲学，中国亦本无"哲学"之名，但从广义上说，中、西、印哲学都是哲学。

二、 自立与走自己的路

这样"中国有没有哲学"，或"中国哲学是不是哲学"的论争又延续下来，一方说"有""是"，另一方说"没有""不是"。主张中国有哲学者有其所有，中国哲学是哲学者是其所是；主张中国没有哲学者没有其所没有，中国哲学不是哲学者不是其所不是。各是其所有、所是，亦各没有其所没有、所不是。一百多年来公说公有理，婆说婆有理，谁也说服不了谁，谁也不认同谁，这样辩下去，再辩 100 年、200 年，仍然各说各的，于问题本身并没有化解。这首先是因为中西学者并没有就"中国哲学是不是哲学""中国有没有哲学"的是与不是、有与没有的标准获得共识或取得最低限度的认同。其次，也没有就这个问题开展中西学者的直接对话和交流。这或许是这个问题长期得不到化解的原因之一。今后有必要就这两方面多做工作。

笔者认为，我们可以暂且放置这种表层次的对话，从中国哲学之是不是、有没有中超越出来，从全球哲学（世界哲学）与民族哲学的冲突、融合而和合的视阈来观照中国哲学，不管他人说三道四，"自作主宰"，自己

①《是哲学，还是思想——王元化谈与德里达对话》，《中国图书商报》2001 年 12 月 13 日。
②《是哲学，还是思想——王元化谈与德里达对话》，《中国图书商报》2001 年 12 月 13 日。

走自己的路，不要因为别人说中国哲学不是哲学、中国没有哲学就不敢讲中国哲学或不敢理直气壮地讲中国哲学。今天说"中国没有哲学，只有思想"，明天也许又有人说"中国没有思想，只有学术"，中国学者是否又要忙着去论证有思想，写《中国思想史》？总之，我们不能围着西方文明中心论（包括西方哲学中心论）的指挥棒转。若如此，即使我们写了更多更好的中国哲学史，这些中国哲学史也只是西方哲学的注脚，是西方哲学灵魂在中国的复活或翻版，这将是中国哲学的悲哀！如果 21 世纪中国学人仍然跟着西方哲学中心论跑，而不去着力研究、发展中国自己的哲学，以至于丧失中国哲学的灵魂和生命，我们将会成为中华民族的罪人。

如何超越中国哲学或思想的"是"与"不是"、"有"与"没有"，自己走自己的路？

首先，"自己讲"，"讲自己"的。中国哲学决不能照猫画虎式地"照着"西方所谓哲学讲，也不能秉承衣钵式地"接着"西方所谓哲学讲，而应该是智能创新式地"自己讲"。

"自己讲"讲的主体无疑是"自己"，"自己讲"也很可能是"自己照着讲"或"自己接着讲"。"讲"的方式是重要的，但最重要的却不是"怎样讲"，而是"讲什么"。换言之，讲述的"话题本身"高于讲述的"话语方式"。"话题"的选择需要哲学的智慧洞见，而"方式"的选择只需语法的修辞训练。特别是当"自己讲"的话语多是重复别人讲过的话题时，那实际上完全是"自己照着别人讲"，即使是加了一点"自己话语"，至多也只是"接着别人讲"，而无智能创新可言。因此，中国哲学必须而且只能是"讲自己"，讲述中国哲学自己对"话题本身"的重新发现，讲述中国哲学自己对时代冲突的艺术化解，讲述中国哲学自己对时代危机的义理解决，讲述中国哲学自己对形而上者之谓道的赤诚追求，等等。为此，中国哲学可以借鉴现象学方法中的"括号"法，暂且"悬搁"中国传统哲学中的陈词滥调，直面中国哲学"话题本身"①，陈述中国哲学。

一百年来，中国哲学经历了炼狱般的煎熬和中国学人深受其难的体认，

① 张立文：《中国哲学的创新与和合学的使命》，《中国人民大学学报》2003 年第 1 期。该文是笔者在 2001 届博士生"哲学前沿"课程上的讲话，由祁润兴博士整理成文，发表时由于篇幅所限删去，今特作说明，并向祁润兴博士致歉。

具备了"自己讲""讲自己"的内外因缘。自己讲自己的哲学，走自己的中国哲学之路，建构中国哲学自己的哲学理论体系，才能在世界多元哲学中确立中国哲学的价值和地位。但"自己讲""讲自己"绝不是不要吸收西方哲学及世界上其他一切哲学的精华。在全球化、网络化的今天，任何哲学、思想、文化都不能闭门造车，只有开放大门，敞开思维，才能创造新的中国哲学理论体系。

但是与西方哲学交往、会通，必须改变过去"我注六经"的方式，确立"六经注我"的方式。换言之，应颠倒"我注六经"为"六经注我"。以往中国哲学"照着"或"接着"西方哲学讲，基本上是以中国哲学注西方哲学，中国哲学成为西方哲学的注脚。"自己讲""讲自己"就是反其道而行之，以西方哲学注中国哲学，发展中国哲学。其实，这也不是我的发明。西方哲学家从莱布尼茨到海德格尔，他们讲中国哲学的《周易》《老子》，都是采取中国"六经注我"的方式，《周易》《老子》成为他们哲学的注脚，以陈述他们自己的哲学。中国哲学在会通、吸收西方哲学的过程中，也应是为了陈述、完善中国哲学，不能反客为主，而应以我为主。

中国哲学"讲述自己"，这也是古希腊哲学"认识自己"使命的逻辑延伸。"认识自己"要求直面生命的本来面目。中国哲学"讲述自己"要求直面"话题本身"（生命的本来面目是宇宙间最大的"话题本身"），直接讲述中国哲学对"话题本身"的体贴、发明和创新。面对"话题本身"是中国哲学研究必须遵循的操作程序指南，"讲述中国哲学自己"是中国哲学研究的本真叙事方式。

其次，自我定义，自立标准。这是中国哲学"自己讲""讲自己"所必然遇到的前提性的理论问题。什么是哲学？讲中国哲学连什么是哲学都不清不楚，则讲中国哲学也必然是一笔糊涂账。但哲学究竟是什么？什么是哲学？犹如哥德巴赫猜想，中西哲学家都在猜想，至今还在继续猜想。时至今日，西方哲学各家各派都把自己的猜想当作"是"，各是其所是，于是，各立自己的定义和标准，甚至一家一派中也歧义横生，各不相同，犹如金庸武侠小说《侠客行》中的侠客岛岩洞中的武功秘籍，各人有各人的理解和诠释，由此不同的理解和诠释而有不同的武功招式和功法，只有石破天超越了错综复杂、众说纷纭的种种不同的理解和诠释，直面"话题本身",直面武功秘籍的本来面目,很快破解了全国超等儒生和全国第一流武功高手 30 年来所未能破解的武功之谜。

胡适和冯友兰在 20 世纪初写《中国哲学史》时就自觉意识到关于"什么是哲学"的严重分歧。胡适依据实验主义认为:"哲学的定义,从来没有一定的。我如今也暂下一个定义:凡研究人生切要的问题,从根本上着想,要寻一个根本的解决,这种学问,叫做哲学。"① 冯友兰在《中国哲学史》中说:"哲学一名词在西洋有甚久的历史,各哲学家对于哲学所下之定义亦各不相同。"② 直至今天,无论是西方哲学家,还是中国哲学家,从没有就"什么是哲学"达成共识。

就中西哲学而言,由于中西哲学各有其诞生、发育、发展的文化背景、社会环境、伦理道德、宗教信仰、价值观念、思维方式、风俗习惯、语言文字的差分,其哲学讲述的"话题本身"以及讲述的"话语方式"都大相径庭。换言之,中西哲学于宇宙、社会、人生、人心的体认方式和表述方式亦异趣,由此而产生对于哲学定义的不同规定,便是不言而喻的了。就中国哲学自身而言,由于各哲学家家庭渊源、学校教育、承传学统、文化素质、学术品格、个人性情以及兴趣爱好的不同,则对于宇宙、社会、人生、人心的体认方式和表述方式亦殊途。因此,就"什么是哲学"达成中西共识不易,单就"什么是中国哲学"在中国哲学家中达成共识亦不易。

但为了方便探讨"中国有没有哲学"或"中国哲学是不是哲学",我曾把中国哲学定义为:"哲学是指人对宇宙、社会、人生之道的道的体贴和名字体系。"③ 中国哲学重社会、人生之"道的道"的探索,但并不是不关注宇宙之"道的道"的研讨。"邵伯温作《易学辨惑》,记康节先生事,曰:伊川同朱光庭公探访先君。先君留之饮酒,因以论道。伊川指面前桌曰:'此桌安在地上,不知天地安在甚处?'先君为极论天地万物之理,以及六合之外。伊川叹曰:'平生惟见周茂叔论至此。'"④ 邵雍、程颐等论道,涉及天地万物的"道的道"。朱熹"甫能言,父指天示之曰:'天也。'熹问

① 胡适:《中国哲学史大纲》卷上,上海:商务印书馆 1919 年版,第 1 页。
② 冯友兰:《中国哲学史》上册,北京:中华书局 1961 年版,第 1 页。
③ 张立文:《朱陆之辩——朱熹陆九渊哲学比较研究序》,载彭永捷:《朱陆之辩——朱熹陆九渊哲学比较研究》,北京:人民出版社 2002 年版。
④ 朱熹:《伊洛渊源录》卷 1,《朱子遗书》,北京:中文出版社 1980 年版,第 481 页。

曰：'天之上何物?'松异之"①。陆九渊三四岁时，问他的父亲"天地何所穷际"，父笑而不答，陆九渊"遂深思至忘寝食"②。朱、陆亦重视宇宙天地之"道的道"，即"形而上之道"和"所以阴阳者"道的道的求索。

这个中国的哲学定义，只是我自己的"体贴"。至于"体贴"得是否妥帖、准确，则可见仁见智，任人评说。只是我自我定义，自立标准，是为了更好地探索中国哲学"话题本身"，直面中国哲学生命本真，讲述中国哲学灵魂（精神）的价值，同时也是为了开发中国哲学的创新能力。虽然当今中西哲学交往和会通频率较以往千百倍地增加，但西方哲学的核心灵魂，中国哲学是很难学到手的，也是搬不来的。这不仅有诠释学上的"时"差，还有"空"差。这就像西方科技的核心高技术是买不下来的一样。而只能依靠中国哲学自己的原创性能力，依据中国哲学事实自己定义自己，发展自己的哲学。

再次，"六经注我"，"以中解中"。这是中国哲学"自己讲""讲自己"的应具有的方法。讲方法不可避免地涉及蕴含在方法背后的哲学学说或理念。胡适用实验主义方法解释中国哲学，冯友兰用新实在论方法解释中国哲学，牟宗三用康德主义方法解释宋明理学，或用唯心唯物两个对子解释中国哲学，或用现代西方哲学的各种思潮如现象学、诠释学、分析哲学解释中国哲学，等等。这种"以西解中"的研究方法使得中国哲学不中不西、非驴非马。

因此，一个世纪以来的中国哲学研究应该深刻反省、反思。基于此，我主张"以中解中"，即以中国哲学解释中国哲学。换言之，是以中国哲学的核心灵魂解释中国哲学。只有这样的解释，中国哲学才不会走样，才能真正讲述中国哲学"话题本身"。怎样才能"以中解中"？为此笔者曾撰著了《中国哲学逻辑结构论》③作为研究中国哲学的方法，它依据中国哲学原有概念、范畴的逻辑发展及诸概念、范畴间的内在联系梳理中国哲学。这是因为中华民族的理论思维、各个时代的哲学思潮或每个哲学家的哲学体系都是通过一系列哲学概念、范畴来表达的，是由诸多相互联系、相互作

---

① 《朱熹传》，《宋史》卷 492。

② 《年谱》，《陆九渊集》卷 36，北京：中华书局 1980 年版，第 481 页。

③ 中国社会科学出版社 1989 年第 1 版，2002 年修订版。

用的哲学概念、范畴间的逻辑顺序或结合方式构成的，我们只能从整体的逻辑结构上确定诸概念、范畴在一个时代思潮或哲学体系中的地位、功能、性质和作用。

为了体贴中国哲学概念、范畴的核心灵魂，笔者提出了概念、范畴和合诠释学，即：句法层面和语义层面的表层结构的具体解释，网状层面和时代层面的深层结构的义理解释，历史层面和统一层面的整体结构的真实解释。可提示如下：

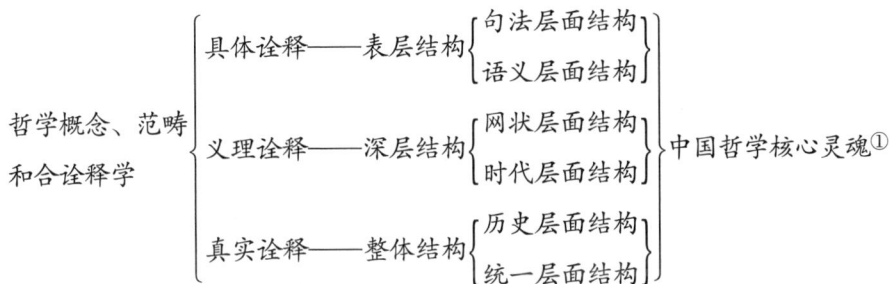

$$
\text{哲学概念、范畴和合诠释学}\begin{cases}\text{具体诠释——表层结构}\begin{cases}\text{句法层面结构}\\\text{语义层面结构}\end{cases}\\\text{义理诠释——深层结构}\begin{cases}\text{网状层面结构}\\\text{时代层面结构}\end{cases}\\\text{真实诠释——整体结构}\begin{cases}\text{历史层面结构}\\\text{统一层面结构}\end{cases}\end{cases}\Bigg\}\text{中国哲学核心灵魂①}
$$

这是"以中解中"操作程序和研究中国哲学自己的叙事方式。

中国哲学的自己"话题本身"、自立定义和标准到以中解中的诠释方法，使中国哲学"自己讲""讲自己"有了较明确的方向。

三、 创新与自由文化氛围

中国哲学"自己讲""讲自己"最低限度的目标，是在当前走出中国哲学的危机和超越"合法性"问题，以求中国哲学的发展。要发展必须创新，以创新求发展，也只有创新才能走出和超越。任何理论学说，没有创新性的超越，就没有生意化的流行，就会沦为工具化的教条或僵死化的陈迹；同样，没有创新性的流行，就没有实质性的超越，就会陷入虚伪性的粉饰或保守性的辩护。在创新中超越，在创新中流行，这是一切哲学永葆生命智慧的双重旋律。作为人文精神世界的中国哲学，必须以生生不息的创新性作为自己生存和发展的逻辑基点。

首先，"问题"与个性。中国哲学"自己讲""讲自己"的"话题本

---

① 张立文：《中国哲学逻辑结构论》，北京：中国社会科学出版社 2002 年版，第 73～96 页。

身"就蕴含着各种"问题"。哲学就是对各种"话题""问题"的反思以及本根性的化解。因此弗兰克·梯利的《西方哲学史》认为，哲学就是对于先前哲学留下的未曾解决的"问题"提出某种解决，这种解决自身又留下了"问题"，而成为后继哲学须解决的"问题"。所以，文德尔班把哲学史看作是问题和概念的历史。笔者认为，"话题""问题"既是先前哲学留下来的"问题""话题"，而更重要的是现实社会所提出的、产生的新"问题""话题"。只有对新"问题""话题"做出新的义理性化解，"问题""话题"才会得到不断丰富和发展。

中西哲学各有先前所留下来的"问题""话题"，也有现实社会提出的各不相同的"问题""话题"，这就各自凸现了其哲学的"个性"。文德尔班认为，哲学历史的发展，"不是单独依靠'人类'或者甚至'宇宙精神'的思维，而同样也依靠从事哲学思维的个人的思考、理智和感情的需要、未来先知的灵感以及倏忽的机智的闪光"①。如果说前者是"人类"的宇宙的普遍性精神，那么，后者就是个人的、感情的"个性"精神。即使是对"人类"的"宇宙精神"的思维，也需要各个哲学家的体认、理解和表述，在此过程中，各个哲学家也会产生不同的体认、理解和表述，而呈现其"个性"。无论是先知的灵感，还是"倏忽的机智"，都基于哲学家个人的体验、体贴或理智的思考，而具有强烈的"个性"精神。

其实，世界上任何哲学体系都是作为"个性"精神而呈现的，而"人类"的"宇宙精神"只能寓于"个性"精神的哲学体系之中。因此说到底，哲学的灵魂就是"个性"精神。换言之，从世界哲学与民族哲学的视阈来观照，"个性"精神哲学所体现的就是民族哲学。在当今世界，我们应该承认各个民族都有自己的关于"爱智慧"的思考及其表现形式，起码人类四大文明古国都应有其"爱智慧"的"个性"精神，从而构成"人类"的"宇宙精神"的百花竞艳的多姿多彩。这就是说，哲学只有是"个性"精神的体现，哲学才是多样的、多元的。事实上从"人类"的"宇宙精神"，即从某种意义上的世界哲学的视阈来看，不仅有东西哲学之别，也有南北哲学之异。从个性哲学的视阈来看，不仅西方哲学自身有各家各派、多样多

---

① 文德尔班：《哲学史教程》卷上，北京：商务印书馆1987年版，第20页。

元，而且东方哲学自身亦有各家各派、多样多元，就是在一家之中（如中国佛家、中国儒家）也分宗分派，以至于宗中有宗，派中有派，丰富多彩。

"个性"精神是哲学多样性、多元性存在的依据，哲学的多样多元是哲学"个性"精神的活水。"人类"的"宇宙精神"的"世界哲学"，由于其东西南北中哲学的多样多元性，哲学才存有交往的"他者"、对话的对象、竞争的对手。哲学只有在相互交往中、对话中、竞争中才能发生、发展。哲学，无论是"个性"精神，还是"宇宙精神"，也只有在互相交往、对话、竞争中获得新的生命力。如果说哲学没有了交往的"他者"、对话的对象、竞争的对手，犹如哲学百花园中没有了其他花，只剩下一朵玫瑰花，那么，哲学的生命也就窒息了，玫瑰花也要枯萎了。换言之，如果世界哲学只有西方哲学为哲学，其他哲学都不是哲学，那么西方哲学就失去了交往、对话、竞争的"他者"，其枯萎的命运也为时不久了。这是世界哲学的悲哀！"宇宙精神"的末日！中国哲学"自己讲""讲自己"，就是要在与"他者"的交往中、与对象的对话中、与对手的竞争中获得激动力、转生力和生命力。

其次，创造与自由。哲学是人类这种"会自我创造的动物"① 的特殊生命，哲学创造非人莫属。哲学是人类智能的价值创造，哲学的本质就在于生生不息的创造性。从根本上讲，创造性不是一种潜在的或预定的可能性，而是人类性命所需要的价值性和意义性。在贝多芬未创作《第九交响曲》之前，任何人都无法根据声乐原理与和声理论证明由贝多芬来创作《第九交响曲》这首名曲是可能的。同理，在达·芬奇未创作《最后的晚餐》之前，也不会有任何人能够运用透视原理与色彩理论说明由达·芬奇创作《最后的晚餐》这幅名画是可能的。一切生生不息的创造冲动是非线性的、非因果的。哲学思维同样依靠"个人的思考、理智和感情的需要"，甚至"倏忽的机智"。在这里追究哲学何以可能的必然性，是一种不恰当的康德式纯粹理性追问。

---

① 张立文：《新人学导论》，北京：职工教育出版社 1989 年版；广州：广东人民出版社 2001 年修订本。

中国哲学创造或创新①要冲决中西哲学的成法、成规的网罗。比如多年来，哲学界认为西方哲学之为哲学的"祖宗之法不可变"，笃守"经典"之言，不越西方"真理"雷池，从注释、疏解、宣传几本西方哲学经典中讨生活，一有不慎，"误解""误读"，就有被扣上"离经叛道"的帽子。虽然现在形势不同，鼓励理论创新，但这种思维定式还需清除。就中国而言，汉儒治"经"，只能注释考据，名物训法。唐儒治经承袭汉儒，《五经正义》以"疏不破注"为圭臬，即唐儒解经只能对汉人的"注经"作"疏"，是对汉人"注"的"注"。不仅以"疑经"为背道，而且以"破注"为非法，造成"讳言服、郑非"的局面。在这种情境下何以有理论创新？因此，唐代文明，中国只有伟大的文学家、宗教家，而没有伟大的哲学家。清代在"文字狱"的文化专制制度下，只有文学家、考据家，而没有哲学家。"文革"中只有"红学家"，而没有哲学家。宋太祖实行"佑文"政策，宋儒挺起脊梁，从神圣不可侵犯的"经学"权威中解放出来，大破汉唐的"家法""师法"，从"舍传求经"到"疑经改经"，掀起了一股具有创新力的、生气勃勃的学术潮流。一切经典的权威、固有的教条、思维的定势、价值的规范都需要重新审视，打破重构，于是创新就成为时代的呼唤和祈求，出现了学派林立、百家争鸣的繁荣局面，真可谓"华夏民族之文化，历数千载之演进，造极于赵宋之世"②；中国哲学也造极于此时，而出现众多伟大的哲学家。

"佑文"营造了比较宽松的思想环境和创新的自由空间。它说明，创新需要哲学自由，没有哲学自由，就不可能有哲学的创新。哲学即是爱智慧之学，智慧必须在自由土壤中生长、开花、结果。中国哲学的爱智慧之学在生生不息中日新而日日新，这便是"日新之谓盛德"。

创新不仅需要敢于超越前人的勇气，而且需要敢于上"断头台"和下"地狱"的精神，需要像亚里士多德那样宣布"我爱我师，但我更爱真理"的气魄，需要像牛顿那样敢于站在巨人肩膀上起步的胆量。只有敢于怀疑，敢于多问为什么，敢于标新立异，才能发挥出创新的无限能量。中国哲学

---

① 创新是指"人的生命主体在与其生存状态、生命历程的互动中所激发出的人的能动性、创造性思维和行为的总和"（张立文：《创新是时代的呼唤》，《学术月刊》2000 年第 1 期）。

② 陈寅恪：《金明馆丛稿二编》，上海：上海古籍出版社 1980 年版，第 245 页。

再也不能步西方哲学的注脚和中国政治、经典的奴婢的覆辙了。唯有如此，中国哲学创新之花才能呈现在世人面前。

再次，和合学的使命。中国哲学的创新，不仅要面对过去的"问题""话题"，更主要的是要面对 21 世纪现实的"问题""话题"；既要"知己"之哲学核心灵魂，明中国哲学新理论思维形态，创新转生的内在根据和演替脉络，又要"知彼"之哲学核心灵魂，明世界哲学（包括西方哲学等）之思潮演变和发展之大势。和合学是基于此的现代中国哲学的转生，是对 21 世纪人类所共同面临的人与自然、人与社会、人与人、人的心灵和各文明之间冲突问题，并由此五大冲突问题而产生的生态、人文、道德、精神、价值五大危机的本根性的反思及化解之道。和合学作为中国哲学的一种新的理论思维形态，是走出"中国有没有哲学""中国哲学是不是哲学"及超越中国哲学"合法性"危机的一种尝试。尝试只是"在途中"。笔者在《和合学概论》中说："哲学总意味着'在途中'，和合亦是'在途中'，它是一种生生不息之途！"[①] 由于笔者对和合学的研究已有多本专著和多篇论文，这里就不赘言。

（原载于《中国人民大学学报》2003 年第 2 期）

---

① 张立文：《和合学概论——21 世纪文化战略的构想》，北京：首都师范大学出版社 1996 年版，第 120 页。另见《和合与东亚意识》，华东师范大学出版社 1991 年版；《中国和合文化导论》，中共中央党校出版社 2001 年版；《中国哲学的创新与和合学的使命》，《中国人民大学学报》2003 年第 1 期。

中国语境下的中国哲学形式

中国哲学要"自己讲""讲自己"。中国哲学自身经历了先秦百家之学、秦汉经学、魏晋玄学、隋唐儒释道三家之学、宋元明清理学和近代新学，有着源远流长的哲学传统。但在现代学习西方的过程中，以西方的真理为真理，以西方的哲学为哲学，又经历了"照着讲""跟着讲""接着讲"的阶段。在当前中、西、马之学的冲突融合而和合中，我们不是对着讲，而是比着讲、参着讲、化着讲，讲自己，也就是说化"洋魂西话"为"中魂汉话"。在这个情况下，我们还需要艰苦的努力。

一、 中国哲学的语境和中国哲学的形式

我们要突破"洋魂西话"对"中魂汉话"的遮蔽，重新发现"中魂汉话"，重建中国哲学的形式。中国哲学实是中国的哲学，它不是西洋的哲学，所以它必须具有中魂。中魂也就是中国哲学的精神、价值和方法。汉语是中国哲学表现的一种载体、工具和方式。在这里，"中魂汉话"不是胡言乱语，而是正言正语。

首先必须搞清楚的是"中魂汉话"到底是什么。

1. 中国哲学是为道屡迁、为变所适的，也就是说中国哲学是在不断适应时代需要和发展中演化的，它本身就是一个开放的体系。它在与本土的、外来的各种文化的融突中，不断吸收内外文化来充实、完满自己的体系。所以，它在为变所适过程中，就化解了当时时代的冲突，并且取得一定的体认，也就是一种觉解（佛教讲佛者觉也，觉是一种觉悟，也是一种智慧）。当代人类面临着五大冲突和五大危机。五大冲突是指人与自然、人与

社会、人与人、人的心灵和文明之间的五大冲突。它所带来的是五大危机，即生态危机、人文危机、道德危机、信仰精神危机和价值危机。对此五大冲突、五大危机的体认和觉解，并化体认觉解为智慧，就是建构当代中国哲学形式的方便法门。这也是中国哲学走向世界、被世界哲学界所认同的一种有效途径。

我们现在所遇到的问题、所面临的冲突，说明中国哲学如果要自己讲、讲自己，就必须要把自己中国哲学究竟是什么、不是什么搞清楚。中国哲学到底是不是一种哲学？东西方哲学界就存在不同的认识。从黑格尔到德里达，就持否定态度，2001年德里达到中国来讲学，他仍然讲中国没有哲学，只有思想。尽管德里达讲这些话的时候，并没有贬低中国思想的意思，但是他在讲中国没有哲学的时候，实际上他已经设定了一个哲学是什么的问题。也就是说，德里达在讲这句话的时候，他的思想中对哲学已有他自己的标准和定义。在这种情况下，如果我们自己对自己的哲学都搞不清楚，那只有照着别人讲，连比着讲都不太可能。中国哲学自己讲，讲自己，实际上是一种"知己"，"知己"也就是为了更好地"知彼"，在知己知彼的互动当中，才能够化彼为己，转彼之智慧为己之智慧，以发展中国的哲学，也更能够认清自己的哲学。

譬如说在唐代，儒释道三教冲突融合，提出了兼容并蓄的文化整合方法，但是唐代300年到宋初的六七十年间，儒释道三教如何融合？如何兼容并蓄？这个问题一直没有解决。兼容并蓄用现代话语表达是讲综合。20世纪80年代讨论中国传统文化与现代化的时候，也提出这个问题，如中体西用，西体中用，中西互为体用，中西为体、中西为用这样4种方法。我还补充了一点，中西即体即用，非体非用，还提出了创造性转化、创造性诠释、儒学第三期发展以及综合创新等等。这些文化整合的方法同唐代儒释道三教所遇到的兼容并蓄的方法是类似的。我们今天所遇到的是中、西、马融突而和合的问题，也可以讲是中西文化怎么样综合创新的问题。唐代300年并没有把三教文化融合起来，也没有把兼容并蓄的文化整合方法落到实处，安顿下来，为什么？一是没有"知己"的自觉，人们被佛学深邃的般若智慧所遮蔽；二是时代风气之弊，一流的知识分子趋之若鹜地学佛，或应科举而重诗文，所以涌现出一批伟大的佛学家和诗人、文学家，但没有融突而和合三教的伟大的哲学家；三是中国哲学没有找到可以安顿三教兼容并蓄的文化整合方法的新的核心话题，而无法超越原有的哲学核心话题，只能接着讲性情话题。

2. 我们今天讲中国哲学自己讲的时候，必须认真了解、研究西方的哲学。怎样才能把中、西、马这三者的融突和合落实下来？为什么要安顿下来？这是因为每一种文化整合方法的背后都有一只无形之手，这个无形之手就是价值观。每个人和每个时代的价值观不一样，那么对问题的判断就完全不一样。譬如批判地继承，到底批判什么？继承什么？这个问题本身就受每个人和每个时代价值观的支配。过去我们曾要"打倒孔老二"，现在我们看到孔子思想中还有合理的东西。五四运动和"文革"的价值观和我们现在的价值观有着截然不同的改变，我们对儒家的认识也可能不一样。所以要批判什么？继承什么？随着人和时代的不同，就有不同的判断。

程朱他们之所以能够把儒释道三教融突而和合起来，是因为他们在出入佛道中返诸"六经"，换言之，在出入佛道中，发现了中国哲学的自我。出入佛道，尽究其说是知彼，发现自我是知己。知己知彼才能自己讲。程颢说："吾学虽有所受，'天理'二字却是自家体贴出来。""天理"二字实际上在《庄子》中就有，在《礼记·乐记》中就讲到天理和人欲的关系问题。大程之所以讲"'天理'二字却是自家体贴出来"，他并不是说这个词过去没有，而是说他找到了化解当时社会、人生的冲突，体现时代精神的核心话题，即用"天理"来建构自己的理学体系，把儒释道三教兼容并蓄的文化整合方法落实到"天理"这个核心话题上。

我们跟西方哲学对话、交流的前提是我们必须先要明确了解自己究竟是什么，我们必须把自己的哲学搞清楚，所以我提出要自己讲。在这种情况下，我们自己有没有哲学？到底是什么样性质的哲学？中国哲学的特殊性和普适性关系究竟是什么？这些问题都应该进一步搞清楚。中国哲学实际上是"以他平他谓之和"，也就是说中国哲学是把他者的哲学和自己的哲学平等对待的。但我们现在所遇到的西方哲学是强势哲学，我们是弱势哲学。

我记得 1988 年我在日本东京大学讲学，那时东京大学还有一个中国哲学研究室，后来就取消了，改成中国社会思想研究室。这也可以看出中国哲学的弱势地位和西方不承认中国有哲学的现象，所以西方大学哲学系当中根本不讲中国哲学，甚至讲印度哲学的时候也不讲中国哲学，把中国思想放在东亚系里面讲。

在这种情况下，中国哲学怎样和西方哲学对话？也就是说在西方不承认中国有哲学的情况下，我们和西方哲学对话的地位是不平等的。对话就处在非哲学或者异哲学的地位。这种情况下我们必须先认识自己的哲学，认识中国哲学的个性、特点、风格、神韵，以及中国哲学个性、特殊性与世界哲学共性、普遍性的关系，这样才能比较好地与西方哲学对话。我为什么提出中国哲学语境下的中国哲学自己讲？自己讲并不是要排斥西方哲学。有些人可能误解为中国哲学自己讲，讲自己就是排斥西方哲学。自己讲，讲自己，是基于我们要更好地跟西方哲学对话。为此必须把自己的哲学建构好，这样才有平等对话的资格。现在不是汉语淡出的时候，应该汉语汉说，也就是中魂中说。

3. 中国哲学在洋魂西化的过程中，实际上是用洋魂取代中魂，以西语取代汉语，以西规排斥中规，以西理来否定中理。搞得中国哲学只能洋魂西说，中魂中说被边缘化，甚至被遮蔽，所以逐渐使中国哲学丧失了自己的主体性，沦为洋魂西话的注脚，甚至削脚适履地照着洋魂西话讲，说明西魂西话是放之四海的真理。在这种情况下，中国哲学本身丧失了合法性和主体性，所以中国哲学要自己讲，讲自己。

如果中国哲学的中魂都丧失掉了，那中华民族的哲学也就丧失了本来的性质、价值和方法，也就失去了中国哲学本来的面目。没有中国灵魂的中国哲学还是中国哲学吗？现代以来，我们为了适合西魂西话，把蕴含中魂汉话的中国哲学的文本基因打散。如把朱熹哲学思想按照条块分割开来，用本体论、认识论、辩证法、历史观等几大块将其分解。也就是说，把我们中国哲学按照西方哲学之所谓哲学的东西选出来，然后装进西方哲学的框架当中去。在这种情况下，中国哲学的灵魂、精髓就没有了。就像《庄子·应帝王》里讲的，北海和南海之帝按照人的样子把中央之帝浑沌凿成七窍的时候，浑沌也就死掉了。如果把中国哲学按照西方哲学之谓哲学来装配的话，那么中国哲学的灵魂也就死了。

二、 中国哲学语境下如何讲中国哲学的形式

1. 在中国哲学语境下，哲学的中魂就是中国哲学形而上与形而下、道与器、天与人、有与无、理与气；价值观念、精神家园、终极关怀，以及哲学致思的途径、路向、特点、性质。以此来界定中国哲学之谓哲学。

胡适的《中国哲学史大纲》和冯友兰的《中国哲学史》中讲过，西方关于哲学的定义从来就不是一定的，每个人根据自己哲学及对哲学的理解做出了不同的规定，因此，中国哲学也可以以自己五千年来哲学的演化加以规定。我们可以回顾一下，20 世纪 30 年代，胡适和冯友兰依照西方哲学之谓哲学开拓了中国哲学这样一个学科，本来中国哲学没有成为一个学科，胡适、冯友兰使中国哲学成为一个学科，这是具有开创之功的。他们对哲学下的定义不一样，这就说明西方哲学本来就没有一个统一的哲学的定义，每个人都有个人的定义，没有一个一致的标准。既然这样，为什么我们一定要遵照西方哲学的某一定义来讲中国哲学，为什么我们不能根据中国哲学的实际自己下定义？

20 世纪以来，就中国来说，大概有 4 种哲学的定义：谢无量是第一个作《中国哲学史》（1916 年中华书局版）的，他以中国哲学的内容来定义，说中国"古有六艺，后有九流，大抵皆哲学范围所摄"。九流就是九家，都是中国哲学所包含的。六艺是"儒家之秘要，哲学之统宗"。他实际上是以儒家为主，基本上以传统儒家的史观来写哲学史。

第二是胡适的《中国哲学史大纲》，商务印书馆 1919 年 2 月出版，时值五四运动前夕，所以有开风气之先的作用。冯友兰教授在听了胡适的讲课以后，觉得耳目一新，对他的影响很大。胡适此书一出来，在当时具有轰动效应。他给哲学下的定义是这样说的，"哲学的定义，从来没有一定的"。我觉得这句话很重要，他把哲学的统一定义基本上否定了，"没有一定的"，就是说每个人可以有个人的定义。他说："凡研究人生切要的问题，从根本上着想，要寻一个根本的解决，这种学问，叫做哲学。"他是按照实用主义的思想为指导来下这个定义的，他讲的是研究人生切要的问题，从根本上解决人生切要的问题就是哲学。这跟古希腊哲学的定义就不太一样。

第三是冯友兰，他在《中国哲学史》中的《绪论》中讲："哲学一名词在西洋有甚久的历史，各哲学家对于哲学所下之定义亦各不相同。"胡适说从没有一定的，冯友兰讲哲学的定义也是各不相同的。他说："为方便起见，兹先述普通所认为哲学之内容。知其内容，即可知哲学之为何物，而哲学一名词之正式的定义，亦无需另举矣。"知道哲学的内容，就知道哲学的定义是什么。哲学的内容是什么？他说按照西洋哲学来看，第一是宇宙论，是对于世界的道理；第二是人生论，对于人生的道理；第三是知识论，对于知识的道理。即哲学就是宇宙论、人生论和知识论。

第四种是辩证法和唯物论。贺麟在《当代中国哲学》中这样说："辩证法唯物论盛行于九一八前后十年左右，当时有希望的青年几乎都受此思潮的影响……传译过来的辩证法唯物论的书籍遂充斥坊间，占据着一般青年的思想了。"从 1931 年以后，唯物论和辩证法在中国青年当中传播很广、影响很大，当时认为是新思想、新知识，大家都倾向它。在这样的情况下，李石岑作《中国哲学十讲》，世界书局 1935 年出版。他认为应以什么是物质的回答来决定哲学的性质，也就是以精神和物质来划分唯心和唯物，他按照这样的划分来讲中国哲学。他还认为中国的儒家提出十足的唯心论，这与其以"拥护封建组织为职责"相适应。当时李石岑提出按照唯心唯物讲中国哲学。

范寿康当时在武汉大学讲《中国哲学史通论》，开明书店 1936 年出版。他在《绪论》中认为，对于人类社会的历史讲，所谓生产诸力及生产诸关系可以说是两种最基本最一般的对立物。所以我们一定要把社会的发展看作这两种对立物的斗争的历程时，方才对于社会的发展能够彻底理解。所以唯物论根本要旨，是主张我们的意识乃是外界的存在加以反映而成的。他是以意识是存在的反映来讲哲学。

以上四种哲学的定义，对中国哲学的看法就不一样，今天我们何必要拘泥于西方哲学的定义？如果拘泥于西方哲学定义，也不符合胡适和冯友兰的意思。根据中国哲学的发展历史和中国哲学的实际，我把它定义为：哲学是指人对宇宙、社会、人生之道的道的体贴和名字体系。"体贴"有体悟、反思、反省的意思，"名"指概念，"字"是指对概念、范畴的解释，"道"的道是指一种道理、原理的所当然的所以然之故。

2. 中国哲学语境下，怎么讲中国哲学的形式。换言之，中国哲学在其大化流行中，是如何唯变所适的，在当代语境下建构中国哲学的形式，需要探索、掌握五千年来中国哲学的游戏规则。是遵循哪些游戏规则？这对于现在中国哲学自己讲、中国哲学的创新是非常重要的。

中国哲学基本上经过了从先秦百家之学——两汉经学——魏晋玄学——隋唐佛学——宋明理学，这样几个阶段。中国理论思维形态的转化，大概是300至500年之间，它的转化有这样几个规律性的东西：

一是核心话题的转变。每个时期的核心话题代表这个时代的精神，也就是说是这个时代精神的体现。先秦时期的核心话题是讲道，天道、地道、人道，三才之道，这是当时各家都探讨的问题。不管是孔子讲"朝闻道，夕死可矣"，还是老子的《道德经》，墨子、韩非都讲道。道是一个核心话题。道分天道、地道、人道。到了两汉时期，董仲舒专门作了一篇文章，叫作《王道通三》。三才之道在《周易》上是三横，代表天、地、人。王道通三，王字把三横贯穿起来。这篇文章反映了一个问题，这时候的核心话题是天人问题。对于董仲舒的天人感应论，我们过去有个误解，认为是神学唯心论，其实董仲舒的天人感应思想的用意是非常深刻的。中国在中央集权的、君主专政的制度底下，怎样限制王权，也就是说怎么样监控王权，是一个很重要的问题。皇帝当时的权力很大，谁去监督他？董仲舒说有天，以天的权威来限制王权，皇帝作为天子，应听从天父。所以他提出天人感应论。皇帝如果第一次干坏事，天就要警告他；第二次再做坏事，用灾异警告他；如果第三次还不改正，天要惩罚他，这个皇帝就要下台。他是用天的权威来限制皇帝的权力。所以他提出天是人的曾祖父，这样的思想也包含了当时中国的祖宗崇拜的宗教信仰。这时期不管是司马迁讲的"究天人之际，通古今之变"，还是后来王充尽管反对董仲舒，但是他也作《天论》，这时候的核心话题是天人关系问题。魏晋时期，核心话题是有无问题，它与如何实现人生价值相联系。到了隋唐时期，核心话题是佛性，你能不能成佛，怎样成佛，成佛的根据是什么，是有情有性还是无情有性，引申为性情问题。到宋明理学时期，核心话题是天理，探讨理气心性问题，这是核心话题。

从这里我们可以看出，每个时期的核心话题是要变的，但现代新儒家的核心话题是接着宋明理学讲的，没有变。冯友兰讲得很明确，他的《新理学》是接着程朱讲理气问题。熊十力、牟宗三这一派基本是接着陆、王讲，讲心性问题，他们的核心话题依然是宋明理学的。核心话题随着时代的变化，体现每个时代的精神，现代新儒家已不能体现当代的时代精神。

二是诠释文本的转换。每次核心话题的变化，诠释的文本随之而变。过去我们很少注意到这个问题。在我主编的《性》中，我提出了"和合解释学"，当时我就讲诠释文本的问题。每个时期核心话题所依傍的诠释文本都不一样。我们知道先秦是"五经"，充当当时所依据的诠释文本。特别是《周易》，太卜掌"三易"之法，而开启了儒道墨：孔子研究《周易》，韦编三绝；《易》中的《归藏》对道家影响很大；《连山》开启了墨家。

两汉时期，董仲舒所依傍的诠释文本是《春秋公羊传》。当时汉武帝召集文学贤良之士，包括《书》博士、《诗》博士这些人，他提出了很多问题，要他们回答。汉武帝所提的问题实际上是当时时代所面临的冲突、怎样化解这些冲突，当时《诗》博士、《书》博士并没有解决。董仲舒以《春秋公羊传》作为诠释文本，撰写了《天人三策》，化解了汉武帝所提出的问题和面临的冲突。

魏晋时期是"三玄"，诠释文本就是《老子》《庄子》《周易》。到了隋唐的时候，其所依傍的诠释文本是佛经，不管是《华严经》《楞伽经》《法华经》，基本是佛教经典。宋明理学所依傍的诠释文本是"四书"，"四书"在唐代并没有这个称谓，宋明理学家把《论语》《孟子》和从《礼记》中抽出的《大学》《中庸》两篇合为"四书"，现代新儒家的诠释文本也是"四书"，没有变。冯友兰讲的新理学这一派是从《论语》《孟子》到《大学》，牟宗三讲的新心学这一派是从《论语》《孟子》到《中庸》。尽管牟宗三他们把朱熹看作别子为宗，陆王是正宗，但其基本诠释文本并没有变化。

三是人文语境的变化。随着时代的发展，人文语境是变化的。各个时代有各个时代的冲突和社会需要，要化解的时代冲突不一样，语境也不一样，其所建构出来的理论思维形态亦不一样。

根据中国哲学自己对自己哲学所下的定义和中国哲学转生的三条游戏规则，我们可以发现在当代的中国语境下，中国哲学应该怎么讲、讲什么。

显然，我们现在和20世纪三四十年代救亡图存的情况完全不一样，也同牟宗三、唐君毅20世纪50年代在香港"花果飘零"的情况大相径庭。在这个情况下，中国哲学应该心怀世界，以全人类的视野，在新的理论思维指导下，讲出自己的新形式来。也就是说中国哲学必须适应当代的需要，以中国哲学的生命智慧和智能创造，化解当代人类的冲突和危机，来提出我们的新思维、新哲学。

在当代，中国学人不能仅仅看到中国自己，而应该以全人类的思维，以全球的意识来关照人类的问题。也就是说在全球化的情况下，中国所面临的冲突和危机、中国所遇到的问题也是全人类所共同遇到的问题。在这种情况下，应该以人类的观念、全球的观念来构建中国的哲学。也只有这样，中国哲学才能够在世界哲学中占有一席之地，中国哲学才能走向世界。能不能走向世界，不是我们一厢情愿的事情，需要取得世界同仁和世界哲学家的认同，取得他们的认同，就需要我们自己的实力，我们自己需要拿出真正的东西来，这样才能够得到他们的承认。

三、 中国语境下的中国哲学形式是什么

1. 根据当代中华民族的人文语境变化的状况，依据中国哲学发展的规律，它的游戏规则就是核心话题的转换、诠释文本的转变以及人类语境的转化。按照这个规则，在中国哲学的当代氛围中，应该提出什么样的化解人类五大冲突和危机的理论思维体系？我提出了"和合学"的理论思维体系。我的这种体系还不完善，希望大家提出更好的设想。

"和合学"是我生命的体验。它与我生命的心路历程紧密相连，我从15岁参加工作，经历了土改、剿匪、反霸、镇反、"三反五反"、互助组、合作社以及粮食统购统销、三大改造运动等，在农村与农民"三同"了6年。1956年号召向科学进军，干部可以考大学。当时大学排名是人、北、清、师，所以就考人大。人大是单独招生，考不上还可以参加全国统一考试。我是浙江人，先到杭州考人大，然后回到温州参加全国统一考试。全国统一考试前两天报纸公布人大录取名单，结果我被录取了。1956年我入大学，经历了1957年的"反右派运动"，1958年的"大跃进"，下乡搞人民公社化

运动，1959 年的"反右倾运动""双反交心""红专辩论"，1964 年下乡参加"四清"运动，1965 年下农村半工半读，1966 年"文革"开始。我的生命是从斗争中过来的，我也不时成为斗争对象。1951 年，我 16 岁时被怀疑参加了"托派"组织，就过起了天天被斗争、"坦白从宽，抗拒从严"的生活，后来平反是因为参加了党领导的进步组织。所以我体会到，以"阶级斗争为纲"不会带来中国的富强。

"和合学"是对中国哲学智慧思维的体认。目前，中国实现了从"以阶级斗争为纲"到以经济建设为中心的战略性转变。国际格局也从冷战到后冷战转化。在国际国内形势的转变下，我们又遇到了人类所共同面临的五大冲突和危机以及中国现代化的问题，这给我们提出了思考问题的空间。怎样化解？我便从中国哲学丰富的资源中寻求化解的理念和原理。我依据自己长期从事中国哲学教学的体认，撰写了《中国哲学范畴发展史（天道篇）（人道篇）》，我把中国哲学概念做了全面系统的梳理，发现了"和合"概念是符合当代的时代精神，是化解五大冲突和危机的最有魅力的概念；可以把中、西、马的融突创新，安顿在"合和"这个核心话题上。

中国哲学家都有这么一个历程，很多哲学家都是从中国哲学出发的。胡适先写《中国哲学史大纲》，冯友兰也先写《中国哲学史》两卷本，然后才写《新理学》《新事论》《新原道》等"贞元之际六书"，经历了从照着讲到接着讲的过程。后来冯契也走这个路子，他先写了《中国古代哲学的逻辑发展》，然后再写他的"智慧三论"。只有通中国哲学，而又通西、马，才能和合创新，建构中国新的理论思维体系。

2. "和合学"是什么？我在"和合学"中建构了 3 个世界。按照我的《新人学导论》的思想，把卡西尔的"人是符号的动物"加以否定，提出了我对人的新的规定，即"人是会自我创造的和合存在"。从人是会自我创造的和合存在出发，建构了 3 个世界。3 个世界也是根据《周易》的天、地、人三才来建构的。一是和合生存世界，就是地的世界，是人类获得生存的必要条件，它包括自然的、社会的、经济的、文化的、精神的生存环境。生存的环境怎样，这个世界也就怎样，我们要求一个美好的生存环境、更好的世界，这是第一个世界。二是和合意义世界，就是人的世界，人为什么活着？人活着是追求有意义的生活，意义世界就是价值世界，这是第二个世界。第三个世界是和合可能世界，就是天的世界，这是一个理想世界，或终极精神境界。

在每一个世界中，我提出两个概念，在和合生存世界中是境和理的概念，在和合意义世界中提出性和命的概念，在和合可能世界中提出道与和的概念。在每个世界中有八维，构成了48个概念。3个世界最终要达到人和、天和，人乐、天乐，天人共和乐的世界。世界各个宗教在其终极世界上都是殊途同归的，也是理一分殊的，所以天人共和乐的世界实际上也是各个宗教的终极境界，不管是基督教的天国，还是佛教的西方极乐世界，或者是儒教的大同世界或道教的神仙世界，在那个世界中都是没有杀人的战争，也没有说谎、偷盗、奸淫的世界，是富裕、快乐、幸福、和谐、和乐的世界。

3. "和合学"提出了化解人类当代五大冲突和危机的五大原理：第一是和生原理，中国讲和实生物，人、社会、心灵、国家、民族、文明，都是生命体，自然也是生命体，所以应该是和生，大家共同生长。所以日本人提共生的思想。共生必须有一个条件，要和谐，所以称和生。第二是和处原理，和而不同地相处。第三是和立原理，就是己欲立而立人。第四是和达原理，己欲达而达人。第五是和爱原理，也就是说要普遍的爱，儒教讲泛爱众，基督教讲博爱，佛教讲慈悲等等，爱是基础，是出发点，只有爱人类，才能为人类造福。

（原载于《深圳大学学报（人文社会科学版)》2007年第2期）

中国哲学的现代价值

——当今世界的病态与治疗化解之道

哲学之思的契机，是对于混沌的事和物的神奇魅力的追究，以及由对于不知的宇宙、人生与社会之道的忧患意识而产生的终极关切的冲动。前者使人理智地沉思，后者使人痛苦地反省。前者"人之思"是以客体自然为对象，后者"人之省"虽也以宇宙、人生、社会为对象，但以自省自我身心为重要内涵；前者以追究终极真理为目标，后者以追究价值理想为宗旨。

大体而言，西方传统哲学侧重于前者，中国传统哲学注重于后者。现代中国哲学试图在两者的融突中建构新思维、新体系的和合体。无论是"起源于知识的惊诧"，还是源于忧患的活水，中西方哲学都在求索宇宙人生之道。尽管道的内涵殊异，但天下的大势，殊途而同归，百虑而一致。

一、 儒家哲学的宗教性问题

之所以讲"同归而殊途，一致而百虑"，是因为人类在"轴心期"，各民族的智慧虽独立发展，但思维水平、致思理路、概念称谓大体相似，都是从实用生活经验的体认契入，探究事物现象背后统摄的根源。如中国的五行（金、木、水、火、土），印度的四大（地、水、火、风），埃及的冷水，古希腊的水、火、原子等。在先民时期，中国已有巫术宗教思想，从自然崇拜到祖宗崇拜再到天（帝、上帝）崇拜。从殷卜辞大量记载来看，殷人以"帝""上帝"为有意志的人格化的至上神，风雨变化、年成好坏、战争胜负、筑城建都、王朝更替都由它来决定。商王的祖先神是"上帝"的臣正、工臣，傧敬"上帝"左右。商王把其王权看作上帝意志的代表，"帝立子生商"（《诗经·商颂·长发》）。这就激起人们对"帝"（天）的思考。既有对天的形而上的追究："遂古之初，谁传道之？上下未形，何由考之？冥昭瞢闇，谁能极之？冯翼惟象，何以识之？明明闇闇，惟时何为？"（《柳宗元集·天对》）"九天之际，安放安属？""日月安属？列星安陈？""天何所沓？十二焉分？"（同上）也有对天的形而下的考量，周人要代替商王朝，就必须说明天（帝）命是变化的，不是永远不变的，"天命靡常"，甚至说"天不可信"，但是也讲"天命不僭"。"天命靡常"的原因是"皇天无亲，惟德是辅"，只有"以德配天"，"天命"才不僭。周公曾告诫召公（奭）要"敬德保民"，才能使周"祈天永命"。殷纣王无德，于是天授命周代商治理四方，这是对天的形而下现实社会政治主宰力的说明。

西周末到春秋时期，出现疑天、怨天、轻天的思想，冲决了天的神圣性和绝对权威性。"旻天疾威，弗虑弗图"（诗经·小雅·雨无正）、"昊天不傭，降此鞠讻。昊天不惠，降此大戾"（《诗经·小雅·节南山》）。对天的否定，即是对人的重视，于是天道下移，人道提升。"夫民，神之主也"（《左传·桓公六年》）。"国将兴，听于民……神，聪明正直而壹者也，依人而行"（《左传·庄公三十二年》）。神依人，民为神主，神的地位的失落，使得孔子"不语怪力乱神""敬鬼神而远之""未能事人，焉能事鬼"，从而凸显了人的地位，人成为自己的主人，民成为国家的根本。

天道的人格性被淡化，人道的自主性被超拔。如果说孔子对天取敬而远之的态度，由"畏天命"而"知天命"，把天作为认知的对象，那么墨子的"非命"则肯定了天有意志。儒家荀子发扬孔子"知天命"的思想，把天作为认知对象，从而发掘天的自然性的资源。譬如，孔子认为："天何言哉？四时行焉，百物生焉，天何言哉？"（《论语·阳货》）荀子则认为："天行有常，不为尧存，不为桀亡。"（《荀子·天论》）天有自身运行的自然规则，四时行、百物生都是自然的。

先秦从人格神的主宰之天到民为神主的人道的提升，再到天的自然化的转变，即主宰之天——人之天——自然之天。由于天的神圣性、主宰性的丧失，天的人性性、自然性的凸显，在中华民族五千年的社会演变中，没有形成对人格神之天的宗教信仰。尽管天从"五经"历经孔子到荀子，以及后世诸多儒家的诊释，做了种种宗教化的努力，但没有像佛教、道教、基督教那样成为制度化的宗教，而只是给人提供一个安身立命的家园，只是一种起着精神慰藉作用的道德化的宗教。近年来，一些学者把儒教置于文化神学的语境中来审视，认为儒学倡导修身养性，成德成圣，为人开拓了精神生活的底层；追求"立人极"，作为对人的一种终极关切。

尽管我们可以说，儒教与其他宗教相比较，没有把人道如何体现在天道上，也没有把儒教的宗教仪式转变为百姓日用的礼乐，而是淡化了其宗教性和制度性。但我认为其关键在于，儒教没有给每个人（不管是贫富贵贱，还是不同地区和民族）设计安身立命的根基和终极关切的价值目标，没有设计启示每个人普遍的敬畏心理的化解途经，没有设计给予每个人所祈求通达与自身切身利益相关的理想境界的选择权利，没有设计怎样解脱个人在现实生活中种种烦恼、痛苦的终极途径和方法，没有设计成德成圣所带给每个人切身利害的相关性。

我们撇开深奥的理论、神秘的描述、动听的话语，民众所相信的是：佛教设计人生的三身、三世，因果报应说，善有善报，恶有恶报，人人都祈求有好报应，而畏惧下地狱的恶报；道教设计人人全性保真，长生不老，羽化登仙，是因为人人都害怕死亡，夭折短命，生离死别，是人人所不愿意的；基督教设计人的始祖亚当、夏娃违反上帝意志，偷吃禁果，而犯有"原罪"，人人畏惧再次犯罪，而不能进天堂；儒教只有改变天命的命定论，不把现世的苦难归结为命该如此，而与现实的道德良心、行为善恶联系起来，为人人打开人的命运的好坏可自由选择的方便之门，给人以改变、选择命运的权利，成德成圣的修养工夫才可以落实到好命运上，从而获得改过从善、超凡入圣的内在动力。归根结底，一切宗教都是为了人，为了人的精神生活。东亚、南亚各国以及香港地区均以儒家为宗教，要想改变儒门淡泊的情境，不破除命运的先定论，不解决命运与现实行为的关系问题，完善宗教性的终极关切，就唤不起信仰的激情，儒教便是一种弱势的宗教，而不能与佛、道、耶共荣。儒教面对此情此景，必须超越自身的局限，反省创新，才能焕发新的生命力。

二、 当今世界病态的严峻性

人类自 18 世纪以来，社会工业化即现代化的过程，虽然在科学技术、物质文明方面获得了极大的发展，但亦加剧了人与自然、人与社会、人与人、文明与文明、国与国、民族与民族之间的冲突，造成了殖民掠夺、贩卖黑奴、文明毁灭、自然破坏、战争频繁、人民涂炭。病态的自然、病态的社会、病态的心理、病态的人际和病态的文明，这就是当下人类的境遇。这种病态现象具有一定的全面性、综合性和深刻性，如何治疗化解，使自然健康、社会健康、心理健康、人际健康、文明健康，是每个人的切身利益的诉求，因为各种病态都给每个人的身心造成不同程度的伤害、疾病、烦恼、痛苦和死亡。当今世界，人人都畏惧生病，也畏惧自然、社会、心理、人际、文明生病，其间是互动、互渗的。因此，每个人祈求自己的健康，无疑也祈求自然、社会、心理、人际、文明的健康。

一是自然病态和生态危机。由于人对自然的征服，自然已千疮百孔，不堪重负。自然资源的有限性，地球生态系统的脆弱性，社会文化系统需要的无穷性，人类消费欲望的无限性等，造成了生态危机。臭氧空洞的扩大、生存环境的污染、淡水资源的缺乏、人口爆炸等而导致疾病肆虐，严重影响人的健康。自然病态必然带来人的病态。

二是社会病态和社会危机。由于社会资源的分配不均，社会制度的不合理，价值观念的冲突，社会贫富差别的不断扩大，社会强势与弱性群体的不和谐，从而带来战争动乱、恐怖活动、贩毒吸毒、谋财害命、假冒伪劣，直接危害人的生命财产安全。安徽阜阳劣质奶粉案造成多名婴儿死亡和患病。中国高血压患者已达 1.6 亿人，占成年人口的 18.8%；糖尿病患者约为 5000 万，并且每年以 150 万～200 万人的速度递增。[1] 美国联邦调查局公布的一份年度报告称，美国凶杀案的数量有所增加，2003 年一年有超过 16500 人被谋杀。[2]

---

[1]《我国高血压患者约 1.6 亿人》，《光明日报》2004 年 11 月 10 日。
[2]《美国凶杀案呈上升趋势》，《参考消息》2004 年 10 月 27 日转载。

社会病态对人的健康造成极大损害。中国亚健康学术研讨会组委会发出警告："中国的健康问题正在转型，大量慢性疾病正在取代传染性疾病成为导致死亡的主要原因，其他一些西方危险疾病也正加速发展。同时，每年因疾患导致的经济损失高达 14000 多亿元，相当于每年消耗我国 GDP（国内生产总值）的 14% 还多。"[①] 据对我国 16 个百万人口城市亚健康率的调查发现，北京高居榜首，达 75.31%，上海是 73.49%，广东是 73.41%。中国科学院的调查发现：我国知识分子平均寿命为 58 岁，低于全国平均寿命 10 岁左右，并且早死现象正在加剧；25～59 岁人群中，女性死亡率为 10.4%，男性死亡率达 16.5%。同时，我国正在步入老龄化社会，在未来的几十年中，中老年人口将增加 2 至 3 倍；慢性病人也会比现在翻几番，显见中国人身体健康的严重性。中国亚健康人群已超过 7 亿，高收入人群的过速老化趋势已超过欧美国家，其危害性已被医学界认为是与艾滋病并列的 21 世纪人类健康的头号大敌。世界卫生组织最近公布了一项预测性调查，全世界亚健康人口的比例已达 75%，真正健康的只有 5%。这确已成为人类生命的头号大敌。[②]

三是心理病态和精神危机。由于心理在多元价值目标的追求过程中权衡利弊得失时，因使用了相反甚至矛盾的意义标准而导致冲突，当冲突久久不决，并从根本上动摇了心灵的信仰支撑或本体承诺时，精神便陷于存在危机，进而出现病态心理。如生活中精神不振，情绪低沉，反应迟钝，失眠多梦，以及烦躁、焦虑、紧张；在生理上感到疲劳、乏力、心悸。

根据中国科学院调查：有 30% 以上的中学生和大学生有心理疾患，其中约 10% 已相当严重。中国青少年研究中心的调查发现，对学习喜欢的态度，小学生只占 8.4%，初中生只占 10.7%，高中生低到 4.3%。[③] 俄罗斯科学院社会学研究所对嫉妒心强弱做了调查，他们对工人、国家公务员、私有经济部门职员、机关领导、大学生、失业者、退休人员 7 个社会群体的 1400 人做了问卷调查，结果显示，嫉妒心最强的是大学生。他们刚开始寻找自己的人生位置，尚未取得成功，他人的成功令他们懊丧，感到自身价

① 《阻击亚健康刻不容缓》，《光明日报》2004 年 11 月 10 日。
② 《阻击亚健康刻不容缓》，《光明日报》2004 年 11 月 10 日。
③ 《阻击亚健康刻不容缓》，《光明日报》2004 年 11 月 10 日。

值不足。关于产生嫉妒心的原因：1/3 的人认为是天性使然，18% 的人归咎于教育，22% 的人认为是沉重的生活负担使然，少数人认为与教育及整体文化水平有关。[①] 对重庆市高校 1300 多名大学生所做的调查表明，有自卑心理倾向的学生高达 47.2%。[②] 自卑就是对自己的智力、学习能力及学习水平做出偏低的评价，总觉得不如别人，进而悲观失望、丧失信心。

四是人际病态和道德危机。由于个人功利要求的合理性、多种功利目标的竞争性、满足功利要求手段的有限性、功利成果分享的不公平性，当个人合理功利要求在有限的手段系统内无法满足时，人与人之间便产生利益冲突。当通过激烈竞争而达到的功利目标被不相关的人分享时，人与人之间便会出现道德危机。当人的欲望的无限性与社会公共利益的规范性发生冲突时，便加剧了道德病态。在市场经济条件下，有一种"万般皆下品"、唯有金钱高的价值取向，拜金主义，唯利是图，不择手段，重利轻义。心德、身德、家德、国德、官德、民德、师德、医德、学德等，都受拜金主义病毒的污染而发生病变。

五是文明病态和价值危机。20 世纪是文明冲突的分析时代。亨廷顿的《文明的冲突》和怀特的《分析的时代》对这个病态世纪的症状已有描绘，但由于其根深蒂固的西方中心论的意识作祟，而有其偏颇。文明在交往、传播、扩张过程中，当一种文明越出自己诞生的局域和作用界面，以原有的方式同化、兼并甚至取代、消灭其他局域和作用界面时，会发生文明域的冲突，并引发价值毁灭的意义危机。

现代文明冲突因西方工业革命、世界科技革命和资产阶级民主革命而加剧。一场以霸占自然环境、掠夺生态资源、奴役土著居民和抢劫文化财产为进攻性战略目标的文明冲突，在全球范围内展开，一贯倡导家族集体主义、自然和平主义和道德理想主义的东方文明，扮演了被征服者的痛苦角色。一百多年文明病态的历史表明，文明病态的病毒是由生物利己主义、极端个人主义和全球霸权主义构成的社会达尔文主义。社会达尔文主义是潜伏在人文价值系统内的生存型病毒，受其感染，不仅无数的土著居民和

---

① 《嫉妒心强危害大》，《参考消息》2004 年 6 月 28 日转载。
② 刘洪毅：《新生适应状况倾向性研究》，《重庆商学院学报》1997 年第 3 期。

妇女儿童被以"野蛮""弱质""劣等"等借口惨遭虐待或杀戮，而且连那些自诩为"文明"和"优等"的征服者，彼此之间也爆发了"物竞天择，适者生存"的战争。文明病毒的流行亦加重了其他病态的发展。

治疗和化解这五大病态，消除对五大病态的畏惧，建设当今自然健康、社会健康、心理健康、人际健康、文明健康的世界，保卫全地球健康而不使其走向毁灭，这是全人类的职责。

三、 世界病态治疗化解之道

中华民族是一个有智慧、能创新的民族，她保存了世界上最丰富、最全面、最详尽的各方面珍贵资料。现存的15万余片甲骨文、众多的简帛以及经史子集，蕴藏着对人类文化、社会经济发展阶段、规则、原理以及社会科学、人文科学等具有极大启迪价值的资源。如果认真梳理和总结中国哲学的原理、规则和方法，那么，中国独特的理论思维将会大大丰富和提升人类的理论思维水平。十分遗憾的是，以往西方有影响的思想家、哲学家、理论家由于其潜意识中的西方中心主义的观念，对弱势的东方文化、中国文化，并没有加以认真的研究，即使是引用中国历史文化哲学资料，也是采取"六经注我"式的诠释方法，只是依据西方的历史文化哲学资源、经验和实践，概括出哲学社会人文科学的原理、规则和方法，而没有发掘中国文化的丰富资源。当今如何治疗化解自然、社会、心理、人际、文明的病态，是世界人文社会科学所关注的热点问题。

1. 万物并育而不相害

如何治疗化解自然病态、消除生态病毒？人们以中国的"天人合一"观念作为对症下药的良方，并在中西哲学比较中以中国的"天人合一"观念与西方的"主客二分"的理论思维相区别。为了回应自然与人冲突所造成的自然病态，往往把中国古代的"天人合一"思想诠释为人与自然的合一、融合。当然，这样的诠释也非杜撰，老子、庄子、荀子也都有以天为自然的意蕴。在殷周之际，天与人是感通的，周公提出"以德配天"，此"天"并非指自然，而是指有意志的人格神之天，人是指道德意义上的人。

到了春秋时，随着疑天、骂天、咒天思潮的兴起，天人也出现了分裂，于是子产说："天道远，人道迩，非所及也。"天人不相及。《郭店楚墓竹简》也讲："有天有人，天人有分。察天人之分，而知所行矣。"[①] 孟子试图通过心性的内在超越而达与天相通，称"尽其心者，知其性也。知其性，则知天矣""存其心，养其性，所以事天也"（《孟子·尽心上》）。但荀子针锋相对地提出："故明于天人之分，则可谓至人矣。"（《荀子·天论》）天有天的职能，人有人的职能，不能代替。"大天而思之，孰与物畜而制之？从天而颂之，孰与制天命而用之？"（同上）推崇天而思慕天和顺从天而赞美天，哪里比得上把天当作物来畜养而控制它和掌握天的变化而利用它？唐代柳宗元提倡天人不相预，刘禹锡在柳氏基础上提出"天与人交相胜"。他们都是以天人相分为前提的。

韩愈在与柳宗元辩论天人关系时，已体认到天与人的严重冲突。他以人、虫之喻说明虫与物、人与天地自然的仇敌关系。他说："物坏，虫由之生；元气阴阳之坏，人由之生。虫之生而物益坏，食啮之，攻穴之，虫之祸物也滋甚。其有能去之者，有功于物者也；繁而息之者，物之雠也。人之坏元气阴阳也亦滋甚：垦原田，伐山林，凿泉以井饮，窾墓以送死，而又穴为偃溲，筑为墙垣、城郭、台榭、观游，疏为川渎、沟洫、陂池，燧木以燔，革金以熔，陶甄琢磨，悴然使天地万物不得其情，倖倖冲冲，攻残败挠而未尝息。其为祸元气阴阳也，不甚于虫之所为乎？"（《柳宗元集·天说》）因此，韩愈主张："吾意有能残斯人使日薄岁削，祸元气阴阳者滋少，是则有功于天地者也；繁而息之者，天地之雠也。"（同上）人征服天地自然，犹如虫食啮、攻穴物体。换言之，人祸害天地自然，与害虫祸害物体是一样的。害虫的繁殖是物的仇敌，人口的繁殖是天地自然的仇敌，消灭害虫大有功于物，减少人口生产，使之"日薄岁削"，则大有功于天地自然。韩愈是自然保护主义者，他在1200多年前对天人关系有这样深刻的体认，具有超前性。

人是天地自然的消费者，人为了生存，必然对天地自然构成损害，造成天人对立。这一点韩愈已体认到了。而"天人合一"在实践上又不能给

① 《穷达以时》，《郭店楚墓竹简》，北京：文物出版社1998年版，第145页。

出不破坏天地自然的途径和方法，因此中国古代哲学家、思想家认为，治疗化解自然病态的理念应是"和实生物"的和生思想，即"万物并育而不相害"的观念。

如何化解天人对立、治疗天地自然病态？史伯在与郑桓公的对话中提出了如何"成天地之大功"的问题。他说："虞幕能听协风，以成物乐生者也。夏禹能单平水土，以品处庶类者也。商契能和合五教，以保于百姓者也。周弃能播殖百谷蔬，以衣食民人者也。"（《国语·郑语》）其意是说，虞幕能"听知和风，因时顺气，以成育万物，使之乐生"（韦昭注）；夏禹能熟悉水性，因地疏导，"使万物高下，各得其所"；商契能了解民情，因伦施教，使百姓和睦，皆得保养；周弃能够播种百谷，繁育蔬菜，让人民丰衣足食，安居乐业。虞幕、夏禹、商契、周弃治疗化解人与天地自然的冲突的方式：一是要熟悉、体认人与天地自然对象的本性，如"知和风"、知水性、了解民情；二是要顺其自然，尊重人与天地自然规则，如因时顺气、因地疏导、因伦施教，而不违反自然规则；三是万物高下，各得其所，并育不害，和乐生长；四是增强人的物质生产能力，播种百谷，繁育蔬菜，丰衣足食，以减少人对天地自然的掠夺；五是提升人的道德水平、文明程度，百姓和睦，皆得保养，以减少人祸对天地自然的损害。

天人之间的和合生意的和生，就是"和实生物，同则不继。以他平他谓之和，故能丰长而物归之"（《国语·郑语》）。"以他平他"是指"阴阳相生，异味相和"，换言之，天人相生相和，而不相悖相害，自然万物才能和乐生长。和生的要旨是天人都协调地和乐生长，犹如"和五味以调口，刚四支以卫体，和六律以聪耳"（同上）。人的口、体、耳与自然的五味、六律达到一种和谐，才是一种美味、美声。晏婴与齐景公的一段对话，也说明"和如羹焉，水、火、醯、醢、盐、梅，以烹鱼肉，燀之以薪，宰夫和之，齐之以味，济其不及，以泄其过"（《左传·昭公二十年》）。和羹如天人和生，水、火等为天地自然之物，人类应使自然在其发展过程中获得和乐生长，便要燀之、和之、齐之，济不及，泄其过，使自然协调、和谐地发展，而不是征服、祸害天地自然。这样才能达和生之境，治疗化解自然病态。

2. 君子和而不同

如何治疗化解社会病态，消除社会病毒？以往惯用西方主客二分、非此即彼、你死我活的斗争思维和方法，以为这样就能治疗化解社会病态，甚至立竿见影。岂不知此消彼长，甚至此消彼亦消，如"文革"引发了社会动荡，经济亦趋崩溃，抓了革命，生产也促不上去，人民不能安居乐业。

周幽王八年，郑桓公为司徒，他与史伯谈论周的社会弊病和衰亡的原因时，史伯说："《泰誓》曰：'民之所欲，天必从之。'今王弃高明昭显，而好谗慝暗昧，恶角犀丰盈，而近顽童穷固，去和而取同。"（《国语·郑语》）今周幽王排弃明智有德之臣和贤明之相，宠爱奸邪昏庸、不识德义的人，去和而取同，而造成社会的弊病和病态。为什么说去和而取同会造成社会病态？史伯论证说："声一无听，物一无文，味一无果，物一不讲。王将弃是类也而与剸同，天夺之明，欲无弊，得乎？"（同上）弃和而专同，毁灭多样而强调一，独断专行，而不听取不同意见，必然产生社会病态。

晏婴则从和羹、和声、和味来说明治理国家社会，要实行和政，而不是专政。譬如君臣和谐，应该是"君所谓可而有否焉，臣献其否以成其可；君所谓否而有可焉，臣献其可以去其否，是以政平而不干，民无争心。故《诗》曰：'亦有和羹，既戒既平'"（《左传·昭公二十年》）。鼓励从各个不同角度、层面提出各种不同意见，而后加以综合、融合，使可否方案、设想得以完善，这就是"和"。这样，政令不违礼制，人民也不会违犯政令，政明民和，社会健康无病。

孔子面对春秋"礼崩乐坏"的社会病态，总结史伯、晏婴的思想，提出"君子和而不同，小人同而不和"（《论语·子路》）的主张。和与同的紧张，即是君子与小人、明君与昏君的政治、行为、思想、人格的区别。《论语·学而》记载："礼之用，和为贵。先王之道，斯为美；小大由之。"先王以"和为贵"为最美好的道理。"和而不同"是尊重各种不同意见和利益，不因不同意见、政见而结党营私，为害国家人民。一个家庭内有大人小孩、男人女人的不同，一个国家有地方与中央、众多民族的不同，和就是要尊重其各不相同，各得其所地和睦和处。倘若党同伐异，实行专同，社会就会分裂，发生病变。家和万事兴，国和万物成。

就国际社会而言，其病态有加剧的趋势。世界上有 200 多个国家，近千个民族，6600 多种语言，各国家、民族的风俗习惯、宗教信仰、价值观念、社会制度、经济发展、文字语言、审美情趣殊异，而构成一个丰富多彩的世界。在此多极世界中，不能搞"同而不和"的单边主义、霸权主义、制裁主义，推行专同的价值观、发展道路、社会制度，否则就会导致战争暴力，而造成人道主义灾难，大批无辜生命遭杀戮。各国只有遵循"和而不同"的和处原则，国际社会才会是安全的、和平的、合作的、发展的健康社会。

3. 中和、养心与乐道

如何治疗心理病态、化解精神危机？这是当前世人所面临的重要课题。儒家提出"中和""养心""乐道"的思想，具有效应性。"喜怒哀乐之未发，谓之中；发而皆中节，谓之和。中也者，天下之大本也；和也者，天下之达道也。致中和，天地位焉，万物育焉。"（《中庸·章句》）未发的心理状态，是寂然不动的中，没有偏向性；已发而合乎节度，无所乖戾病态，称为和。中和心理就是一种健康的心理，也是一种大本达道。朱熹注曰："自戒惧而约之，以至于至静之中，无少偏倚，而其守不失，则极其中而天地位矣。自谨独而精之，以至于应物之处，无少差谬，而无适不然，则极其和而万物育矣。盖天地万物本吾一体，吾之心正，则天地之心亦正矣；吾之气顺，则天地之气亦顺矣"（《中庸·章句》）。守中之心无偏倚而不失，谨和之精应物无差谬而不然。心理保持"中和"，既能戒惧而制约自我，又能慎独而不被外物所蔽，心正气顺，心理和乐，以天地万物本吾一体之宏大心胸，容纳万事万物，一切个人的烦恼、孤独、苦闷、焦虑便荡然无存。

"养心"的第一层意蕴是"不动心"，对富贵利禄都不动心，以保持心的宁静和谐。公孙丑问孟子："不动心有道乎？"孟子回答说：北宫黝培养勇气，肌肤被刺不颤动，眼睛被戳不眨眼。"养心"的第二层意蕴是对于正义的把握和体认，是积善集义所生的至大至刚的"浩然之气"，使自己的思想意识和行为等都合乎道义而无弊病，保持心理世界的和谐。"养心"的第三层意蕴是"求放心"。人由于受世俗世界的污染、诱惑，丧失了善良的本心而患病，"求放心"就是要把善良的本心找回来。"养心"的第四层意蕴是"养心莫善于寡欲"。人内心私欲太多，心理压力太大，而造成心理病患。老子主张"见素抱朴""少私寡欲""祸莫大于不知足，咎莫大于欲得""不见可欲，使民心不乱"。欲望膨胀，就会扰乱心理，扭曲人性，破坏心灵的宁静、平衡与和谐。

儒家、道家认为，治疗化解心理病态，应培养乐道精神，保持心理和乐。孔子赞扬颜回说："贤哉，回也！一箪食，一瓢饮，在陋巷，人不堪其忧，回也不改其乐。贤哉，回也！"（《论语·雍也》）颜回不以贫穷累其心而改其所乐，颜子所乐是乐其道。乐道既是使人心若谷，无所忧愁，也是一种超越自我的博大情怀。"与民偕乐，故能乐也""乐民之乐者，民亦乐其乐；忧民之忧者，民亦忧其忧"（《孟子·梁惠王下》）。与民同忧乐，以国家、人民、人类的忧乐为忧乐，即是对国家、人民、人类的爱，在此和爱情境中，一切心理的病态都可得到治疗化解。

4. 己所不欲，勿施于人

如何治疗化解人际病态以及道德危机？中国古代哲学家、思想家设计了种种方案，提出了多元的原理、学说，如儒家孔孟的仁爱论、墨家的兼爱论、道家的自爱论、杨朱的贵己论、韩非的自利论等。儒家以"仁"道观念作为处理人际关系的根本原则。"仁者，爱人"，就是把爱人作为仁的出发点，并以仁、义、礼、智、信、恭、宽、敬、敏、惠作为仁统摄下的治疗人际病态的指导原则和规范道德危机的行为规则。这种指导原则和行为规范，经墨子的修正、补充、完善和孟子的发挥，成为中国古代治疗人际病态的主导的理论形态，成为中华民族发展繁荣的深层动力，以及内在的凝聚力与外在同化力的活水。

孟子认为，人与人之间之所以能形成健康和谐的关系，是因为"人皆有不忍人之心"。这种恻隐的、慈悲的、怜悯的同情心是人的本心，它不受世俗的名誉、利益、交情的诱惑，而具有普遍的价值。治疗现代人病态，一言以蔽之，就是应如墨子所说的"人与人相爱，则不相贼"（《墨子·兼爱中》)。只有这样，才能人人"己欲立而立人"，形成和谐的人际氛围，人人互相尊重，平等地和谐相处。

如何具体治疗化解人际病态及道德危机？中国古代思想家、哲学家提出：一是修身为本，先人后己。《大学》认为，人的道德修养要达到"在明明德，在亲民，在止于至善"，并做到"八条目"，至关重要的是"自天子以至于庶人，壹是皆以修身为本"。修身就要诚意、正心，然后才能够齐家、治国、平天下。修身就需要从自我做起，利益在前，先人后己，先天下之忧而忧，后天下之乐而乐。二是严于律己，宽以待人。人与人的交往活动是社会的基本交往活动。孔子主张"君子求诸己，小人求诸人"，应严格要求自己，检讨自己的偏失，而不计较别人，在视、听、言、貌、思、情、行诸方面都要严于律己，并经常反省自己，故"君子慎其独"。三是平等待人，推己及人。在中国文化中，恕道是协调人际关系的根本原理。子贡问曰："有一言而可以终身行之者乎？"子曰："其恕乎！己所不欲，勿施于人。"（《论语·卫灵公》）"忠恕违道不远，施诸己而不愿，亦勿施于人。"（《中庸·章句》）恕道是诉诸自我内在的道德情感，以善意与人相处。简言之，恕便是推己及人，是济人济物之德，是人际间和立共存。

5. 泛爱众，兼相爱

对于当今世界是否存在文明冲突，虽有不同看法，但多元文明的存在，不免出现冲突现象，其中意蕴着宗教的、价值观的因素，但战争、冲突的原因是复杂的，最主要的是由政治的、经济的因素引起的，它给人民带来的只是灾难。从全球视野来看，绝大多数不同文化间并没有因文明不同而发生冲突。

当今世界，文明冲突既不是发展趋势，也不是必经之路，人类社会要走向文明健康，其前景是文明和合。春秋时史伯说："商契能和合五教，以保于百姓者也。"（《国语·郑语》）和合的价值导向是保养、保卫百姓，即是对人民的一种爱护。儒家孔子主张"泛爱众"，讲"仁民爱物"。张载主张"民胞物与"，就是把仁爱由己推及别人，推及万物。

墨子从"兼相爱、交相利"出发，认为和合是人与人、家庭、国家、社会间关系的根本原理、原则。"是以内者父子兄弟作怨恶，离散不能相和合。天下之百姓，皆以水火毒药相亏害……天下之乱，至若禽兽然。"（《墨子·尚同上》）若父子兄弟相互怨恨，互相使坏，推及天下百姓，亦互相亏害，国家就会离散消亡。和合能使国家、社会凝聚在一起而不离散，和合也是国家、社会和谐、安定的调节剂。"昔越王句践好士之勇，教驯其臣和合之。"（《墨子·兼爱中》）和合是调节、协调、化解冲突的聚合剂。墨子主张兼爱，要求人们像爱自己的父母、国家一样去爱别人的父母、国家，认为这样就能够营造一个和平而没有战争、和谐而没有冲突、相爱而没有怨恶、团聚而没有离散的和合世界。反之，"天下之人皆不相爱，强必执弱，众必劫寡，富必侮贫，贵必敖贱，诈必欺愚。凡天下祸篡怨恨，其所以起者，以不相爱生也"（同上）。综观当今世界，强国胁压弱国，大国劫掠小国，富国欺侮贫国，贵者轻视贱者，狡诈者欺骗老实者，从而造成国家、民族、宗教间的怨恨，文明的冲突。

管子认为建构和合世界，需要提升人的道德。他说："畜之以道则民和，养之以德则民合。和合故能谐，谐故能辑，谐辑以悉，莫之能伤。"（《管子·兵法》）人民有了道德修养，便能和合。和合所以和谐，和谐所以团聚，和谐团聚就不会相伤。世界各国、各民族、各宗教、各文明之间，若都能按照墨子、管子所讲的和合、和爱的原则去实行，文明的冲突就可以化解，文明的病态就能得以治疗，世界各文明之间就可以和处和立、和达和爱。

中华民族是一个智慧的民族，也是一个爱智慧的民族。她的智慧之光，照耀中国大地，创造了古代文明，也与世界文明相辉映。当今世界，人们迫切祈求健康（自然健康、社会健康、人际健康、心理健康、文明健康，最终落实到人人身心健康），最畏惧、最害怕生病（自然病、社会病、人际病、心理病、文明病，最终落实到人的身心病）。中华民族的智慧，为治疗化解人类所面临的这些严重病症提供了宝贵的智慧理念，以及切实的实施方法。和合是治疗化解上述严重病症、解除种种烦恼痛苦、通达健康和乐之境的智慧理念和实施方法，和合是中华民族文化的精髓和首要价值。和合之境是中华民族的理想境界。其实，任何宗教和哲学的终极理想境界，如佛教的"西方极乐世界",道教的"神仙世界",儒家的"大同世界",基督教的"天国",都是无杀人(战争)、无偷盗、无说谎、无奸淫的和生和处、和达和爱的和平、幸福、快乐的世界。因此,世界各宗教、哲学在其终极理想境界上,都是相通相似家族,实无必要兵戎相见,以暴易暴,以怨报怨,否则则实与各宗教、哲学的原旨相背离。

(原载于《中国人民大学学报》2005 年第 2 期)

中国哲学的时代价值

——建构和合世界新秩序

从哲学的视阈以观全球经济一体化、科技互联化、网络联通化、地球村落化，在这种新形式、新观念、新价值、新话语、新风气下，人们关切反思未来世界向何处去的课题。从检讨和反思当前化解各种冲突、危机模式的弊病中，人们逐渐觉悟而认同和平、合作、以他平他、和而不同等和生、和处、和立、和达、和爱的原则及其化解冲突危机的模式，以达天和地和人和、天乐地乐人乐、天美地美人美价值理想的和合世界。

中国哲学必须自己讲

哲学是时代的精华，精华在什么地方？人们很多时候不追究这个问题。其实，哲学是什么？从古到今，每个人都有自己的定义，所以，这个问题实际上是没有定论的。正如胡适说："哲学的定义，从来没有一定的。我如今也暂下一个定义：凡研究人生切要的问题，从根本上着想，要寻一个根本的解决，这种学问，叫做哲学。"[①] 冯友兰在《中国哲学史》的《绪论》中也曾讲："哲学一名词在西洋有甚久的历史，各哲学家对于哲学所下之定义亦各不相同。"

中国有没有哲学一直是一个争论不休的问题。一些人认为中国没有哲

---

① 胡适：《中国哲学史大纲》卷上，上海：商务印书馆 1919 年版，第 1 页。

学，例如黑格尔和德里达都讲中国没有哲学。他们之所以这样讲，因为中国哲学没有逻辑、没有概念。我在《中国哲学范畴发展史》的《天道篇》和《人道篇》这两本书中，对中国哲学范畴以及这些范畴为什么成为中国的哲学概念和逻辑结构做了系统的梳理。1949 年以后，在中国哲学界，哲学史都讲唯心论、唯物论两个阵营的斗争。1984 年我受金耀基、刘述先教授的邀请，在香港中文大学新亚书院哲学系讲学时，不讲唯心论和唯物论，那么讲什么？我提出一个新的方法论，就讲中国哲学逻辑结构论，以这个方法来代替讲唯心论、唯物论。后来一些人就说这犹如黑格尔的《小逻辑》。现在一般写中国哲学史基本上按这个方法来写。

　　中国哲学要获得自身的合法性，成为独立的哲学，并区别于西方哲学，就必须对自身下个定义。我曾提出一个界定：中国哲学是关于自然、社会、人生的道的道的体贴和名字体系。中国哲学讲"体贴"，"体贴"实际上是一种体验、体会、体悟的意思。如何理解自然、社会、人生的道的道？前一个道，如我们说桌子有桌子的道，扇子有扇子的道，朱熹讲扇子能纳凉、椅子能坐，这就是它的功能之道。但这道的背后是什么？就是道的道，它是功能、现象之道的超越，是所以然之道，是事物的根源，它的本体是道的道。再说名字体系。其实中国的名，如名家，名就是概念。孔子"正名"，就是讲名称应该符合它的实际。"字"就是对"名"这个概念的解释。所以中国古代有《北溪字义》、戴震的《孟子正义疏证》，"字"是对"名"的一种意义、含义的解释。现在看《康熙字典》《汉语大字典》，是对字的解释，属于概念意义的体系。这是对中国哲学的界说。如果讲中国没有哲学，是值得商榷的。

　　西方每个哲学家都有他自己对哲学的定义。例如罗素《西方哲学史》、黑格尔《哲学史讲演录》等，他们对哲学的理解和定义都不一样。所以我们何必按照西方的宇宙论、认识论、伦理学这样的概念和框架来定义中国哲学，这是没有必要的。我们应该有自己对中国哲学的定义，才能够在自己的哲学架构中体现中华民族的哲学特点，一种理论思维的特设。

　　由于中国哲学"照着"西方哲学讲，以西方哲学为正宗的哲学，于是便产生中国哲学的合法性问题。假如超越西方哲学之谓哲学，中国哲学"自己讲""讲自己"，那么，就无所谓合法性问题，因为它合中国哲学自身之法。中国哲学必须自己讲、讲自己，讲自己的定义、说自己的特点，才能在世界哲学之林中有自己一定的地位。这个定义说明，哲学是对自然、社会、人生的一种关怀。我们知道，西方哲学着力于对自然的关怀，中国哲学着力于对人生的关怀，这是有区别的。2012 年，我去希腊参加公共文明对话会议。旅馆面对爱琴海，有 100 多米吧。早上去看日出，海里突然跳出来一个红彤彤的太阳，我体会到赫拉克利特为什么讲"世界的本源是一团火"。你在爱琴海就可以体会到这一点，世界是一团火的海洋。爱琴海的水很清澈，游泳时鱼就在旁边游，触碰你的身体。所以泰勒斯讲，世界的本源是水，大地浮在水上，就像木头浮在海水上。西方大多数哲学家都在追求现象背后的哪个"一"，巴门尼德讲存在就是"一"，从古希腊的泰勒斯、柏拉图、亚里士多德到黑格尔、费尔巴哈都认为世界的本源就是"一"。西方哲学，看似那么的玄奥，其实都是追求一个"一"。

中国哲学与西方哲学不同，讲"和实生物，同则不继"。为什么讲"和实生物"？《国语·郑语》解释说，"先王以土与金木水火杂，以成百物"。五行中，水火是对立的，《周易·系辞传》："天地絪缊，万物化醇；男女构精，万物化生。"五行杂合而生万物。天地、男女就是阴阳两极，男女结婚，诞生新生儿，推而天地融合、万物化生，这是我们生活中浅显的道理。有冲突才有融合。天地、男女是两极、矛盾体，然后融合、结婚、孕育，最后产生新的事物。这不是简单的对立统一，中国哲学讲这是一种新事物的产生。

中国哲学既讲世界根源问题，又讲人生问题。如果想在中国哲学上有所建构、有所创新，创造一个新体系，必须符合三个规则：一是核心话题的转换；二是诠释文本的新选择；三是人文语境的转变。当代中国哲学的创新，应是中西文化的融突和合，而马克思主义中国化必须和中国传统文化相结合。怎么结合，得有一个切入点，可借鉴佛教中国化。佛教在 8 世纪的时候，在印度被边缘化，到 14 世纪时佛教在印度基本上没有了。佛教真正发展在中国，由中国传到朝鲜、日本，日本佛教主要都是来自中国。日本佛教寺庙很多，例如奈良、京都。佛教之所以中国化，是和中国心性论相结合的结果。佛教中国化的过程，在魏晋时和玄学相结合，最后又同儒家的心性论结合起来。

佛教在与中国传统文化相结合中，面临佛在哪里的探索过程。如果说玄奘的法相唯识宗，基本上是照搬印度的佛教思想，到了天台宗和华严宗就逐渐中国化了。佛教的彻底中国化是禅宗，佛就在我们心中。我们可以看到宋明理学是继承吸收了佛教和道教思想的。朱熹的理，格物穷理，理在心外。王阳明呢？理在心中。我们从中看出，佛教中国化是同中国传统文化相结合的硕果。

哲学之所以是时代的精华，就是要解决时代所面临的冲突、矛盾，升华为化解矛盾冲突的理论思维。如何是体现时代精神的哲学？可借鉴《汉书·董仲舒传》中的"天人三策"。汉武帝给当时的文学贤良之士提出了很多问题，比如为什么三代王朝能延长这么长，为什么要改制，如何大一统，如何长治久安等问题。这些问题是当时所面临的冲突和危机，要博士们回答。当时博士是分经的，例如书博士、诗博士，但他们都没有说到点子上，没有化解汉武帝所提出的时代的冲突和危机。董仲舒按照《春秋公羊传》来回答这些问题，提出大一统等天人感应思想，为汉武帝所接受，成为当时的哲学思潮。

今天中国人应有全球的视野，才能准确掌握当代社会的冲突和危机。我概括出五大冲突和五大危机，提出了化解五大冲突和危机的和合学及其五大原理。唯有准确体认、掌握当代的冲突，然后提出化解的理论，这才是哲学创新。科学的创新、技术的创新不会涉及意识形态问题，比较容易被接受；但是理论的创新、人文社科类的创新，如履薄冰。哲学应该关心社会、关心人生、关心自然、关心生活、关心人类的未来。

化解社会与国家冲突的传统模式

当今世界怎么样来处理冲突？比如地区的冲突、国家与国家的冲突、国内不同派别的冲突、宗教与宗教的冲突。西方一些国家仍然以其非此即彼的二元对立的哲学思维为主导，坚持冷战思维，他们化解冲突大概有五种模式：

第一种是直接军事干涉模式。2014 年 8 月 29 日，基辛格在美国《华尔街日报》发表的题为《亨利·基辛格谈建立世界新秩序》一文中讲："利比亚陷于内战，原教旨主义团体正在叙利亚和伊拉克建立一个自封的伊斯兰国，而阿富汗这个年轻的民主国家处在瘫痪的边缘。"① 我们可以看到世界范围内处理这些冲突的模式。对伊拉克、阿富汗是直接采取军事干涉的方式，出兵直接推翻一个政府，建立一个所谓自由民主的国家。西方一些报道称，伊拉克当地的选民骄傲地展示他们参加过投票，其结果却给人民带来无尽的灾难。我们反对这种专制统治，然而，尽管在世俗主义的专制统治下，伊拉克人民没有民主和自由，但生活还是相对比较稳定的，现在却几乎每天都有爆炸，无辜百姓死伤很多，人民的生活很不稳定，也造成人道主义的灾难，给人民带来的是痛苦和不幸。利比亚卡扎菲的专制统治，名义上是搞所谓的社会主义，国家产石油，非常富有，上学不要钱，住房都可以无偿分到。美国的军事干涉，使卡扎菲政权被推翻，卡扎菲被杀，利比亚陷入部族动乱。美国支持反对派推翻卡扎菲，建立民主国家，结果是美国驻利比亚的大使被反对派杀害了。利比亚同美国、欧洲不一样，是部族社会，部族的观念超过国家的概念，所以现在部族总打仗。美国想在国际上推行它的民主价值观，其实与这些国家水土不服，造成很多灾难。

第二种是支持反对派模式。对于叙利亚动乱问题，美国及其同伙支持叙利亚反对派的结果是什么？结果是反对派当中的一些基地组织的壮大和发展，培养了"伊斯兰国"。"伊斯兰国"要直接发动对美国和一些欧洲国家的恐怖活动等。叙利亚本来是比较稳定的，现在难民几百万，到土耳其就有100多万。这种模式，结果是给人民带来灾难。如果我们设身处地为在难民营里的难民想想，难民们背井离乡，到处逃难，苦不堪言，生命没有保障，他们想什么？他们想和平，不要战争；要安定，不要动乱。我是浙江温州人，温州被日本三次占领。被占领以后，我们只得逃难，我的姐姐抱着我的妹妹爬山，结果摔倒了，把妹妹的骨头摔断了，当时也不知道，也不可能医治，结果成了驼背。逃难的滋味是很难受的，没有吃没有喝，所以我们希望和平而不希望战争。

第三种是经济制裁的模式。我国近代以来受西方帝国主义侵略，甲午战争失败以后，我国向日本赔付库平银2.315亿两，等于我们国家当时几年

---

① 亨利·基辛格：《世界秩序正处在转折点》，《参考消息》2014年9月3日转载。

的国民收入。日本借发甲午战争财而变本加厉地侵略中国。现在一些发达国家，过去都侵略过不发达国家，在侵略中他们发达了，有天理良心的政治家应该对其侵略过的国家有所补偿，可是一些政治家仍做其侵略的军国主义的美梦。他们不是帮助过去被他们侵略、殖民的国家发展经济，而是在经济上限制、制裁、阻碍其发展。

第四种是宣扬民主价值观的模式。现在美国在世界上推行其民主价值观，掀起"阿拉伯之春"，使一些阿拉伯国家陷入动乱。安倍晋三也到东南亚走了一圈，宣扬"我们的价值观都是一样的"。西方以民主价值观来推行他们的意识形态，不顾一些国家依据实际情况而选择其发展道路。发展中国家不能照搬西方的发展模式和价值观，否则就会水土不服。就拿约瑟夫·奈的所讲的"软实力"来说，他讲软实力有三个维度，一是文化背景，二是政治价值观，三是外交政策。他说"中国和俄罗斯不了解软实力"。就像中国哲学史的境遇，100多年来，我们写了很多中国哲学史的著作，但西方从黑格尔到德里达说你们中国没有哲学，只有思想，一句话给否定了。我们讲了那么多软实力，他一句话说你们不了解软实力，就否定掉了。为什么说中国、俄罗斯不了解软实力，因为软实力的政治价值观是西方的民主，软实力为推行民主政治价值观服务。中国人是有思想的，年轻人应该有中华民族的自觉观，要有自尊、自信、自律的思想。中国人过去做奴隶做惯了，就像清代一样，上面皇帝讲一句话，下面就"喳""喳"，当奴隶当惯了。我们不能当西方理论的奴隶，中华民族有五千年的文明史，是有智慧、有思想、有哲学的民族。

我们不反对民主，也不反对自由，中华民族是追求民主、追求自由的民族。西方以个体为本位，中国以集体为本位。西方过去因为是一个个城堡、领地，所以他认同这个城堡比认同一个国家要强。苏联一瓦解，东欧一垮台，很多国家都分裂了，比如南斯拉夫、捷克斯洛伐克等，为什么？他们对个体的认同、宗教的认同是比较强烈，但对国家的认同就比较淡化。中国是大一统国家。我在国外访学的时候，一些学者问我，中国是一个多民族、多宗教的国家，为什么不分裂？从这个问题上，可以看出中华民族文化的魅力。中华文化是中华民族的灵魂、根本，我们"慎终追远""认祖归宗"，在国外有唐人街、中华街等，在异域文化的包围中，他们基本上保持中华民族的一些习惯、礼仪、思想，中国人在异域文化中长期保持自己文化的特色、文化的认同，其他国家的人很难想象。

第五种是挑起地区和国家之间的斗争或争端模式。中国老一辈政治家在东海、南海问题上，已达成"主权归我，搁置争议、共同开发"的协议，搁置争议就是不要争了，实际上就是和平。然后共同开发，就是合作。我们推崇用和平合作的方法来处理政治争端问题，但是美国从伊拉克、阿富汗抽身，在战略向亚太转移的背景下，支持一些国家在东海和南海问题上挑起争端、制造动乱，以坐收渔人之利，在亚太谋取霸权。

上述五种模式，其后果不是给人民带来民主和幸福，而是给人民带来家破人亡的严重人道主义灾难；不是给国家带来安定团结，而是给一些国家带来战争、动乱和恐怖；不是给世界带来和平发展，而是给世界带来不断的冲突、对抗和灾难。

用中国哲学建构和合世界新秩序

鉴于上述五种模式对世界秩序所造成的危害和危机，如何建构世界新秩序，我提出"和合"世界新秩序的构想。

第一，尊重"以他平他谓之和"的理念。韦昭解："谓阴阳相生，异味相和也"①，阴与阳、他与他相反而相成，相差异而和合。"以他平他"，可释为他与他之间平等、公平，才能和，也就是说解决一个地区、国家之间的争端，不是靠外在的军事、力量，而应该依靠互相之间平等的、互相尊重的谈判、对话。吴思科先生2000年到2003年任中国驻沙特大使，曾经访问叙利亚的反对派组织"叙利亚全国民主变革力量民族协调机构"的一个总协调员阿卜杜拉·阿济姆。他曾经这样说，"我们反对外来军事干涉，因为这不符合叙利亚人民的利益。外来的军事干涉，地上来的是什么样子我们看到了，天上来的是什么样子我们也看到了"。叙利亚"变革和解放人民阵线"的领导人格德里·贾米勒说："我们靠自己的力量来实现变革，可能需要的时间长一些，甚至要十年二十年，但却能避免社会的撕裂，对人民、

①《郑语》，《国语集解》卷16，北京：中华书局2002年版，第470页。

国家造成的损害会少很多，后遗症也会少很多。"

民族和民族之间，尽管有强弱大小、贫富贵贱的区别，但是国家与国家之间，民族和民族之间，宗教和宗教之间，应该平等、互相尊重地互相对话，以通达和平，不能以二元对立的冷战思维来制造动乱、战争。当代西方的思维定式仍然是二元对立的冷战思维，是非此即彼的思维，也就是我们过去讲的斗争哲学，不是东风压倒西风，就是西风压倒东风。从这个意义上讲，不是"以他平他"，他与他之间不是平等的，不是互相尊重的，而是不是我打倒你，就是你打倒我，乌克兰问题就是这种思维的结果。

第二，遵守和而不同的原则，也就是和合学五大原理中和处的原理。每个宗教，每个国家，每个民族，都是不一样的，我们的世界是多重世界。人们讲多极世界，讲"极"可能不太妥帖，因为它没有构成相对的多极。美国可以说是一极，但是中国是个极么？构不成一个相对立的极，欧盟、东盟、非盟其实也构成不了一个与美国相对的极，极就是极端。我讲的是多重世界，因为多重，一重一重，这排除与其他多重的对立，极的话就将其推向互相对立，多重可构成和平、发展、合作、共赢的世界命运共同体。

和而不同，多重世界的一重一重各不相同，各种各样的风俗习惯、民族文化、信仰宗教之间都不一样，但是可以和平共处。中国儒释道三教的"教主"孔子、释迦牟尼、老子可以在一个寺庙里受人祭拜，这在其他宗教的庙宇、寺院里是绝对不可以的。北京有许多礼拜堂，如西什库、王府井有宏大的教堂，其中没有老子、没有孔子、没有释迦牟尼在那里。中国不一样，一个家里，祖母信佛，初一、十五要念经、吃素，年轻人信基督教，一个家庭可以有不同的信仰，尽管一个家庭里宗教信仰不同，但可以和和气气地一起生活，这就是中国和合思维，包容性、宽容性，没有排他性。西方是冷战的思维，就具有排他性。

中国和西方的思维从源头上就是两个路向，君子和而不同，小人同而不和。中国文化和而不同，西方文化同而不和，这是其本质特性。现在处理国际问题，如果不采取和而不同的方法，当今很多国家、地区、民族的冲突、对抗、动乱、战争等都不可能得到有效的化解，而给世界带来灾难和毁灭。唯有采取和而不同，求同存异，化异为和，才能为世界人民造福。

第三，建立对话的机制。有效的对话机制，可以增强互信、互谅、互

下篇　传统文化与中国哲学建构

183

解、互惠，消除不信、不谅、不解、不惠。当今世界充满各种各样的对抗、冲突。不同的国家、民族、宗教，对和他对立一方的思想、特点、追求的目标不了解、不知道。缺乏对对方的了解，就不会产生理解和谅解。所以要有一个平台，经常来对话，可以把自己的一些观点、一些核心利益摆在谈判桌上，以取得互相之间的了解，这样才能消除误解和猜疑，才能真正做到互信。任何谈判如果没有互信，是谈不成的，即使谈了，签订了条约，也不会遵守。就像巴以当前冲突一样，谈判、停战，结果还是打。所以一定要有这样一个对话机制的平台，互相真正地取得互信，这样才能达到和而不同的目标。

第四，善于互相妥协。谈判的过程，就是互相妥协的过程。妥协是由对抗、冲突转化为和平、合作的过程。中国讲经权关系，"经"就是讲原则性、经常性；"权"就是讲灵活性、变通性。孟子讲经与权关系时讲了这样一个故事：中国古代规定"男女授受不亲"，这是原则性的经。但是他的嫂子溺水了，伸不伸手去救她？有两个选择，一是坚持"男女授受不亲"的原则，不伸手去救她；另一种是伸手去救她。作为经来说，男女授受不亲，但在这么一个特殊情况下，就需要权变的灵活性，伸手去救嫂子，即原则性的灵活性处理。比方说，钓鱼岛是我国的领土，这个我们不能妥协退让，这是原则性问题，"主权归我"，这是"经"；但这个问题是不是马上解决、怎么解决？采取"搁置争议，共同开发"方式，这就是"权"的灵活性处理方法。在任何的谈判过程中，都会涉及这个问题，既要坚持原则性，又要有灵活性。也就是我们一般讲的，具体问题、具体解决的灵活性。谈判如果互相不妥协、不让步，肯定是谈不拢的。为了能够取得谈判的成功，必须采取经与权相结合的原则性与灵活性相融突而和合的方法。

第五，韬光养晦与奋发有为。改革开放以后，开始实行以经济建设为中心的战略，我国需要一种内外和平、合作、稳定的局面，在这种情况下，我国提出了韬光养晦的主张。国外有人说"韬光养晦"是一种阴谋，不对。这是为了能够取得一种稳定的、安定的建设经济发展的机遇期而采取的一种策略。当时我们一穷二白，什么东西都要票，布票、粮票、油票、肉票、自行车票，各种各样的票。在北京，大米多少斤、面粉多少斤，还有玉米多少斤，都是配给的。面临这样的形势，怎么样获得一个好的发展经济的环境？就需要韬光养晦。究竟是韬光养晦还是奋发有为，两者都应选择"中和"之方，即"无过、（无）不及"，以达和的目标，"中和"也是一种"度"。韬光养晦不能不达到这个度，也就是说，我们既坚持原则，又在一些问题上不要过头。这就是和平、合作的方法，即和合的方法。不要过头，也不要不及，这样的处理比较合适。换言之，在国际问题上如何处理进退问题，我们应有"哲人王"的战略目标，这样我们既不会丧失原则，又不会给后人留下不好的后果。

第六，"满招损，谦受益"。在国际交往、对话、谈判中，自满会招来损害，谦逊会得到益处。谦逊对个人来说，表现人高尚的道德修养；对国家来说，表现了一个国家的自信、自尊和君子之国风度、文明礼仪。过去中国是礼仪之邦、君子之国，有君子的风范。在各种形式谈判中，说话也好，论争也好，我们的态度是诚恳的、温和的、谦虚的，不是盛气凌人、骄傲自大、以强凌弱的。在谈判对话过程中，态度、话语的艺术也是很重要的。谦虚并不是丧失原则，相反是从另一层面坚持原则。即使和对方发脾气，我们在话语上恰当、适宜，这往往能够促成对话的良好氛围，促成谈判的成功。因为你比较诚恳，比较谦虚，有大国的风度，有大国的气魄，人家对你就比较信任、比较服气。如果你骄傲自满、自大，即使在同学之间，关系也搞不好。所以做人应该谦逊，谦逊并不埋没你的才能，相反是你才能、修养高的表现。谚语说半桶水晃荡，是说一些人只有半桶水的学问，却总觉得自己学问很大、了不起。真正的大学问家，都是比较谦虚的。比如苏格拉底，他是大学问家、大哲学家，德尔菲神庙中传神谕女祭司庇西亚斯告诉苏格拉底的朋友海洛丰说，苏格拉底是人中间最有智慧的人。苏格拉底为了证明自己究竟是不是有智慧，他就去问很多人，问工匠，问那些有技术的人，也问学者，最后苏格拉底得出结论，认识到自己的智慧真正说来是没有什么价值的人，才是有大智慧的人。从这个意义上讲，人与人，国家与国家的谈判、对话应该有一个谦虚的态度。怎么样取得谈判对话的成功？平和的谦逊态度，是取得成功的一种方法。

中国哲学与世界的未来发展

既明如何建构世界新秩序，未来世界向何处去？

第一，建立超越各个国家、民族、宗教的伦理道德机制。化解精神、信仰道德问题，使每个人能够像《大学》里讲的，"知止然后有定，定然后能静，静然后能安，安然后能虑，虑然后能得"。这个机制能够让人的思想有定向，然后能寂静，然后所处而安，安然后能精详考虑问题，最后能得到智慧。这一至善智慧，应成为人类的主心骨，或道德心灵的主导意识。当今世界，一方面跨国家、民族、宗教命运共同体的公共利益相互交错，越来越强烈地形成你中有我、我中有你的命运共同体，从而相应地需要建立新的机构去从事协调、组织、解决公共事务；另一方面，人类共同面临着严峻的人与自然、社会、人际、心灵、文明之间的冲突，而造成生态、人文社会、道德、精神信仰、价值危机。单靠一个国家、民族、地区、宗教已不可能去化解，必须有一个跨国家、地区、宗教的新的国际机构来担当。鉴于这种情况，各国家、民族、地区的人和宗教教徒必须在思想、心灵上树立全球理念和人类共同利益为主导的道德意识，树立"己欲立而立人，己欲达而达人"的仁者爱人的观念。对于当前只顾各自国家、民族、宗教利益的思想观念，国际道德心灵咨询机构应着力予以开导、教化、解惑等工作，使人人都凝聚到为国际命运共同体的共同利益而奋斗的大旗下。为达此目标，可设立国际道德裁决、和合的伦理法制体系。

第二，建立与全球化相适应的新的信仰体系。二战后各宗教之间及宗教内部的冲突产生新的更为复杂的张力，然而"天下同归而殊途，一致而百虑"，尽管殊途百虑，亦有同归一致的层面。1993年世界宗教会议上指出，要展示"世界诸宗教在伦理方面现在已有的最低限度的共同之处"，为此通过了《全球伦理普世宣言》，提出四条各宗教认同的"金规则"：要尊重生命，不要杀人；要诚实公平，不要偷盗；言行应该诚实，不要撒谎；要彼此尊重，不要奸淫。这四条"金规则"是得民心的。古人云：得民心者得天下，失民心者失天下。也就是说，怎么样得世界人的人心，这是政治家、未来学者或者谋略家应该看到的、想到的。世界人民向往的究竟是什么？要掌握人类未来的命运，首先要掌握人的愿望。我在《和合学》中讲三个世界：一是和合生存世界，要求社会政治、经济、环境、伦理道德环境、自然生态环境、文化艺术环境等优美、宜居。二是和合意义世界，人追求真善美意义，追求自己价值的实现。三是和合可能世界，这是最高境界，可能世界只是一种可能。任何的宗教，基督教的"天国"，伊斯兰教的"天堂"，道教的"神仙世界"，儒家的"大同世界"，佛教的"西方极乐世界"，实际上就是一种价值理想的世界。任何宗教的价值理想世界都是虚拟世界，在和合学中就叫作可能世界。可能世界就是价值理想世界。这个价值理想世界我们怎么样达到？过去很多人有这样的想法，譬如说柏拉图的《理想国》、《礼记·礼运》的大同世界、康有为的《大同书》等。《大同书》要去国、级、种、形、家、产、乱、类、苦九界，这都是价值理想世界。任何宗教的终极世界实际上就是一个价值理想世界，莫尔的乌托邦，克鲁泡特金的无政府主义，也是价值理想世界，亦是其信仰世界。

第三，建构人民自我管理体系。反思中国自古以来人民自我管理模式，有与宗法社会相适应的宗族管理系统、宗教管理系统、乡校管理系统、国家管理系统和现代社区管理系统。这些管理系统在历史上都曾在社会管理中相互渗透、互补互济，使社会保持稳定、人民安居乐业。当代世界仍可借鉴这些人民自我管理模式，而加以创新：化宗族管理模式为社区管理模式，以民主方式替代族长方式；化宗教管理模式为价值理想信仰模式；化乡校管理模式为自由议政、议事及各种活动模式；化国家管理模式为共议机制管理模式；化社区管理模式为代表民意、权益沟通各方面关系模式。通过自我管理体系的创新，使人民自我管理的各层面得以实现，以淡化国家、民族、宗教、种族的界限，健全人民自我管理体系，使世界成为人民自我的世界，人人对世界都能自觉实行自我管理自我的责任与义务。未来人类是以自我管理为主体的世界。

第四，建设新的安保体系。未来和合可能世界的最高限度是道不拾遗，夜不闭户，安居乐业，和平幸福，快乐生活；最低限度是保障人生、食品、药品、医疗、生产、网络、信息安全。新的安保体系与人民自我管理体系互补互济，人民自我管理体系的完善，民事民议、民管、民办、民决、民保、民安，这不仅是新的安保体系的根本保障，也是安保体系最终落实的关键。未来和合可能世界不需要军队，只有保安员。保安员的职责是保护世界人民的安全，使人人都生活在安定、安静、安乐、安宁、安闲、安康之中，而不受任何骚扰、凶险、恐怖、谎言的威胁。因为和合可能世界已没有战争杀人，没有恐怖活动，没有贫富不均，没有贵贱差分，没有国界区别，没有你抢我夺，天下一家，民胞物与。庄子说："天地与我并生，而万物与我为一。"① 朱熹说："天地万物，本吾一体。"② 王守仁说："大人者，以天地万物为一体者也，其视天下犹一家，中国犹一人焉。若夫间形骸而分尔我者，小人矣。"③ 既如此，天下万物不分形骸你我，万物一体，天下犹一人，安保天下，即安保我一人，安保我一人犹安保天下。这就超越了国家、民族、种族、宗教等之间分形骸尔我的界限。

第五，建构新的国际体系。检讨现有国际组织机构，无论是联合国、国际货币组织，还是各类联盟组织，其普遍的缺陷就在于建立在民族国家利益基础之上，其规则的制定是为满足发起国与其伙伴国的利益，而罔顾世界人民的普遍利益。换言之，现有国际组织体系均没有建立在超民族国家利益的基础上，因而世界正义性和公平性，就成为其致命的缺陷。在民族国家利益与超民族国家的全球命运共同体的利益发生冲突时，这些国际组织就不能坚持以超民族国家的全球命运共同体的利益为本位，而丧失世界正义性和公平性。新的国际组织在这种情况下，应有全世界的情怀，把人类命运共同体的利益放在首位，不仅"重义轻利"，而且以"舍生取义"的精神来应对。

建构国际新秩序，是一个非常复杂的系统。在当下各种冲突不断的情境下，首要是不搞冲突、对抗、战争、动乱，通过对话、谈判、理解，达到和平、合作、共赢。其次，"以他平他谓之和"的原则，各民族国家、各宗教团体、各种族组织相互平等、尊重，达到相互诚信。孔子在回答子贡问怎样治理政事时认为，在粮食、军备、人民信任的三者中，去掉什么呢？孔子认为可以去掉粮食和军备，但不可去掉诚信。诚信能使各民族国家、各宗教团体、各种族组织消除误解、猜忌，而能照顾对方利益，为解决各国家、宗教、种族利益与超越的全球命运共同体的共同利益的冲突，开辟道路，打下基础。再次，在"以他平他谓之和"的基础上，逐渐树立以超越的全球共同利益为本位的信心和自觉，淡化民族国家、各宗教团体、各

---

① 庄子：《齐物论》，《庄子集释》卷 1 下，北京：中华书局 1961 年版，第 79 页。
② 朱熹：《中庸章句》，《朱子全书》第 6 册，上海：上海古籍出版社；合肥：安徽教育出版社，2002 年版，第 33 页。
③ 王守仁：《大学问》，《王阳明全集》，卷 26，上海：上海古籍出版社 1992 年版。

种族组织的狭隘的利益，以至放弃这种狭隘的利益，这虽是艰苦复杂的过程，但必须奋发有为、坚持不懈地去实现。又次，各方面、各层次在达致超越的全球命运共同体的共同利益为本位、为主导的共识基础上，共议国际新秩序建设，可设立各具体的共议机构，并提出方案，由整合共议机构审查通过，交由全民民主共决通过后生效。最后，由此建立新的国际体系，统摄各国际事务机构，其任务是使天和地和人和、天乐地乐人乐、天美地美人美，天地人共和乐、和美的和合世界，这个和合世界是人类共同的价值理想和期盼的世界。

（原载于《探索与争鸣》2015 年第 3 期）

中国哲学的创新与和合学的使命

中华民族是善思的民族，她为人类文化贡献了老子、孔子、朱子、阳明子等一系列思想大师；中国哲学是创新的哲学，它为世界哲学增添了《周易》《论语》《道德经》《传习录》等一大批经典力作。面对全球化的挑战，我们有责任继承中华民族的善思传统，弘扬中国哲学的创新精神，为人类文化的繁荣，为世界哲学的发展，谱写更加灿烂的思想篇章。

一、 中国哲学的创新标志

哲学既是时代精神的精华，又是民族精神及其生命智慧的结晶，同时也是思想家主体精神的超越和流行。因此，中国哲学不断创新的内在根据和演替脉络，就逻辑地蕴含着三个分析维度：

1. 核心话题转向

作为时代精神的精华，哲学总是以核心话题的方式体现特定时代的意义追寻和价值创造。核心话题的时代转向，是中国哲学创新的话语标志。从先秦到近代，核心话题经历了五次大的转向，哲学理论实现了五次创新。

先秦是中国哲学的创发期，其核心话题是"道德之意"。诸子百家虽"指意不同"，但都围绕"道德之意"展开学术争鸣。

道家是中国哲学的鼻祖。根据司马迁的追述："老子乃著书上下篇，言道德之意五千余言"（《史记·老子韩非列传》）。尽管通行本上《道》下《德》，帛书本上《德》下《道》，篇次倒易，但《道德经》的言说宗旨始终是"尊道贵德"。"道冲而用之或不盈，渊兮似万物之宗。"（《道德经》

第四章）显然，这个"道"是涵摄万物的原初和合境域。庄子继续言说"道德之意"。他认为，"道有情有信，无为无形"，是"自本自根，未有天地，自古以固存"（《庄子·大宗师》）的和合世界。

儒家与道家异趣。孔子立足礼乐文化谈论"道德之意"。按照"志于道，据于德，依于仁，游于艺"（《论语·述而》）的人生准则，他提倡"闻道"："朝闻道，夕死可矣。"（《论语·里仁》）他主张"修德"："德之不修，学之不讲，闻义不能徙，不善不能改，是吾忧也。"（《论语·述而》）孟子认为："仁也者，人也。合而言之，道也"（《孟子·尽心下》）。人道是参赞化育、辅相天地的和合构成境域。通过"心之官"及其思想功能，天道与人道在诚实无妄中达到诚明和合之境："诚者，天之道也。思诚者，人之道也。"（《孟子·离娄上》）

除儒、道之外，先秦其余各家也以"道德之意"作为核心话题。比如，管仲学派认为，治国必须道德并举，"畜之以道，养之以德。畜之以道则民和，养之以德则民合。和合故能谐，谐故能辑，谐辑以悉，莫之能伤。"（《管子·兵法》）再如，韩非子集法家之大成，建构了"因道全法"的法治思想。他一方面将"道"概括为"万物之所然"和"万理之所稽"，另一方面将"刑德二柄"视为"赏罚之道"。诚如司马迁所言："韩子引绳墨，切事情，明是非，其极惨礉少恩，皆原于道德之意。"（《史记·老子韩非列传》）

秦汉之际，随着古代社会的转型，传统哲学也实现了核心话题的转向。两汉是中国哲学的感通期，学术探究的核心话题是"天人之际"，即"天人相与之际"。

西汉初年，朝廷奉行"黄老之术"。武帝即位，"举贤良文学之士前后百数"，以对策方式"垂问天人之应"："三代受命，其符安在？灾异之变，何缘而起？"（《汉书·董仲舒传》）根据董仲舒的理解，汉武帝所追问的"大道之要，至论之极"，实际上是"《春秋》大一统"："《春秋》大一统者，天地之常经，古今之通谊也。"（同上）经过"三年不窥园"的精心致思，董仲舒以《天人三策》和《春秋繁露》等著述建构了"天人感应"的哲学理论体系。

东汉的谶纬经学将"天人感应"思想推向极端。按照"天人同度"的符应原理，人的四肢五官效法天象，"仁义礼智信"外符天之五行，内应人之五脏。"三纲六纪",弥纶"天人之际",学术思维在章句训诂中昏昏欲睡。然而,创新是难以泯灭的哲学天性,是野火烧不尽的理论基因。东汉思想家王充出身"细门","不守章句",敢于在谶纬经学盛行之时重申"黄老之义":"天地合气,万物自生,犹夫妇合气,子自生矣。"(《论衡·自然》)

东汉末年,中国古代社会陷入危机。黄巾举事,民不聊生;董卓之乱,朝纲败坏。魏晋时期,名士以"清谈"的话语方式进行哲学思考,《庄子》《老子》《周易》成了《世说新语》的玄妙谈资。玄学的核心话题是"玄冥之理",其典型命题是郭象《齐物论注》里的"独化于玄冥之境"。

曹魏正始年间,何晏、王弼首倡"贵无"论,认为"天地万物皆以无为本"。王弼在《老子注》和《周易注》里,运用得意忘言的诠释方法,越出两汉"天人之际"的象数樊篱,谈论体用关系上的"玄冥之理":"万物虽贵,以无为用,不能舍无以为体也。"(《老子·第三十八章》注)根据郭象的进一步解释,"玄冥之理"是有无混沌的和合境域:"玄冥者,所以名无而非无也。"(《庄子·大宗师》注)只要"物任其性,事称其能,各当其分"(《庄子·逍遥游》注),万物就可"掘然自得而独化",进入"玄冥之境"。

由于语境险象环生,玄学话题无法深入下去。发展到南北朝,玄学思潮充当佛学的导游,以"格义"方式注译佛典,为大乘般若学的传播铺平了道路。

隋唐时期,特别是盛唐之际,三教兼容并蓄,冲突融合。儒教在明经科举、朝纲吏治等方面发挥伦理教化职能,但在哲学思想上陈陈相因,缺乏新意。道教因与李唐王朝的姓氏因缘,独得皇室青睐,可王权的推崇并不是思想创新的充分条件。从哲学理论形态上讲,隋唐道教无法与佛教分庭抗礼,在概念范畴和思维方法上屡屡侵犯佛家的"知识产权"。因此,隋唐时代精神的最集中体现是佛教的中国化创新。

《易大传》讲:"原始反终,故知死生之说。"毫无疑问,"死生之说"是一切宗教思想的究竟话题,是所有正统信仰的终极关怀。翻阅大唐文献,我们发现,反对佛教的韩愈著有《原人》《原性》和《原道》诸篇,而提倡佛教的宗密也著有《原人论》。由此可见,在推本"性情之原"、参悟人生的"本来面目"上,儒佛两家有着共同的哲学语言。隋唐是中国哲学的融摄期，推本"性情之原"是其核心话题。

唐末藩镇割据，五代十国混战，中国古代社会再次陷入危机。北宋伊始，学者在政通人和、百废待兴的人文语境中，着手重建价值理想和精神家园。出于对佛道二教的"道统"偏见，宋明新儒学采取"攻乎异端"的不相容策略，虽完成了儒释道三教的思想融合，但对时代精神的发展做出了偏颇的理论概括。宋明是中国哲学的亢龙期，理学的核心话题是"理欲之辨"，即天理人欲之辨。

程氏兄弟通过"自家体贴"提出"天理"二字，作为儒教伦理哲学创新的概念标记。程朱的"天理"不仅具有心术特征："人心私欲，故危殆；道心天理，故精微。灭私欲则天理明矣。"（《二程遗书》卷24）而且杀机重重："人之一心，天理存，则人欲亡；人欲胜，则天理灭。"（《朱子语类》卷13）为了论证"天理"对"人欲"的绝对权威，程朱学派借助"道心"与"人心"、"天命之性"与"气质之性"、"理"与"气"等一系列对偶范畴，通过逻辑推演建构了极为精致的理学范畴系统。

陆九渊最先发现"天理人欲之言"不是一个纯粹的学术话题，存在截然二分的语病："若天是理，人是欲，则是天人不同矣。"（《陆九渊集·语录上》）陈亮、叶适和王夫之等人对"存理灭欲"主张也提出过异议，但为了维护纲常伦理的垄断地位，理欲二元对立的观点始终拥有思想霸权。直到戴震著述《孟子字义疏证》，"人欲净尽，天理流行"的"语病"才昭然若揭："古之言理也，就人之情欲求之，使之无疵之为理；今之言理也，离人之情欲求之，使之忍而不顾之为理。此理欲之辨，适以穷天下人尽转移为欺伪之人，为祸何可胜言也哉！"（《孟子字义疏证·权》）

哲人违背爱智诺言，扮演"道德法庭"的审判官，以偏见冒充"天理"；思者亵渎求真天职，争当"纲常伦理"的卫道士，用意见充任"良知"。随着宋明理学"理欲之辨"由核心话题变为残杀工具，中国哲学的创新源泉从此阻塞，变成了一桩桩"学案"。从这个意义上讲，《宋元学案》和《明儒学案》属于"儒林内史"，倘若与《儒林外史》参照解读，就不难发现中国传统哲学最终走向枯萎的秘密。

2. 人文语境转移

哲学是爱智的学问，中国哲学是中华民族热爱生命、追求智慧的心路历程。中国哲学的创新在宏观演替上，表现为人文语境随民族精神及其生命智慧的历史变迁而不断转移。"闲云潭影日悠悠，物换星移几度秋。"打个形象的比方，人文语境犹如历史星空，岁月悠悠，哲学创新恰似北斗七星，环绕生命智慧的北极之光流转不息。

中华民族通过"制礼作乐"，民族意识日益觉醒，道德精神不断独立，终于达到了"郁郁乎文哉"的文明境域。中国古代哲学正是在礼乐文化及其典章制度的人文语境中创发出来的。据《汉书·艺文志》的追溯，先秦诸子百家都是从"学在官府"的西周礼乐文化中衍生出来的，是对"古之道术"的创新与发明。比如，以孔孟为代表的儒家，"儒家者流，盖出于司徒之官，助人君顺阴阳明教化者也。游文于六经之中，留意于仁义之际，祖述尧舜，宪章文武，宗师仲尼，以重其言，于道为最高。"（《汉书·艺文志》）再如，以老庄为代表的道家，"道家者流，盖出于史官，历记成败存亡祸福古今之道，然后知秉要执本，清虚以自守，卑弱以自持，此君人南面之术也"（同上）。

如果说先秦是中国哲学的创发期，生命智慧的觉解过程主要通过散文来叙述，民族精神迎来了"道德之意"的黎明曙光，那么，两汉是中国哲学的感通期，文人学者以堆砌辞藻、繁衍象数的辞赋渲染"天人之际"，民族精神及其生命智慧显露出繁杂和神秘的感应气象。依照司马谈的《论六家要旨》，汉初"黄老之术"是以道家老子为依托，阴阳、儒、墨、名、法诸家思想的杂合品："其为术也，因阴阳之大顺，采儒墨之善，撮名法之要。"（《史记·太史公自序》）提倡"独尊儒术"的董仲舒，其《春秋繁露》更是先秦诸子学说的杂交产物，如其中的《深察名号》是名家的手笔，《天地阴阳》是阴阳家的思路，《郊义》和《郊语》是儒家的章法。

两汉是富有创造性的时代，天文、历算、医药、诗歌和史学等方面都取得了很高的成就，但"自武帝立五经博士，开弟子员，设科射策，劝以官禄，讫于元始，百有余年，传业者浸盛，支叶蕃滋，一经说至百余万言，大师众至千余人，盖禄利之路然也。"（《汉书·儒林传》）经学儒术一旦成为"禄利之路"，哲学创新的灵感源泉很快就被穿凿附会的章句训诂淹没。汉末魏初，经术衰败，以品评人物"才性"为话题的清谈之风油然而起，学术思想转出一线生机。

魏晋南北朝属于国家分裂、政权更迭的动荡时期。在动荡中，个体价值独立，主体意识觉醒，学术思想活跃，哲学创新再度风起云涌。玄学的兴起是继先秦子学之后，中国哲学史上的又一个思想解放、哲学创新的时代。但与先秦的"道德之意"及其散文诗表达相比，魏晋所辨析的"玄冥之理"格外抽象，言不达意。然而，名教束缚的一时解脱毕竟给哲学思想带来了清新的自然气息，文学创作与哲理运思的巧妙结合，成为魏晋人文语境中最引人注目的地方。陶潜的田园诗篇和《桃花源记》是极富哲理内涵的文学精品，郭象的《逍遥游注》和"玄冥之境"是最有文学韵味的哲学佳作。

隋唐是中国古代社会高度繁盛时期，特别是李唐王朝，具有包容一切的恢宏气度。这一时期，地域大开发，民族大融合，文化大交流，给人文语境注入了新的思想血液和精神营养。隋唐佛学及其对"性情之原"的穷究推本，从哲学理论层面准确映射出大唐文化激荡融摄、生机勃勃的精神风貌。

"李杜文章在，光焰万丈长。"诗歌创作是隋唐人文语境的主旋律。在古典诗歌的丰收季节，学术思想领域最值得称道的有两件大事：一是"西天取经"，佛教经典沿丝绸之路在东土大唐落户，成为民族文化大家庭的正式成员；二是"古文运动"，儒教伦理从烦琐的章句训诂中复活，仁义道德在主体精神的"性情之原"扎下新的根系。人文语境的包容大度、冲和气象、诗意韵律和智慧觉解，共同塑造了隋唐哲学的融摄特征。

佛教从两汉之际传入中国，经过五百余年的冲荡融突，"出淤泥而不染"，成了雅俗共赏的"妙法莲华"。道教从原始的神仙方术里逐步走出，经过葛洪、寇谦之、陶弘景等人的修剪和培育，撒播在庙堂与山林之间，成为"长生久视、深根固柢"的金秋菊花。儒教经过"古文运动"的复兴与洗礼，刷去了"禄利之路"的尘埃与泥泞，成为雍容华贵、不失气节的"洛阳牡丹"。唐代兼容并蓄的宗教政策，使儒释道三教在融突中创新。

然而，五代十国的腥风血雨使学术文化四处飘落。两宋"以文德致治"，民族精神及其生命智慧在既豪放又婉约的人文语境中，结出堪与唐诗媲美的宋词。深沉的忧患意识和崇高的历史使命，激发出"为天地立心，为生民立命，为往圣继绝学，为万世开太平"的豪迈气概；厚重的道德义务和郁闷的政治责任，引诱出抑制个性、熄灭情欲、攻击异端的内敛心术。宋明理学的"理欲之辨"，既扭曲反映了商业经济发达、市民意识觉醒的生存境况，又集中体现了家天下的专制霸道和士大夫的因循保守。理学主张的科举教条化，标志着中国哲学创新精神出现了"夕阳无限好，只是近黄昏"的凄凉景况。

明清之际，随着人文语境的进一步内向收敛，专心训诂考据的"汉学"取代了讲究性命义理的"宋学"，中国古代哲学随之以《四书大全》和《性理大全》式的话语专制和文字监禁宣告了善思传统的中断和创新精神的枯萎。

3. 诠释文本转换

文本是学术思想的符号踪迹，是智慧觉解的文字报告。哲学家总是通过对特定文本的创造性诠释，准确提炼时代精神的核心话题，全面融入民族精神及其生命智慧的人文语境。诠释文本的学术转换，是中国哲学创新的承继特征。

先秦是元典文本的书写与集结过程。诸子百家的哲学创新是以散文方式直接陈述的，除个别段落引用上古文献作佐证外，一般没有后世的"章句""注疏"和"集解"。但是，根据《庄子·天下篇》《史记·孔子世家》以及《汉书·艺文志》等史料，诸子百家也有自己的诠释文本。老子是王室"守藏史"，他对三代文献的阅读和诠释自不待言。《庄子》是《老子》的优秀"注脚"。孔子"述而不作，信而好古"，"读《易》韦编三绝"，主要是对以《周易》为代表的西周礼乐文化进行诠释。《孟子》七篇是《论语》的最好"注脚"。不过与后代抱残守缺的"师法"不同，诸子百家为了说明"道德之意"，广泛涉猎，标新立异，从而使先秦哲学呈现出百花齐放的黎明曙光。

"焚书坑儒"之后，三代文献遗失殆尽，诸子学说口头相传，加上大汉王朝重术轻道，两汉哲学总体上以"五经"为诠释文本。董仲舒的《天人三策》和《春秋繁露》是两汉探究"天人之际"卓有见识的著述，他所依据的诠释文本主要是《春秋公羊传》。

正始年间，何晏注《论语》，援老庄释孔孟，开启玄冥之风。王弼注

《老子》和《周易》，横扫象数感应方法。其后，向秀、郭象注解《庄子》，发挥"逍遥之义"，虚构"玄冥之境"。《庄子》《老子》和《周易》并称"三玄"，成为玄学的诠释文本。

从《四十二章经》的译出到六百卷《大般若波罗蜜多经》的刊行，印度佛教经典不断进入东土。隋唐时期，讲读、诠释佛经蔚然成风。中国各佛教宗派，在尊奉经律论"三藏"的前提下，简择其中几部经典作为"宗经"。例如，天台宗以《妙法莲华经》为诠释文本，华严宗以《大方广佛华严经》为立论依据，禅宗先以《楞伽阿跋多罗宝经》印心，后以《金刚般若波罗蜜经》传法，慧能开南宗独创《坛经》明心见性。概言之，佛教经典是隋唐哲学思想融摄和理论创新的主要诠释文本。

佛经毕竟是在印度梵文语境中造作出来的异域文本，译成汉文后，虽转换了书写符号，但其"厌离人世"的涅槃精神并未改变，这势必与"仁民爱物"的儒教伦理发生价值冲突。知识精英出于维护民族精神的尊严，往往视佛教为"异端"。发展到两宋时期，这种过激情绪演变成学术审判。客观上讲，宋明理学是儒释道三教思想长期融突的智慧结晶。但受"理欲之辨"的话题左右和复兴"孔孟道统"的语境支配，佛教经典被从解释学的前台赶出，以《大学》《中庸》《论语》和《孟子》为主的"四书"成了理学的诠释文本。

回顾中国哲学发展的漫漫长路，我们已经看到，在哲学思想的创新时代，往往同时出现三种变易现象：一是核心话题随时代精神的进步而转向，不存在千年不变的哲学问题；二是人文语境随民族精神及其生命智慧的觉悟而转移，没有万古常住的哲学范畴；三是诠释文本随主体精神及其自由创造的选择而转换，没有放之四海而皆准的真理文本。

二、 和合学的创新使命

和合学是中国传统哲学在全球化语境下转生的积极尝试。"和合"二字正是通过对中国哲学"天道"与"人道"近百个范畴的系统梳理而体贴出来的价值理念。和合学从一开始就深深地浸润在民族精神及其生命智慧的源头活水里。

1. 《国语》境域的和生意蕴

对于"和合"一词，通常存在着误解，主要是语源学上的错置，以为"和合"是佛教术语，搞折中，和稀泥。其实，"和合"是中国文化固有的人文精神，早在先秦元典里就已成为重要的哲学语汇。在前文所引的《管子·幼官图》里，"和合"已是言说"道德之意"的关键词。从目前掌握的文献资料看，最早使用"和合"一词的先秦典籍是《国语·郑语》。

《国语》据传是春秋鲁国史官左丘明的著述。三国时期韦昭最先注解，在《国语解叙》里，他对《国语》的成书缘由做了这样的推测："……采录前世穆王以来，下讫鲁悼、智伯之诛，邦国成败，嘉言善语，阴阳律吕，天时人事，逆顺之数，以为《国语》。其文不主于经，故号曰'外传'。所以包罗天地，探测祸福，发起幽微，章表善恶者，昭然甚明，实与经艺并陈，非特诸子之伦也。"在经学时代，《国语》在"五经"之外，与"禄利之路"无缘，这种备受冷落的历史际遇反倒有助于其保持文本原貌。以下，我们选录《国语·郑语》"史伯论兴衰"中的重点段落，借助特定的语用境域分析，仔细体味春秋时期"和合"话语的生生意蕴。

郑桓公与史伯谈论"兴衰之故"和"死生之道"，当论及远古帝王成就"天地之功"时，史伯说："虞幕能听协风，以成物乐生者也。夏禹能单平水土，以品处庶类者也。商契能和合五教，以保于百姓者也。周弃能播殖百谷蔬，以衣食民人者也。"（《国语·郑语》）虞夏商周之所以成就与天地一样长久的赫赫功业，根本原因在于他们能够在天地和人事之间创造和合生意：虞幕能够"听知和风，因时顺气，以成育万物，使之乐生"。夏禹能够熟悉水性，因地疏导，"使人物高下，各得其所"。商契能够了解民情，因伦施教，使百姓和睦，皆得保养。周弃能够播种百谷，繁育蔬菜，让人民丰衣足食，安居乐业。

根据和合生意，史伯断定周幽王必将衰败。当桓公问道："周其弊乎?"史伯肯定地说："殆乎必弊者也!"接着进一步指出幽王"必弊"的原因是"去和取同"。"夫和实生物，同则不继。以他平他谓之和，故能丰长而物归之。若以同裨同，尽乃弃矣。故先王以土与金木水火杂（韦注：杂，合也），以成百物。"（同上）从史伯所举的例证可以看出，"和生"是"五行"在天地与人事之间的杂合。"土与金木水火"是《尚书·洪范》所讲的"五行",是先王平治天下的首要功德,是人生天地间日用常行的基本元素。善于和合这五种元素,就能风调雨顺、五谷丰登,就可生机勃勃,王道荡荡;相反,如果片面追求类同,强行一统,那么,毁弃多样,毒害生灵,势必危亡。"声一无听,物一无文,味一无果,物一不讲。王将弃是类也而与剽同,天夺之明,欲无弊,得乎?"(同上)

"和实生物,同则不继",这是对和合生意最精炼的哲学概括,它既深刻反映了人生天地间的道德原理,又和盘托出了天地自然与人事活动怎样才能"并育而不相害""并行而不相悖"的元始话题。在吴越争霸战中,范蠡以其独特的才智助越灭吴,出色地回答了这一话题:"夫人事必将与天地相参,然后乃可以成功。"(《国语·越语》)这是一言九鼎的不刊之论,是整部《国语》的点睛之笔。韦昭的注解更是颇得其中三昧:"参,三也。天、地、人事三合,乃可以成大功。"

人生天地间,这是生命智慧冬眠初醒、民族精神大梦方觉、主体精神卓然独立的原始视域。迄今为止,尽管宇航员已涉足月球,哈勃望远镜遨游太空,但顶天立地的原始视域,仍是仰观俯察的自然参照系统。人事活动必须与天地自然融突和合,才能建立赫赫功业,成就最高道德。先秦诸子所言说的"道德之意",正是"人事必将与天地相参"的和生意蕴。

2. 价值冲突的和爱化解

19 世纪末 20 世纪初,在中西哲学文化长廊里,相继涌现出两大疯狂意象:一是尼采《快乐的科学》中的疯子,白天打着灯笼,惊慌地发现"上帝死了",教堂成了掩埋神灵的坟墓;二是鲁迅《狂人日记》里的狂人,晚上挑灯夜读,朦胧地看出"仁义吃人",孔庙变为礼教罪恶的象征。

"上帝死了",知识硕果的善恶属性没有了"最后审判"的价值尺度,科学技术可以在集中营里广泛应用,实证其工具效率。"仁义吃人",道德修养的是非特征不存在"止于至善"的意义标准,草寇枭雄能够到金銮殿上发号施令,坐享其江山收益。透视这些历史表象,我们看到的幕后真相其实是文明的悲剧和价值的冲突。

文明自古多悲剧。玛雅文明、古埃及文明、古巴比伦文明和古希腊文明，早已烟消云散，存留下来的遗迹只是让人凭吊的"文明的碎片"。

价值冲突愈演愈烈。新教伦理、儒教伦理、佛教伦理和伊斯兰教伦理，都自称"普世伦理"，激烈竞争的场面不过是令人困惑的"人权的争吵"。

根据和合学的理解，20世纪是价值冲突的世纪。两次世界大战，半个世纪的冷战，无数的局部战争和地区冲突，是其显著特征。如今的巴以冲突和中东问题，是其综合后遗症。从表面上看，价值冲突的起因是市场配额不均等，利润瓜分不公平，生息领地有争议或宗教信仰有分歧。但从实质上看，一切价值冲突都根源于非此即彼、势不两立的不相容选择。

当前，人类面临的价值冲突有五个方面，构成困扰人类社会持续发展的五大冲突和五种危机。

第一，人与自然的价值冲突及其生态危机。现代生态学告诉我们，人类是自然生态系统的顶级消费者，野菜草根，飞禽走兽，都能充当食物资源。一旦人的欲望恶性膨胀，杀戒大开，势必危及生物多样性的存在，导致生态环境退化。工业革命以来，用科技知识武装到牙齿的现代人，开展了史无前例的人天大战，"以人灭天""以故灭命"。时至今日，物种急剧减少，大气污染日益严重，生态环境不堪重负，大地母亲面目全非。

第二，人与社会的价值冲突及其人文危机。资本主义大生产方式的确立，使个人从温情脉脉的血缘纽带上剥落下来，变成赤裸裸的赚钱工具。受物质利益的驱动，整个社会成了实现物质财富增长的"大机器"。按照零和博弈的游戏规则，在全球展开了军备竞赛、国力竞赛。为了"国家的利益"，个人必须充当"角斗士"。与此相反，文艺复兴以来的个人解放运动，也发展成为利己主义和无政府主义，社会的整合功能受到前所未有的挑战。个人自由与社会整合之间的价值冲突，使古老的人文精神日趋失落。

第三，人与人的价值冲突及其道德危机。市场竞争机制的确立和泛化，使礼让和不争的古典美德形同虚设。忠恕之道成了不思进取的保守策略。人们调动起生物本能中潜在的攻击性，按照《鬼谷子》《韩非子》《三国演义》等所谓"厚黑"谋略，在商海玩你死我活的攻略游戏。爱情、婚姻、家庭、道德良心、社会责任、民族尊严统统成了制胜的武器。

第四，人与心灵的价值冲突及其信仰危机。近代心理学将心灵放进实验室里做解剖分析，运用刺激—反应的机械模式把心理活动分为认知、情感和意志三种现象，浑然一体的心灵被凿穿。弗洛伊德根据歇斯底里病人的临床表现，进一步将意识肢解成"本我""自我"和"超我"，完整的道德人格被截成三段。在实证科学的旗帜下，人性有史以来的丑恶面目暴露无遗。从此，心灵世界成了南征北战的沙场。本来，信仰是以自尊、自爱和自强为宗旨的，心灵一旦破碎，自我发动内战，一切信仰都将化作泡影。

第五，人与文明的价值冲突及其智能危机。文明是生命智慧的觉醒状态，是自然智能的创造成就。与以往的生存文明相比，工业文明是以科技创造为第一推动力的产业文明，其最大特征是创造财富的目的不是满足人们最为基本的生存需要，而是更加奢华的享受和炫耀，特别是随着以信息技术和生物技术为代表的高科技产业的出现，人工智能开始逐步替代自然智能在发明创造中的传统角色。如果说哥白尼的日心说和达尔文的进化论剥去了笼罩在人类头上的神学光环，使人放弃了他在宇宙时空的中心地位，那么，克隆技术的发展和人工智能的完善，将迫使人自身成为十足的工业制品。一旦图灵机模式取得创造性突破，神经元计算机彻底取代硅晶体计算机，那么，包括思想、情感和意志在内的人脑自然智能将被电脑虚拟放大，甚至功能超越。

按照和合学的文化战略构想，要化解上述价值冲突，必须确立和爱准则，尊重生命智慧，保护自然生态，建筑生生大道，让人刚毅地直立在天空下，诗意地栖息在大地上，使工具理性、科学技术无条件地服务于人生的意义追求。为此，需要培养"乐山乐水"的自然情趣，树立"仁民爱物"的伦理精神，悉心守护"乾称父，坤称母"的元始和合境域。

3. "和合起来"的爱智乐章

不管柏拉图的"理想国"多么正义，莫尔的"乌托邦"多么平均，不管孔子的"大同"何等公道，弥勒的"净土"何等长寿，在迢迢河汉，在茫茫星海，我们只有一个地球。人类的这一宇宙学生存境况，从根本上要求我们"和合起来"。

罗马帝国，奥匈帝国，第三帝国，为了蛊惑人心的颠倒梦想，化玉帛为干戈，历史付出了过于沉重的生命代价。和合起来吧，不要再上演《战争与和平》的历史话剧了。我们需要的是《维也纳的森林》，是《蓝色的多瑙河》，是《春节序曲》，是《丰收锣鼓》。

中国文化是崇尚和合的文化，中华民族是喜爱音乐的民族。一曲《高山流水》，是我们祖先对元始和合境域的生命体验和艺术表达。伟大的思想家孔子在欣赏《韶》乐时，竟能达到"三月不知肉味"的陶醉程度。可惜的是，秦火一烧，《乐经》失传，元始和合境域万籁俱寂。

要弘扬文化传统，要振兴中华民族，我们就得以音乐家对和声谐音的直觉和灵感，在全球化语境中谱写和演奏新的和合乐章，使中国哲学成为世界哲学新世纪创新的爱智序曲。孔子讲过："兴于《诗》，立于礼，成于乐。"（《论语·泰伯》）和生意蕴像诗情基调，规定着哲学创新的价值方向；和爱化解如礼仪旋律，调整着科技发明的前进步伐。和处为美，和立为真，和达为善，相与组成从和生到和爱的交响乐章，整体规范意义追寻的道德路径和价值创造的逻辑流程。这便是和合学弘扬中国哲学创新精神的自觉使命。

（原载于《中国人民大学学报》2003 年第 1 期）

和合中华哲学思潮的探析

"天接云涛连晓雾，星河欲转千帆舞。"在晨雾茫茫之中，看那云涛翻腾、与天相接、滚滚银河、千帆竞渡的壮丽景象，反思中国哲学思潮发展历程，她像变化神妙的云涛，她像繁星璀璨的银河，她像千帆竞舞的龙舟，以达中国哲学仙境般的和合境界。

一、 哲学与哲学思潮

中华民族哲学思潮，从古至今，潮涨，波涛汹涌，璀璨多姿，一潮高过一潮，一潮胜过一潮；潮退，平静如镜，寂然反思，沉然吐纳，感而遂通。大凡思而成潮，都有其所以然的因缘，正如梁启超所说："其思必有相当之价值，而又适合于其时代之要求者也。"[1] 不是说每个时代都有哲学思潮，有哲学思潮的时代，是中华文化发展的时代。贺麟说："一个思潮的发生原因，有两方面：一方面是思想本身的发展演变，一方面是解决实际问题的需要。思想本身的发展演变恰如潮水之后浪推前浪，新思潮的发生是解决思想本身所发生的问题，因为旧思想有偏颇缺陷，新思潮乃得起而代之。新思潮是旧思潮所孕育激励起来的，同时也是旧思潮的反动与否定。至于社会上有迫切问题待解决时，其为新思潮的刺激，更是很明显的事，这时思潮是主动的，为应付环境而产生的，这也可以说是产生思想的外在原因，而上面思潮引起思潮则可称为产生思潮的内在原因。"[2] 哲学思潮是

---

[1] 梁启超：《清代学术概论》，上海：上海古籍出版社 1998 年版，第 1 页。
[2] 贺麟：《当代中国哲学》，南京：胜利出版公司 1947 年版，第 68 页。

某一时代社会所共有的思想现象，它影响人的思维方法、行为方式、价值观念，宇宙体贴、人生伦理、知识体认等。在哲学思潮的潮流中，都有其代言人，这便是当时时代的哲学家。

哲学之所以思而成潮，是有其引力的缘故。这个引力就是被自然、社会、人生的冲突和危机所凸显出来的热点话题，吸引大众来参与思议、论争、交流，以求在化解冲突、危机中，达到殊途而同归，百虑而一致，并提升为体现时代精神的、化解冲突的同归、一致的理念。这个理念便是时代的哲学核心话题。在经济全球化、科技一体化、网络普及化、地球村落化的当代，人与社会、自然、人际、心灵、文明之间的冲突和危机，已度越了单一民族、国家和地域，而成为人类共同面临的问题，便需要有人类共同化解的理念，和平、合作便成为世界的核心话题。中华民族哲学思潮，自先秦元创期以"道德之意"为核心话题，标志其时代精神精华的哲学思潮；演变转生为两汉奠基期的以"天人相应"为核心话题，标志其时代精神精华的哲学思潮；又演变转生为魏晋发展期的以"有无之辨"为核心话题，标志其时代精神精华的哲学思潮；再演变转生为隋唐深化期的以"性情之原"为核心话题，标志其时代精神精华的哲学思潮；又再演变转生为"造极"期的以"理气心性"为核心话题，标志其时代精神精华的哲学思潮，并一直延续到现代。

中国哲学思潮，潮起潮落，一波接着一波，大化流行，永不停息。作为标志时代精神精华的哲学核心话题随"话题故事"不息转生，演变发展。罗蒂认为，应把哲学理解为一种在不同历史时期之间与在文化之间、科学之间互相联系的诠释行为。其实作为哲学的哲学，其本身也在唯变所适地流变着、反思着。从这个意义上说，哲学可理解为动词，它不是静态的物体及精神生成物的总和，也不是自然科学与人文社会科学固有成果的总和，而是为反思着的思想者所拥有。反思的思想，不是静若止水的思想，静若止水的思想是思想僵化的思想；反思的思想，是会思想的思想，既会顺向的思，亦会逆向的思，这是一个会思的动态的过程。反思是人殊胜地把思想反过来而思，这反过来而思就是追根究底地思，是以思想的思想而思，这个以思想的思想而反思的思想，就是哲学的本真。基于此，和合学哲学曾这样为自己定位："哲学是爱智之学，它的本质在于寻求真知，是真知之爱。因此，哲学总意味着'在途中'，和合学亦是'在途中'，它是一种生生不息之途！"① 这就可以说，哲学可诠释为一个动词，它是寻求真知的智动，是为人类精神而思的神动，是以思想的思想而反思的思动。哲学是一种流变着的、形而上的艺术。

哲学诠释为动词，因其本身也在不息地变动、演化之中，不同的时代呈现其不同的理论思维形态、标志其不同时代的时代精神精华的哲学核心话题，依傍其符合时代"话题故事"的诠释文本，适应其唯变所适的不同时代的需要。真乃是"为道也屡迁，变动不居，周流六虚，上下无常"②，不可为典要。虽然哲学的爱智之道常存，但是哲学寻求真知话题却永无完结，和合生生道体也是讲不完的话题。

哲学本身是"为道也屡迁"的，是人拥有哲学，而非哲学拥有人，是人智能创造哲学，从而让哲学造就人之向善而生的生存至高之境，而非哲学创造人。然而，哲学一旦成为"哲人王"，人也就被异化了；哲学一旦成为绝对真理，成为放之四海皆准的理性规定，人就成为哲学的奴婢，若有不同的观点，就被扣上"异端邪说""离经叛道"的罪名；哲学一旦成为统治的意识形态，便成为戴震所说的"理能杀人"的工具，明代的李贽如是，清代的"文字狱"如是，多少人的人头落地！其实柏拉图所提倡的是"哲人王"而非"哲学王"，指的是只有不倦追求善、美、真知的哲人最具备反思精神，所以与"真知"距离最近，然而最近也并未抵达真知，仍然只是"爱智者"的哲人。哲人正因为"爱智""反思"能力超越众生，所以应该为王，引领全社会都能反思。那就意味着真理不在人的手中，绝对标准只存在于永恒的探索之中，这也是我理解哲学应为动词的缘由之所在。

哲学应守住其爱智的本真，操守其为人类精神的反思的本质，洁身自好。

正由于哲学本身是"变动不居"的、"虚位"的，所以留下无限的解释空间。何谓哲学？见仁见智，纷纭齐陈。胡适在《中国哲学史大纲》中开章明义："哲学的定义，从来没有一定的。我如今也暂下一个定义：凡研究

---

① 张立文：《和合学概论——21 世纪文化战略的构想》，北京：首都师范大学出版社 1996 年版，第 120 页。另《和合学——21 世纪文化战略的构想》，北京：中国人民大学出版社 2006 年版，第 98 页。

②《系辞传下》，《周易正义》卷 8，《十三经注疏》，北京：中华书局 1980 年版，第 89 页。

人生切要的问题，从根本上着想，要寻一个根本的解决，这种学问，叫做哲学。"① 冯友兰也说："哲学一名词在西洋有甚久的历史，各哲学家对于哲学所下之定义亦各不相同。"② 哲学之谓哲学的定义，"从来没有一定"，各哲学家所下的定义"各不相同"。既如此，各哲学家依据自己对动态哲学的体认，而对哲学作出规定：方东美以哲学为情与理两者；唐君毅以哲学为哲学，就是要了解各种学问之相互关系，及其与人的关系，"哲学是爱智之学，或如何完成智德，如何成为哲人之学"③；罗光认为，人生之道即是哲学，哲学是人之整个精神活动的表现。可谓一千个人，有一千个哈姆雷特。这种对哲学之为哲学的规定，体现了哲学的动态性、多样性、非定性、殊胜性、生生性。换言之，没有唯一的哲学，没有"祖宗之法不可变"的哲学，没有僵死的哲学。哲学是活的哲学，是有生命的哲学。各个世界文明古国、各个民族、各文化圈，都有其追求真知的反思的思想，都有其体现其民族精神特色的时代精华的哲学思维。这就是说，各民族、各文化圈的哲学对于其本身都具有其精神的有效性、诠释的合理性、证实的合法性。

哲学的为道屡迁性、变动不居性，开出了中国哲学的新生面、新学风、新格局，转生了中国哲学的新理论、新观念、新方法。这都是一次哲学生命智慧的自觉和哲学智能创造的创新。当前中国社会大改革、大开放、大转型，国际社会大变革、大调整、大激荡，在这种情境下，如何澄明地梳理、把握、调控其间错综复杂、千丝万缕的种种形色的冲突，睿智地擢升、抽象出化解这些全球性、普遍性冲突的价值理念，是我们所应思索的。那种执着教条式地照搬照抄的理论思维、价值理念，显然已不适合；跟风式地热买热卖西方的所谓普遍哲学、普遍范式，与中国水土不合。唯一出路，就是中国哲学必须自己讲自己的哲学，自己必须实现自己哲学的智能创生或价值理念创新，即建构创新理论体系、创新学术观点和创新方法论，而不能照猫画虎式地"照着讲"，或者东施效颦式地接着西方哲学讲。

---

① 胡适：《中国哲学史大纲》卷上，上海：商务印书馆1919年版，第1页。
② 冯友兰：《中国哲学史》上册，北京：中华书局1961年版，第1页。
③ 唐君毅：《哲学概论》上册，北京：中国社会科学出版社2005年版，第4页。

二、 标志中国哲学创新的三规则

中国哲学怎样智能创生或价值理念创新？从中国哲学思潮的先秦百家之学、两汉经学、魏晋玄学、隋唐儒释道三家之学、宋元明清理学的演变发展中，探赜索隐其怎样实现智能创生或价值理念创新，钩深致远其为什么、何以可能实现其智能创生或价值理念创新，格知求索其如何实践理论体系创新、哲学观点创新和方法创新。经笔者长期的中国哲学教学研究，殚精竭虑地体贴、明确了中国哲学每一次转生和创新的特征、性质、内因、外缘，把握了中国哲学理论思维形态转生和创新的内在"游戏规则"，即逻辑必然之则，以及对中国精神反思的哲学范畴概念全面系统的梳理和体认，曾体贴出中国哲学转生的何以可能、为什么、怎样实现智能创生或价值理念创新，即理论体系创新、哲学观点创新和方法创新，我们至少可以发现这样三条"游戏规则"[①]，或曰中国哲学创新的标志。

一是核心话题的转向。思想是时代精神的言说机制，哲学作为以思想的思想而反思的思想，亦是人类精神思想的反思。精神不能离思想而存在，精神总是思想着精神，思想是确定作为精神的那种东西。大凡作为时代精神的妙凝的哲学思想，总是以核心话题的方式体现其特定时代的意义追寻和价值创造。每一时期哲学的转生和创新，都围绕着对核心话题的反复论辩，化解时代所面临错综复杂的冲突危机，梳理盘根错节的生命情结，建构安身立命的精神家园，而成哲学思潮，反映时代主流思议话题。核心话题的时代转向，是哲学创新、价值理念创生的话语标志。

二是诠释文本的转换。文本是哲学思想言说的符号踪迹，是智慧觉解的文字报告，是主体精神度越自我的信息桥梁。每个时代的哲学家必须凭借对一定文本的探赜、研究、体贴和诠释，以提炼体现时代精神的核心话题，使其全面融入民族精神及其生命智慧。每个时代所面临的冲突和危机有异，其化解冲突危机的价值理念的核心话题亦不同，其所依傍的诠释文本也差分。每个时代诠释文本的转换，说到底是在世结构的选择，是理论思

---

① 张立文：《中国哲学的创新与和合学的使命》，《中国人民大学学报》2003 年第 1 期。

维转生、意义追寻和价值追求的投射，是中国哲学创新的继承性的昭示和哲学学派创立的文献标志。

三是人文语境的转移。中国哲学是中华民族热爱生命、追求智慧的心路历程。因此，中国哲学的创新在宏观演替上，就表现为人文语境随民族精神及其生命智慧的历史变迁而不断转移。人文语境是指一定时代的自然生态、社会政治、经济文化、典章制度、伦理道德、价值观念、理论思维、风俗习惯、宗教信仰等生存世界、意义世界、可能世界的思议环境。人文语境犹如历史星空，岁月悠悠，旋转不息，漫漫漂移。

"此三条中华哲学理论思维形态创新的'游戏规则'，是逻辑地蕴含在每一次哲学理论思维形态转生之中的，是存在于中国哲学的创新标志之中的。"① 它具有有效性与普适性。这就是说，要实现中国哲学的创新，要实现中国哲学思维逻辑形态的转生，最低限度应遵循此三条"游戏规则"，否则很难说是中国哲学的创新和中国哲学思维逻辑形态的转生。这是因为这三条"游戏规则"是中国哲学理论思维形态创新和转生本真的彰显，具有中国哲学历史的实在性、本质性、客观性。

作为度量中国哲学理论思维形态创新和转生标准的三条"游戏规则"的发现，不仅深化和提升了人们对中国哲学理论思维内在逻辑演化转生规律的体认程度和调控水平，而且钩深和致远了人们对中国哲学思潮未来理势的预设能力和管理效能。它使中国哲学理论思维演变历史的分期断代间何以可能创新转生、为什么、怎样创新转生，以及创什么新、转什么生都有了彰显和标准，也使中国哲学理论思维有可能度越"照着讲""接着讲""对着讲"，而为中国哲学"自己讲""讲自己"营造了鸢飞鱼跃的空间。大凡中国哲学每个时代的创新和转生，都存在着理论思维上内涵意蕴、价值理念、哲学思想、方式方法、结构规律等继承性、参照性的诉求，因此，中国哲学理论思维形态的创新和转生，既有对传统哲学理论思维包括对"照着讲""接着讲""对着讲"成果的吸收，又有系统性、整体性的度越。

中国哲学理论思维形态每个时代的创新和转生，都是冲决以往既定的、固化的哲学理论思维逻辑体系、价值理念、思维方法的网罗的结果，都是

208

① 张立文：《和合学——21 世纪文化战略的构想》，北京：中国人民大学出版社 2006 年版，第 8 页。

一次度越"照着讲""接着讲""对着讲",而"自己讲""讲自己"的硕果。每一次中国哲学理论思维形态创新和转生的"自己讲""讲自己",都是一次中国哲学的自己解放自己,都是一次中国哲学的哲学觉醒。

近现代以降,与"自己讲""讲自己"相对应的是"照着讲""接着讲",其"照着讲""接着讲"所讲的内涵和对象有所扩充,它不仅照着、接着中国传统哲学理论思维形态讲,而且照着、接着西方哲学之谓哲学的内涵、范式、方法讲。因此,中国哲学的"自己讲""讲自己",不仅是对中国传统哲学的继承和度越,也是对照着、接着西方哲学之谓哲学讲的吸纳和度越。"自己讲""讲自己"就是中国哲学排除干扰和执着,卓然独立、自作主宰地"自己讲"。"自己讲"是中国哲学主体毅然挺立于世界哲学之林。这个中国哲学主体是自强不息、厚德载物的主体,是海纳百川、有容乃大地蕴含了中西古今传统人类精神反思的哲学思维的主体,它是中国民族精神和时代精神精华妙凝和合的主体。"自己讲"的中国哲学主体本身历经先秦、两汉、魏晋、隋唐、宋元明清以至现代哲学创新和转生的实践检验,中国哲学"自己讲"是一条"而今迈步从头越"的康庄大道,是通向和合生生道体之境的形上之道。

"讲自己"就是中国哲学自己讲自己的哲学所谓哲学,而不以西方哲学之谓哲学;中国哲学家以自己的哲学为哲学家,而不以"西洋所谓哲学家名之者"为哲学家。"讲自己"就是中国哲学自己讲述自己对时代精神核心话题的体贴,讲述中国哲学自己对"语题本身"的重新发现,讲述中国哲学自己对每个时代所面临错综复杂的冲突的艺术化解,讲述中国哲学自己对每个时代所发生的危机的义理调节,讲述中国哲学自己对安身立命、价值理想和精神家园的至诚追求。"讲自己"不仅设计了"自己讲"的性质、内容和价值指向,而且"讲自己"澄明了主体域哲学理论思维形态创新和转生职责,这是对古希腊苏格拉底哲学"认识你自己"使命的逻辑延伸①。

"自己讲""讲自己"是中国哲学理论思维形态转生和创新的三条"游

---

① 德尔斐神庙中传神谕的女祭司庇西亚告诉苏格拉底朋友海洛丰说:苏格拉底是人中间最智慧的人。苏氏推论"自知自己无知"正是他聪明的所在。"人们啊,像苏格拉底这样认识到自己的智慧真正说来是没有什么价值的人,才是最有智慧的。"(苗力田主编:《古希腊哲学》,北京:中国人民大学出版社1989年版,第208页)

戏规则"的前提和基础。"自己讲""讲自己"把中国哲学自我从内外各种执着中解脱出来,使其耸立于人文精神世界,必须对以往围绕着人文价值时间、全球生存空间和精神活动逻辑而展开旷日持久的论辩,加以清理。要通过解构"古今之变",疏明人文价值时间,转生传统,将往古、现今、未来和合成一条不断度越的思议升华之路;通过解构"中西之争",疏明生存空间的和合特征,使"和也者,天下之达道",得以流行;通过解构"象理之辨",澄明人文精神和合结构,使和合生生道体大化流行、生生不息。此三大解构的精神宗旨,就在于为中国哲学在新的生存空间、价值时间和逻辑本源情境下,为中国哲学创造"自己讲""讲自己"的机遇。如果说"古今之争"从秦始皇咸阳宫古今之争始而一直延续至近现代①,"象理之辨"自魏晋追求玄冥之理得象忘言、得意忘象的逻辑开演,那么,中西之争为近现代西方器物文化、制度文化、价值文化潮水般涌入,而推向高潮。疏明、体认此三者,可以从另一侧面领悟中国哲学理论思维形态创新转生的必然性、必要性及其指向性,也为中国哲学"自己讲""讲自己"开拓广阔的活动天地。

三、 中国哲学的哲学规定

中国哲学"自己讲""讲自己",而不照着或接着西方哲学之谓哲学讲,必须深入中国哲学之垒,探赜追究中国哲学内在逻辑演化之道、内在转生的因缘理路,钩深寻觅中国哲学理论思维形态创新体系、价值理念、思维方法的昔、今、来的整体行程,格知追寻中国哲学理论思维形态转生创新每一时代的内在逻辑"游戏规则"。在尽究体认、领悟中国哲学之后,也可像胡适所讲的那样,"我如今也暂"为中国哲学下"一个定义":"中国哲学是指人对宇宙、社会、人生之道的道的体贴和名字体系。"

所谓人对宇宙、社会、人生之道的道的体贴,是指人应体贴入微地细心忖度宇宙、社会、人生的境遇、生态、秩序、安危、心灵、文明、健康状态,而给予无微不至的关切、照顾。在这里,"体贴"一词受程颢"'天

---

① 张立文:《传统学七讲》,长春:长春出版社 2008 年版,第 3~9 页。

理'二字却是自家体贴出来"的启迪，从而建构了以天理为核心思想的理学哲学理论思维体系，所以"体贴"有体悟、反省、反思的意思。这里所体贴的"道的道"：一是指人对宇宙、社会、人生的体贴、反省、反思、体会其导向、倾向、指向某一方向的道路；二是指宇宙、社会、人生的根本性质和道理；三是指不可言说的、无形无象的宇宙、社会、人生所以然的形上根据；四是指宇宙、社会、人生所当然、所必然的理势；五是指其大化流行、唯变所适的创新、转生的过程轨迹；六是指其知与行及其逻辑结构的方法论；七是指格致、诚正、修齐、治平的道理、规范及其价值理想和精神家园；等等。

"道的道的体贴"的"名字体系"，"名"是中国古代哲学理论思维中名家的核心范畴，是"名实之辨"的"名"，"名"为自命，为天地万物命名，是思维的自由创造，主张"名实"相符。先秦"礼崩乐坏"，名实不符，所以孔子主张"正名"，以使名实不二。"名"是指模拟事物实相的称谓，是人对于体知对象的性质、内涵的判断词，相当于现代所说的概念、范畴。"字"，汉许慎编撰《说文解字》，是一部分析字形、解释字义的书。《隋书·经籍志》载，晋李彤撰《字指》①，解释文字的含义。北宋王安石撰《字说》，亦为解释字的形、音、义的书，统称为"字书"。南宋陈淳撰《北溪字义》（又称《字义详解》《四书性理字义》），疏释、论述程朱理体学（道体学）② 概念、范畴，是对性、命、心、情、太极、道、理、意等26个概念、范畴的意义的诠释。"学者诚能熟绎其义，溯流寻源，由本达

① 《经籍志》，《隋书》卷32，北京：中华书局1973年版，第943页。

② 程朱理体学又称道体学是基于程颐称其兄程颢的学说为"道"学。他说："自予兄弟倡明道学，世方惊疑"（《二程集·祭李端伯文》）。道学仅指程氏兄弟及其门人的学说。南宋淳熙年间（1174—1189）程颐的四传弟子朱熹等大倡道学，林栗、陈贾等反道学，论争颇烈。道学者遭到攻击。据朱熹所编的《伊洛渊源录》来看，编入的道学者仅有周敦颐、程颢、程颐、邵雍、张载、张戬和其弟子门人，而不包括司马光涑学、王安石新学、陈亮叶适事功之学、陆九渊心学、吕祖谦的婺学。元代脱脱在修《宋史》时，特立《道学传》，入传的人基本上与《伊洛渊源录》同，唯增朱熹的师传和弟子及张栻。把陆九渊、陈亮、叶适、吕祖谦等列入《儒林传》，加以分别。因此，本书将程朱一系称为"道体学"。同时，程颢讲："吾学虽有所受，'天理'二字却是自家体贴出来。"（《二程集·河南程氏外书》）从而开启了理学哲学理论思维形态的建构，朱熹集程氏理学之大成，因为程朱以理（道、太报）作为其哲学的最高范畴，所以亦称程朱为"理体学"，它只是宋明理学中的一派。宋明理学中还包括"心即理"的陆九渊、王守仁等以心为哲学理论思维最高范畴的"心体学"派，及王廷相、王夫之等以气为哲学理论思维最高范畴的"气体学"派等，所以理学所包括的范围比道学要广。详见张立文：《宋明理学研究》，北京：中国人民大学出版社1985年版，第5~14页；修订本，北京：人民出版社2002年版，第6~12页。

支……皆总括于是书矣。"① 清戴震撰《孟子字义疏证》，精选、诠释了理、天道、性、才、道、仁、义、礼、智、诚、权的哲学概念、范畴的意义。

如果说，《说文解字》《字指》《字说》是据"六书"解释单个字的意义的话，那么，《北溪字义》《孟子字义疏证》就是解释概念、范畴意义的书。"名字体系"是指由哲学概念、范畴的意义的诠释而构成的理论思维逻辑体系。

中国哲学只有依据中国哲学自己实践的实际，即根据中国哲学的本真，自己给自己下哲学定义，才能真正实现中国哲学"自己讲""讲自己"，才能从西方哲学之谓哲学的注脚和以中国哲学论证西方哲学普适性中冲决出来，才能在世界哲学之林中获得自己独立的、应有的地位、价值和话语权。

中国哲学自己给自己的哲学下定义，中国哲学理论思维形态创新和转生的三条"游戏规则"，开显了中国哲学"自己讲""讲自己"的新格局、新学风、新思维、新观念。这里的所谓讲，既不是"自己照着西人讲"，也不是"自己接着古人讲"。讲的话语应是"华语华说""以华解华"，而不是"华语西说"。话语权的丧失，就是其文化载体的文化精神的丧失，也是其深层的哲学灵魂的丧失。话语权标志使用这种语言的民族文化之根、民族精神之魂，标志这个民族的民族硬实力和文化软实力的融突和合为和实力，标志这个民族发展水平和文明程度，标志这个民族理论思辨的能力和语言逻辑的工夫。因此，"自己讲""讲自己"，应该"教给哲学说华话"，这是对黑格尔"教给哲学说德语"这句名言的代换。黑格尔说："如果哲学一旦学会了说德语，那么那些平庸的思想就永远也难于在语言上貌似深奥了。"② 将这句话中德语换成华语，那么西方那些"平庸"的思想就永远也难于在语言上貌似强大、权威和深奥了。

一个民族只有用自己民族的语言来体知那优秀的东西，才能消化为自己的东西。当代的中华民族哲学家，只有让哲学说华语，哲学才能在中华大地腾飞。黑格尔之所以说哲学一旦学会了说德语，那些平庸思想就难于在语言上貌似深奥了，是因为哲学作为古希腊人的爱智觉醒，是他们用

"自己的语言"的智能创造，然后中世纪基督教哲学家又用拉丁语讲哲学。[①]
黑格尔认为，作为失去了生活源头活水的拉丁语，其对于表达新思想已成
为僵死的话语，只有运用自己民族规范化语言，才能表达哲学思辨精神。
他说："我们必须承认德国语言富有思辨精神，它超出了单纯理智的非此即
彼的抽象方式。"[②] 他认为德语有丰富的逻辑词汇，以及富有思辨精神，而
华语同样具有丰富的逻辑词汇和思辨精神，亦是其他民族语言所不可比
拟的。

　　"问渠那得清如许，为有源头活水来。"一个民族的语言能力和思辨精
神，源于其民族的生活活动的实践之中。一个民族的母语，是这个民族哲
学智能创造的源头活水，是一个民族哲学思维的前提条件，是民族哲学创
新转生的坚实土壤。伽达默尔说："一般说来，语言能力只有在自己的母语
中才能达到……这就说明，我们是用母语的眼光学会看世界，反过来则可
以说，我们语言能力的第一次扩展是在观看周围世界的时候才开始得到表
现的。"[③] 用母语的思辨精神进行逻辑理论思维、哲学思辨的表达，是最睿
智、最有效的选择。美籍华人傅伟勋曾说，他晚年必须回到母语上来思议
哲学，也只有母语是最好的哲学语言，是表达哲学思想的最佳语言，除此
之外，别无他途。他呼吁回到母语![④] 中国哲学"自己讲""讲自己"的前
提、土壤、基础、源头，就是华语（或称汉语）。而不应以西语说华话、说
华哲，若如此，正如黑格尔所说："它还将是野蛮的。"[⑤]

　　中国哲学创新和转生，是中国哲学"自己讲""讲自己"的必然诉求和
目标，是检验三条"游戏规则"是否真正实现的标尺，是审议中国哲学自
己定义自己实践的标准。中国哲学思潮发展的每一时期的历史经验表明，
实现中国哲学的创新和转生，必须"自己讲""讲自己"，必须遵循"游戏
规则"，必须对中国哲学性质有深切的体贴，否则就不能对中国哲学有真正

① 邓晓芒：《让哲学说汉语——从康德三大批判的翻译说起》，《社会科学战线》2004 年第 2 期。
② 黑格尔：《小逻辑》，贺麟译，北京：商务印书馆 1981 年版，第 262 页。
③ 伽达默尔：《真理与方法》卷下，洪汉鼎译，上海：上海译文出版社 1999 年版，第 633 页。
④ 1994 年 4 月 8 日，笔者与傅伟勋教授共同参加由冈田武彦教授主持的东亚传统文化国际会议期间，
他准备辞掉美国天普大学终身教授教职，回台湾佛光大学任教，我问他为什么，他说了上述的话。1995 年
9 月，笔者受台湾"中研院"中国文哲研究所筹备处邀请讲学，与傅教授同住国际学术会馆，他又谈及母
语问题。
⑤ 苗力田译编：《黑格尔通信百封》，上海：上海人民出版社 1981 年版。

意义上的创新和转生。

四、 实现中国哲学转生的和合学

中国哲学与时偕行，唯变所适，是中国哲学创新转生的必然性诉求，也是社会发展的迫切性要求。当前在现代新儒学的新理体学、新心体学、新气体学接着宋明理学讲、讲了近千年的情境下，已是"山重水复疑无路"，那么能不能、要不要开出"柳暗花明又一村"，便严峻地摆在中国哲学的面前。现代新儒家是在中华民族灾难深重、面临亡国亡族的危机下，挺立中华民族文化精神，接着宋明理学讲，有其合理性的特殊价值和意义。如果说现代新儒家的哲学思议的对象，主要着眼于自己民族、国家的话，那么，在当代世界经济全球化、科技一体化、网络快速化、地球村落化的境遇下，哲学家、思想家、政治家、经济家、文化家、谋略家、军事家等所思议的对象，已与现代新儒家所思议的对象大相径庭。他们必须具有全球的视野、人类的意识，来思议人类所共同面临的错综复杂的人与自然、人与社会、人与人、人的心灵、文明之间的冲突，来反思人类精神的孤独焦虑、痛苦忧愁、迷惘空虚，以及幸福愉悦、终极关切、精神家园等融突话题。因此，当今的思想家、哲学家等不仅要思议化解自己国家民族的冲突和危机，而且要思议化解人类所共同面临的冲突和危机。这是时代所赋予的使命和职责。

这个时代赋予的使命和职责的主旨，是实现中国哲学理论思维形态的创新和转生。为此，必须度越现代新儒家的接着宋明理学讲，必须解构清理中国哲学从近现代遗留下来的、现代新儒家所应对的中西、古今、象理三大思辨，以疏明人文精神世界的生存空间、文明时间与逻辑本原，必须解构度越西方"求一法"在形而上追究中的执着，培养非零和交往的自主性、生生性，这是时代赋予当代哲学的使命。因此，当代哲学理论思维形态的创新和转生，不仅仅是纯粹的某个国家、民族的哲学学派或个人，某种传统哲学思维创新和转生，其一切哲学的创新和转生都具有人类哲学创新转生的价值。这是新的人文语境对新哲学形态所提出的新诉求。

如何不负时代赋予的使命和职责？如何实践中国哲学理论思维形态的

创新和转生？如何像程颢那样在融突儒释道三教中，自家体贴出"天理"二字，而成为体现时代精神精华的核心话题，为崭新的理学哲学理论思维逻辑形态的创新和转生奠基？于是笔者从基础做起，从范畴入手，经长期的殚精竭虑，全面系统梳理、诠释了致广大的中国哲学所有的重要概念、范畴，又尽精微地思议、反思、体贴每个哲学概念、范畴在每个哲学家哲学理论思维体系中的地位和作用以及其在每个时代哲学思潮中的价值和影响，体知其中哪个哲学概念范畴成为体现时代精神精华的核心话题，成为那个时代哲学论辩的热点主题[1]，凡思而成潮，再经思而入微的体认反思、再体认再反思，筛选出中国传统哲学理论思维的几个概念范畴，从中体贴出最能反映时代精神精华的"和合"范畴，作为化解人类所共同面临的人与自然、社会、人际、心灵、文明之间的五大冲突，与由此冲突而造成的生态、社会、道德、精神信仰、价值的五大危机，并以和生、和处、和立、和达、和爱五大原理，作为化解五大冲突和危机之道，建构了和合学哲学理论思维的新形态。

和合学的和合话题，从一开始就深深扎根和滋润在民族精神和生命智慧的"源头活水"里，表征着中华文化之根、之魂的形上生命，塑造着中华以和为贵的伦理道德，体现了中华人文精神的价值理想，开显了中华安身立命的精神家园。和合学是以和合为核心话题，予和合以形上体贴和当代性人类精神反思形态的和合理论思维建构。"和合"是一个差分性、殊异性，而又融突性、融合性的范畴。

"和"是对于天地万物差分性、冲突性形相、无形相基本价值的承诺和体贴，并在此基本价值承诺、体贴的反复互动、融突基础上，以求各差分性、冲突性的形相、无形相获得协调性、和谐性、有序性规范，酝酿与支撑着各差分性，冲突性形相、无形相在协调性、和谐性、有序性过程中，

---

① 在此期间对中国哲学范畴、概念的体认、梳理，出版了《朱熹思想研究》（北京：中国社会科学出版社 1981 年版）、《宋明理学研究》（北京：中国人民大学出版社 1985 年版）、《中国哲学范畴发展史·天道篇》（北京：中国人民大学出版社 1988 年版）、《中国哲学逻辑结构论》（北京：中国社会科学出版社 1989 年版）、《传统学引论》（北京：中国人民大学出版社 1989 年版）、《新人学导论》（北京：职工教育出版社 1989 年版）以及《中国哲学范畴发展史·人道篇》（1992 年完稿，1995 年 8 月由中国人民大学出版社出版）。20 世纪 80 年代末，笔者提出了《和合学的建构》，载《中国近代新学的展开——新儒学哲学与新儒家的超越》，台北：东大图书公司 1991 年版，第 296～304 页。

开发生生潜能，大化流行。"合"是对于冲突性、差分性、异质性的形相、无形相，经反复互动、融突的协调、和谐的"和"，而落实到合的合作、结合、融合的新事物、新生命的和合体上。和合显现的是一幅形相、无形相本身及其内在互相关系的差分、冲突、融合、氤氲、生生、创新、和谐画卷的全过程美景。

和合学的和合在各层次、各方面期盼着所营造真善美和合氛围的此在感受，这种心灵精神的感受，不仅是中国人，而且是全球人的期盼，从而有了和合（和平、合作）、和谐世界的诉求，成为化解当前人类所共同面临的五大冲突和危机有效能的选择。和合既是中国传统精神的内核，也是当前中国能够引领世界精神的文明价值的体现，同时更是当代世界所欠缺的精神大要，所以它既是当前中国哲学理论思维的核心话题，也应该是当代世界哲学思维的话题之一。

体现当前时代精神的精华所建构的和合学的和合核心的话题，标志着中国哲学理论思维逻辑形态的创新和转生。自从宋明理学哲学理论思维逻辑形态创新转生之后，近现代的儒家和新儒家，虽致力于在向西方学习"真理"过程中，积极会通中西，以现代价值理念装饰儒学，但由于时代的局限、救亡的迫切，未能尽精微地探赜体认作为中国哲学理念思维创新转生标志的"游戏规则"，而未能把中国哲学理论思维的创新和转生落到实处。虽然亦提出了一些运思的设想，然终究未能建构出度越宋明理学哲学理论思维逻辑形态的新哲学形态来，实现哲学理论思维逻辑形态的转生。

西方思维与哲学的核心基础是"同"的逻辑，拒绝"和"的立场，追求同质性，反对异质性共存，所谓"文明的冲突"，就是这种思维的结果。为此，中国哲学之核心精神和合学之所以度越宋明理学哲学理论思维形态，并以此彰显中国精神之精华，从而在西方语境入侵之后重新获得属于中国哲学的话语权，就是在于对人类所共同面临的冲突和危机的深切体认，对时代精神的理智把握，对体现时代精神精华的核心话题的合理凝练，对化解当代冲突和危机的切实了解，以及对哲学理论思维形态创新转生"游戏规则"的历史性发现和遵循，而建构了标志中国的哲学理论思维逻辑形态的和合学，开出了中国的哲学理论思维形态的创新和转生的格局，实现了以和合核心话题度越先秦"道德之意"、两汉"天人相应"、魏晋"有无之辨"、隋唐"性情之原"、宋元明清"理气心性"的艰苦竭虑的历程，从而开显了中国和合哲学理论思维逻辑形态的创新和转生。这是对中国哲学何以能创新转生，以及创什么新、转什么生的回应。

五、《国语》诠释文本的选择

随着人文语境的转移和核心话题的转向，作为体现时代人文语境和核心话题依以诠释的经典文本，也随之转换。这是因为每个时期哲学思潮代表人物通过对一定经典文本的诠释，借以阐释自己哲学对宇宙、社会、人生的道的道的体贴，凭以建构自己哲学理论思维的逻辑"名字"体系。

和合学所依傍的诠释文本主要是《国语》，辅以《管子》《墨子》。《国语·郑语》记载：史伯与郑桓公答问王室"兴衰之故"和"死生之道"，及如何成就"天地之功"时，史伯说："虞幕能听协风，以成物乐生者也。夏禹能单平水土，以品处庶类者也。商契能和合五教，以保于百姓者也。周弃能播殖百谷蔬，以衣食民人者也。"① 虞思能"听知和风，因时顺气，以成育万物，使之乐生"。夏禹熟悉水性，因地疏导，"使万物高下，各得其所"。商契能和合五教，父义、母慈、兄友、弟恭、子孝，百姓和睦，皆得保养。周弃播种百谷，培育蔬菜，使人民丰衣足食。他们成就了天地之功，其主要原因就在于他们能在天地与人事之间创造和合生意。然而周幽王反其道而行，抹杀天地与人事间的生意，去和而取同，必将衰败，这是因为"夫和实生物，同则不继。以他平他谓之和，故能丰长而物归之。若以同裨同，尽乃弃矣。故先王以土与金木水火杂，以成百物"②。"和实生物"，乃是多元差分性质的元素在"以他平他"的和的情境下杂合而成万物，从而揭开了多元和合生生不息的帷幕，即将演出一场光彩夺目、生意斑斓的剧目；若反其道而行，"以同裨同"，犹以水加水，就不能成就新事物，所以说"同则不继"。

"和实生物"是古人对于天地万物从哪里来的追问的回应。中华古人仰

① 《郑语》，《国语集解》卷16，北京：中华书局2002年版，第466页。
② 《郑语》，《国语集解》卷16，北京：中华书局2002年版，第470页。

观天文，俯察地理，理智地求真，就会思议这样一个哲学问题。史伯之后屈原仍然追问："遂古之初，谁传道之？上下未形，何由考之？冥昭瞢闇，谁能极之？冯翼惟象，何以识之？"[①] 往古之初，没有天地，也没有人，谁来传道，怎么考究体认？昼夜未分，氤氲浮动，唯象无形，何以穷极而知道它？可见当时人们对天地万物本原问题的重视和关注，是人的智慧地反思。史伯"土与金木水火杂，以成百物"的回答，是当时哲学思议的最佳成果。

"和实生物""以他平他谓之和"的尊重他者的思议，在"和实生物"的金、木、水、火、土多元形相、无形相要素等化醇、氤氲、化生万物过程中，各形相、无形相是平等的，无高低、上下、轻重的差别，这才可称它为和。这种"以他平他"尊重他者的"和"，是互相理解、互相诚信、互相吸收、互相融合的和。"和为贵"是中华民族最珍贵的价值，和平、合作的和合精神是中华民族精神的品性和特征，是当代化解五大冲突和危机的最佳选择，是时代精神的体现。基于此，和合学以《国语》作为其依傍的诠释文本，这就度越先秦的"六经"、两汉的《春秋公羊传》、魏晋的"三玄"（《周易》《老子》《庄子》）、隋唐的佛经和宋明的"四书"（《论语》《孟子》《大学》《中庸》）等诠释文本的依傍，实现了诠释文本的转换。

和合学以人文语境的转移、和合核心话题的转向、《国语》诠释文本的转换，创新转生为新的理论思维逻辑形态、新的学术观点、新的方法论，从而建构了和合学理论思维体系。

六、 中国哲学思潮史的分期

中国哲学思而成潮，潮起潮落，潮潮相推，接续绵延，永无间断。思潮与思想差分：思想，各人有各人的思想；哲学思想，亦各人有各人的哲学思想。"思潮是一社会在某一段时期中所共有的思想，蔚为风气，个人被其影响而不自觉，所以凡称思潮的思想，便成为一个社会现象，能支配各

---

① 《天对》，《柳宗元集》卷 14，北京：中华书局 1979 年版，第 365 页。

个人的行为。思潮不是少数人的思想，而是社会共有的思想。"① 尽管各人有各人的思想，但是"天下同归而殊途，一致而百虑"②，在同声相应的情境下，殊途同归、百虑一致，思而成潮，蔚为风气。

中国哲学思潮，后浪推前浪，由先秦、两汉、魏晋、隋唐、宋元明清而推向现当代，先秦是中国哲学思潮的原创时期，华夏诸族融合，经夏、商、周三代"制礼作乐"，思想意识日益觉醒，哲学精神渐次突破，达到了"郁郁乎文哉"的文明境域，先秦哲学思潮便在礼乐文化的人文语境的土壤中萌生和创发出来。尽管诸子百家纵横争鸣，旨意不同，但都围绕着"道德之意"，论道讲德，其所以讲道论德，是为化解现实生存世界所面临"礼崩乐坏"的冲突与危机。当时各诸侯国为争夺土地和权利，互相攻伐，战争频繁，杀人盈野，民有饥色，路有饿莩，所以民心思安，人心祈和，建设和合生存世界，就成为当时民心所向的首要价值。在"五经"中，和是形而上的天的意志，是万物化生的本原，是以他平他的和合。和是民族精神的价值核心，从而开启春秋战国诸子的思想言说和哲学互动，而成哲学思潮，在世界轴心期哲学突破中具有辉煌地位和重要价值。

秦汉之际，中国社会实现了一次深刻的大变革、大转型。秦代以法治国、以吏为师，迅速而亡。汉初为医治战争的破坏，与民休养生息，奉行"黄老之术"，但都未形成哲学思潮的主流。两汉作为中国哲学思潮的奠基期，汉武帝为使刘汉政权长治久安，举贤良文学之士，"垂问天人之应"。当时的贤良博士都围绕着"究天人之际，通古今之变"的"天人相应"核心话题，开展论辩。"天人相应"是人们在思议人之所以生存、如何生存、怎样生存的价值根据时，祈求有一实体性神灵的支撑，于是天就成为人的曾祖父，成为人的终极的价值根据。人心便由建设和合生存世界而转向追求人在和合生存世界中的地位、天人关系中的意义。为此论争，而成哲学思潮，为中国哲学理论思维奠基做出了贡献。

魏晋南北朝为中国哲学思潮的发展期，其时国家长期分裂，政权更替频繁，政治集团间彼此倾轧，生命价值虚无缥缈。尽管一些人以荒诞的行

---

① 贺麟：《当代中国哲学》，南京：胜利出版公司，1947年版，第67~68页。
②《系辞下传》，《周易正义》卷8，《十三经注疏》，北京：中华书局1980年版，第87页。

为表现对现实社会的不满和反抗，而在内心深处仍然思议着活着为什么、人活着有无价值、人的命运能否自己掌握、人生价值能否实现，等等话题。人心祈求建设一个和合的意义世界，这就促使学术思想活跃、哲学创新激荡。名士清谈，辨名析理，度越名教而任自然，围绕着"玄冥之理"的"有无话题"，成为"玄远"的哲学时尚谈资。人们热烈地思议、不倦地论辩着无有、本末、自然与名教等话题，激起了人们追求真知的兴趣，探赜那玄而又玄的天地万物的终极本原。这一"清谈"而谈出了玄学哲学思潮，转生了两汉以"天人相应"为核心话题的哲学思潮。

隋唐是中国哲学思潮的深化期，其时民族大融合、文化大交流，儒释道三教兼容并蓄、冲突融摄。儒学已失独尊气势，道教吸取佛教之长，佛教的般若智慧和涅槃妙道独占鳌头，朝野上下习佛、皈佛，趋之若鹜，时代精神的凝聚和哲学思潮，体现为佛教的中国化创新，穷究推本"性情之原"。佛主"一切众生悉有佛性"，与中国传统心性论相融合，儒讲性情三品说或性善情恶论，道倡性情自然说。三教围绕"性情之原"话题，既显示各教旨趣的差分，又昭示三教话题的相似。佛教认为，佛性是能否成佛的根据，无论是有情有性，还是无情有性，有情无情皆可成佛；儒教认为天命之谓性，性是善的，情有善有恶，改恶从善，便可超凡成圣；道教修炼自然性情，而羽化登仙。三教各完成其终极人格理想和终极关切，追求一个和合可能世界的精神家园，以获得精神的慰藉。中国哲学思辨不断深化，于是转魏晋"有无之辨"哲学思潮为"性情之原"的哲学思潮。

宋明是中国哲学思潮的"造极"期，或曰高峰期。唐末五代十国，腥风血雨，百花凋敝，纲常失序，道德沦丧，理想失落，价值颠覆，精神迷惘。为化解所面临的严重的社会政治、经济、文化、道德、精神等冲突和危机，宋代思想家、哲学家毅然担负起"为天地立心，为生民立命，为往圣继绝学，为万世开太平"的历史使命，焕然大明中华文化道统，为道德重建、理想重塑、价值重构、安身立命、精神安顿的建设，倾注其生命智慧和智能创造。宋明理学家兼容并蓄儒释道三教，在尽究佛道之旨后，返诸儒教"六经"，自家体贴出"天理"二字，建构了以"理气心性"为核心话题的理学哲学理论思维逻辑体系。各家围绕"天理"（简称为理）话题，或以"道即理"，或以"心即理"，或以"气即理"，或以"性即理"，而成"道体学"（或曰理体学）派、心体学派、气体学派、性体学派。虽各派思想倾向有异，但其核心话题相同，其思想价值宗旨，都是为安顿终极关切的精神家园，建设一个和合可能世界。其哲学理论的思辨，达到了中国哲学思潮发展的高峰，并影响朝鲜半岛、日本、越南等国，一度成为其国的主流意识形态。宋明理学实现了度越隋唐"性情之原"的哲学思潮，而转生为"理气心性"之学的哲学思潮，并趋于高潮。

高潮总要退潮，潮涨潮落，这是自然规则，哲学思潮的演化亦有这种现象。元与清以其草原文明扫荡宋明的农业文明和工商文明，使城镇生灵涂炭，农田变牧场，人民变"驱口"，开放变封闭。他们重新拾起程朱理体学，作为科举考试的教本，或以"文字狱"的文化思想的恐怖主义，使舆论一律，哲学创新转生的生命智慧枯萎了、扼杀了，宋明哲学思潮偃旗息鼓。清季民国，中国哲学虽薪火未灭地延续着，但外有列强帝国的侵略，内有社会危机的深重，民族精神备受蹂躏，精神世界无法弥补。虽有戊戌变法，但无力回天。于是有人打点行装，向西方寻找救国救民的真理。他们会通中西，标榜"新学"，而实接着宋明理学讲，而成新理体学、新心体学、新气体学等，以至新佛学、新墨学等。由于时代的局限，他们不能体认、把握中国哲学创新转生的标志，其哲学思潮的核心话题，其所依傍的诠释文本，依然沿袭宋明理学，而没有实现创新和转生。

西学东渐、西方话语的引入，改造了中国传统思维与哲学思维，其实践经历了一个多世纪，现在世界迎来了全球化时代，与全球化时代同时出现了人类的各种冲突、危机以及无法化解的各种矛盾，和合学依据当代国内、国际人文语境的大变革、大转型、大发展、大转向，以及时代精神终日乾乾，与时偕行，诉求着体现时代精神精华的核心话题的转生与其所依傍诠释文本的转换，以便与时代精神精华相匹配，实现了度越现代新儒学，转宋元明清理学哲学思潮为和合学。和合学以其生命智慧和智能创新，转变宋元明清的"理气心性"核心话题为"和合"核心话题，转换"四书"诠释文本为《国语》诠释文本，这个转与换，彰显了和合学的生命力，及其"百尺竿头须进步"的不断擢升思而成潮的动力。"在途中"的和合学期盼在大化流行、生生不息中成长壮大，为中华民族哲学屹立于世界哲学之林，为谋人类健康福祉而努力。

中国哲学思潮发展的历程，是一个系统的、有序的、逻辑的演化过程，哲学思潮的核心话题一个紧扣一个，哲学话题的思议一步深入一步。先秦思议"道德之意"话题，其目的是追求一个没有杀人、没有战争的和平、安定、统一的生存世界。两汉思议"天人相应"话题，其宗旨是追究人之所以生存的根源、根据，回应人为什么生存的天人感应及其相互制约的问题。魏晋思议"有无之辨"话题，其要旨是回应人为什么活着、人活着有没有意义、以什么样式实现人生价值、能否实现人生价值的问题。隋唐思议"性情之原"话题，其目标是追究人生从何来、死到何处的灵魂的安顿、终极的关切问题。宋元明清思议"理气心性"话题，其宗旨是建构人格理想的超凡入圣、社会理想的为万世开太平的安身立命、精神家园问题。当代思议人类共同面临的人与自然、社会、人际、心灵、文明之间的五大冲突，而带来的生态、社会、道德、精神、价值五大危机的情境下，如何化解此五大冲突和危机，建构一个和生、和处、和立、和达、和爱的和平、合作、幸福、富裕、快乐的和合生存世界、和合意义世界及和合可能世界的问题。

时代的自然、社会、人生的问题、冲突、危机，永远是哲学所思议的核心话题，哲学人的职责就在于"继往圣"，而又度越"往圣"，而妙拟出化解问题、冲突、危机之道。梳理、总结、体认"往圣"所创造的哲学思潮，以激出哲学新思想的火花，焕发哲学理论思维创新的激情。

（原载于《北京大学学报（哲学社会科学版）》2014 年第 2 期）

和合学

——全球化时代的中国哲学

当代中国哲学，以现代新儒家为代表，大体都是"接着讲"，是在宋明理学的基础上的继承和发展。从程朱理学到冯友兰等的新理学，从陆王心学到熊十力、贺麟、牟宗三等的新心学，都是承继前人，在前人理论的基础上与时代背景相结合，更深入地思考和发展自己的学说。当下，我们正面临着经济全球化、网络普及化的快速发展，中国当前所面临的问题已然不再仅仅是中国的问题，而同世界紧密相连、不可分割。中国问题也就是世界的问题，亦即全人类的问题。面对这样一个全球化时代大环境，中国哲学应该是怎样的？中国哲学如何现代化、世界化？这是值得我们深思的。

一、 哲学是什么

文化的核心是哲学，那哲学又是什么呢？所谓哲学，是时代精神的精华。那么什么才是时代精神的精华？如何界定及体现时代精神的精华？这是作为当代学者，无论是从事文化、哲学抑或是心理学的研究者都应当思考的问题。所谓时代精神，是人们对于社会的冲突和矛盾的化解，并在这一过程中所体现的一种价值追求、一种对于终极关怀的价值导向。

以汉代为例，汉初面对长期战乱，采取休养生息、发展经济的政策，因而以黄老的"无为"作为其指导思想，其结果导致诸侯势力膨胀，进而同中央形成对抗。汉武帝掌权后，首先面对的是如何统一思想、巩固国家政权的问题。有鉴于此，董仲舒以"《春秋》大一统"的思想来解决当时的矛盾，进而提出"天人感应"思想，以"天"来制约至高无上的皇权，从而使皇权得到部分限制，这在当时具有深刻意义。从中可以看出，董仲舒以《春秋公羊传》的思想来回应汉武帝时期的大一统及天命垂久的问题，能够合理地应对当时的时代矛盾，体现了当时的时代精神及核心问题。

无论是邓小平提出的"和平与发展"还是现在的"和平、发展、合作"，这不仅是中国的时代主题，同时也是整个世界的时代主题，进而体现着时代的精神，简单概括起来就是"和合"，和平与发展之"和"，合作之"合"，因而"和合"文化不仅体现着时代精神，同时也是大家共同的愿望，是化解各种冲突的方法及措施。从和合学的角度讲，亦是建构人类自己安身立命之所在。

二、 哲学如何创新

随着时代的发展，中国提出要建立创新型国家，与之相伴，哲学也应当要创新。就中国哲学而言，创新是要讲求其内在规定性的，也就是说创新也是有自己的"游戏规则"的，不能脱离实际的规律，否则就不是真正的创新。中国哲学的创新，在先秦、两汉、魏晋、隋唐、宋明的发展阶段，各具不同的时代特点，同时不断地完成着哲学的"转生"。这一过程实际内含着这样几个标准：第一，体现时代精神的核心话题是变化的；第二，哲学的核心话题所依傍的经典文本是变化的；第三，人文语境是变化的。

结合中国哲学发展史来看：

1. 先秦时期——道德之义。体现当时的时代精神的核心话题是道与德的问题。正如老子说："道可道，非常道。名可名，非常名。"孔子也说："朝闻道，夕死可矣。"周公也不断告诫"皇天无亲，惟德是辅"（《尚书·蔡仲之命》）。《周易》将道概括为"天、地、人"三道，"立天之道曰阴与阳，立地之道曰柔与刚，立人之道曰仁与义"（《周易·说卦传》）。当时，如果说儒家所讲为人道，道家所讲即为天道，而兵家所讲即为地道。就这个意义上讲，所谓核心话题，就是众家都围绕其展开、讨论的中心话题。

2. 两汉时期——天人之际。由于其社会背景已由周王朝的诸侯争霸转为中央集权的君主专制的大一统的国家，因而其面临的主要问题也转为如何统一思想、巩固维护其政权的问题，就此董仲舒提出"王道通三"（《春秋繁露·王道通三》），即王道贯通天、地、人三道。因而，两汉时期的核心话题转为天人的问题，包括天人感应的问题。当时的哲学家，无论董仲舒、王充都讲王道，进而天人问题取替了道德问题，体现着时代的精神，当然这并不意味着当时不讲道德，而是其在关注道德的基础上更突显了天人问题的核心性。

3. 魏晋时期——有无之辨。曹魏集团掌权以后，社会动荡，人命只在旦夕之间，因而人们关注的问题即从天命与皇权关系问题转化到人生价值如何实现上来，相应的讨论的中心问题也转向有无问题，究竟是有还是无，人生价值到底是存在的还是不存在的，围绕有无而展开本末、名教和自然的问题。

4. 隋唐时期——性情之原。伴随佛教传入且佛教文化逐步占据强势地位，此时，寺院经济占到国家经济的 70% ~ 80%，人们的关注点也逐步转向对终极关怀的追求，人们渴望得到幸福，因而被佛教的般若智慧及涅槃奥妙所吸引。在这一时期出现了许多一流的宗教家、大和尚，所以这一时期所讨论的主要问题是佛性问题，即能不能成佛、怎样成佛、成佛的依据在哪里。禅宗讲"明心见性"，这里的"性"，也就是佛性，即成佛的根据。人可以成佛，那么墙壁、石头等无情的事物能否成佛？答案是肯定的，一切事物包括有情之物与无情之物皆可以成佛，这里不仅涉及"性"，还涉及一个"情"的问题。由此可见，当时主要讨论的核心话题也就是"性情"问题。

5. 宋明时期——理气心性。唐末藩镇割据与五代社会动乱，致伦理道德沦丧、价值理想丧失，同时，隋唐佛教作为强势文化，虽然中国化了，并与中国的心性论相结合出现了禅宗这种完全中国化的宗教，但其毕竟是外来宗教，其道统毕竟在印度，如果过度信奉，中国传统文化便面临着缺失。因而，韩愈在《原道》中提出中国的道统在"尧舜禹汤文武周公孔孟"之后便断裂了，并且主张接续中国的道统。为了重建道德价值理想，承继中华文化之"道统"，正如众人皆知的张载的"四句教"中所言"为天地立心，为生民立命，为往圣继绝学，为万世开太平"（《张子全书·性理拾遗》），宋明理学家大都继承了韩愈的道统说，其中很重要的一点在于：如何将中华五千年的传统文化延续下来，并且在不消除佛教的基础上如何传承中国自己的文化？宋明理学家志在树立传统文化的权威，因而理、气、心、性便成为当时宋明理学的核心话题，体现着时代精神。

而现时代，我们又需要什么样的哲学？纵观中国哲学发展史，有一个重要的问题需要摆正，即体现时代精神的核心话题是变化的，因而哲学也要随之创新，往往经历三五百年，哲学思想就要经历一次"转生"。而从宋明理学发展到现代新儒家，"和合"正是体现了当前的时代精神的核心话题。从中国哲学的发展来看，这是同以往发展的各个阶段都不同的。这里我们可以看到哲学是什么，哲学实际上就是人的观念、意识发展的历史。

另一个重要问题是，一个理论提出来都要回到轴心时代的文化、哲学的源头，寻找经典的依据，中西方的文化、哲学发展亦都如此。就中国哲学发展阶段来看，先秦时以"五经"为依傍，"五经"中又以《周易》最为重要，孔子虽然"述而不作"，但还是整理了"五经"；汉董仲舒以《春秋公羊传》的理论为依据，用公羊学来解决大一统的问题，以"春秋三世说"阐明了汉武帝改制的合理性；魏晋时以"三玄"，即《周易》《老子》《庄子》为依傍的文本，据《世语新说》记载，当时许多清谈名士都以此为依据进行辩论；隋唐时则以佛经如《华严经》《金刚经》等为各自依傍的文本；宋明理学时期所依傍的是"四书"，现代新儒家在继承宋明理学基础上所依傍的文本也有些许争论，以牟宗三等为代表，认为陆王心学为正统的学说是以《论语》《孟子》《中庸》为主要依傍文本，而以陈荣捷为代表，认为朱熹为正统思想的一派则以《论语》《孟子》《大学》为依傍文本；和合学所依傍的文本是《国语》，又称为《春秋外传》。由此可见，中国哲学在不同发展阶段都要依傍一定的诠释文本来发展自己的哲学思想。

再者，随着时代的变化，人文语境也随之发生了很大的变化，这实际上也体现着人们的生活、思想、价值观念也在同样发生着变化。因而，要进行中国哲学的创新，首先要掌握这些规律性的东西，要懂这其中的"游戏规则"，否则，创新便不大可能。所以要成为哲学家，首先要成为哲学史家，掌握中、西哲学的发展历史，通史才可能创新，如黑格尔有《哲学史讲演录》，罗素有《西方哲学史》。但这并不意味着年轻人就不可能创新，以魏晋时期的王弼为例，他去世时不过 24 岁，却被后世视为哲学大家。可是需要注意的是，他在世之时就已经对《周易》《老子》《论语》等做过注解，在注的过程中对主要史料已经烂熟于心，所以才能进行自我理论的创新。因而，和合学的发展还有待年轻一辈来继承和发扬。

三、 和合学是什么

"和合"一词最早出自《国语·郑语》："商契能和合五教，以保于百姓者也。"《管子·兵法》《墨子·尚同》也讲和合。所以说要有依傍的文本，要有根据。当初有这个思想的时候，我去跟张岱年先生商议，他问有什么根据，我就指出《国语·郑语》上这个说法。佛教有一个非常重要的理论"缘起论"，认为万事万物都是"因缘和合"而成，所以佛教经典中讲和合的很多。现在寒山寺讲寒山、拾得为"和合二仙"，这是依据民间传说。从这个意义上说，和合学有文本，有根据。

"商契能和合五教"，所谓五教，即"父义、母慈、兄友、弟恭、子孝"①。我们现在讲和合学，有人会说："和合思想古代就有，还需要你讲什么？"虽然和合思想早就有，却没有成为系统的理论，所以重要的在于一个"学"字，就是要建构一个理论思维体系出来。唐代是一个文化非常昌盛的朝代，儒释道三家各显其长，又冲突又融合。到了武则天的时候，佛教成了强势文化，这里面有个原因：本来唐代建国的时候道教居首，唐代的建立者为了提高自己的门第，于是追述老子为先祖。到了武则天当皇帝的时候，她也要找一个理论支撑，中国儒、道学说中找不到女人当皇帝的根据，但是在佛教《大云经》中找到了这个根据，所以她把佛教提到了第一位。佛儒道三家也就在这不断的冲突中逐渐融合，这就是文化整合的一种方法——兼融并蓄。

但是怎么整合？首先遇到的是价值观、价值判断、价值选择的问题。如果这个问题不解决，就谈不上继承什么的问题。比如中华人民共和国成立后曾经有一段时期要打倒"孔家店"，现在却提倡继承儒家文化，这就说

---

① 《郑语》，《国语集解》卷 16，北京：中华书局 2002 年版，第 466 页。

明价值观变了。所以怎么样创新，创什么新，都是一个价值判断的问题。20世纪80年代讨论"传统文化现代化"，中体西用也好，西体中用也好，中西互为体用也好，综合创新、创造性转化也好，所有的问题都是一个文化整合的方法问题。唐代是儒释道三家融合，我们现在是中西马的融合，中国文化、西方文化、马克思主义文化如何才能在融合的基础上创造出一种新的文化出来，这是一个很大的问题。宋明理学家程颢说，"吾学虽有所受，'天理'二字却是自家体贴出来"（《二程集·河南程氏外书》）。也就是说，他把儒释道三家落实到"天理"上，创造出理学。"天理"二字早就有了，《礼记·乐记》中就有"天理人欲"之说，但程颢却说这两个字是自家体贴出来的，原因是他构建了一个体系。所以，给"和合"加上一个"学"字，就大不一样了。

和合学讲人与自然、人与社会、人与人、人的心灵、不同文明之间的冲突和融合。只有在冲突、融合的动态过程中，才能生成新事物、新生命。把当前人类所遇到的五大冲突纳入和合学的范围当中，这就体现了"和实生物"（《国语·郑语》）的思想。《周易·系辞传》说："天地细缊，万物化醇；男女构精，万物化生。"天地、男女就是阴阳两极，就是矛盾、冲突的两个方面，氤氲、构精，男女结婚、融合以后，新生命便孕育而出。也就是说，有冲突，有融合，然后有新生命。这个新生命就是一个和合体。然后从自身推至天地万物的化生，所谓"近取诸身，远取诸物"（《周易·系辞传》）。王充也讲"天地合气，万物自生，犹夫妇合气，子自生矣"（《论衡·自然》）。所以，构建和谐，我们要科学地去分析矛盾，和合是包含矛盾的，但是如果说只讲对立，就不能产生新事物。

四、 为什么要讲和合学

现代社会，人们在享受便利的生活条件之余，却并没有体验到比往昔更多的幸福感。这是因为，随着地球村落化的进一步发展，人们也面临着越来越多的冲突与危机，包括人与自然、人与社会、人与人、人的心灵及不同文明之间的矛盾和冲突，并由此而产生相应的五大危机。

1. 人与自然的冲突——生态危机。环境问题现在已经很严重了，世界变暖，冰川融化，中国自然灾害频发。过去讲人定胜天，只是一个理想化的说法。实际上人胜不了天，即使科技再发达，也有一些灾害无法避免，诸如美国的飓风、俄罗斯的大火。资源是有限的，而人的欲望是无限的，二者之间存在冲突，所以就需要一种理论来化解。

2. 人与社会的冲突——社会危机。随着社会的发展，怎样协调好个人利益和公共利益，这是我们每个人应该思考的问题，实际上也就是古已有之的公私之辨问题。我们现在提倡公私分明，不只是一味地讲求个人大公无私，而是社会应该确实做到保障个人发展、关注民生的问题，这样，个体才会反过来真正为社会做贡献。

3. 人与人的冲突——道德危机。我们看到的大千世界，灯红酒绿，有的人完全把目光盯在物质利益的追逐上，成为金钱的奴隶，这样当自己的利益与他人的利益发生冲突时，他就只想到自己，这个是很可悲的。儒家讲推己及人——"己所不欲，勿施于人"，在今天来说尤为重要，只有转换视角，从他人角度出发进行思考，我们才能在冲突之后走向和合，才能真正摆脱那副自己戴上去的枷锁。

4. 人的心灵冲突——精神危机。过去我们不大重视，现在发现从小学生、中学生、大学生到研究生都有或多或少的心理问题，甚至心理障碍。比如，每年都会有学生跳楼自杀的情况发生。究其原因，就是他们对生活的意义、生命的价值没有一个明确的认识，他们在错综复杂的现实生活面前关上了自己心灵的窗户，找不到一种让心灵得以宁静和安顿的方法。

5. 不同文明冲突——价值危机。尽管像过去一样的世界大战没有了，但是冲突却从未间断，目前许多的恐怖活动就是源于不同文明、不同宗教信仰之间的冲突。世界文明发展至今，衍生出了众多文明，影响较大者，诸如基督教文明、伊斯兰教文明、儒教文明和佛教文明等。西方有些学者过分强调了文明之间的冲突，而忽视了文明间的相互融合。由此，更突显了和合学的重要价值。

五大冲突所产生的五大危机，与每个人的切身利益息息相关。我们必须认识到这不仅是中国的问题，也是人类共同的问题。人类存在共同利益，拥有共同话题，也就说明人类能够达成某种限度的共识。而和合学，正是我们从中国传统文化出发回应目前冲突和危机的应对之策。

1. 和生原理。和生，就是对自然生命的尊重。人与自然、人与人、民族与民族、国家与国家、种族与种族之间，都是和合共生的。和合是共生的基础，没有和合就共生不了。物种之间的生存竞争并不一定是你死我活的。"生存竞争、优胜劣汰"的理论到了第二次世界大战时，成了希特勒屠杀犹太人的理论工具。他把人分成优等的、劣等的，认为不好的就理应被好的消灭掉，这是天经地义的。所以达尔文的生存竞争学说其实有它的片面性。

2. 和处原理。人与万物如何相处，人有生命，自然界也有生命，即使石头也有生命感，所以儒家讲和而不同，虽有不同但可以和平相处，不是走向你死我活。曾经有一句话："不是东风压倒西风，就是西风压倒东风。"现在有人以此形容西方文化和东方文化的碰撞，一味强调斗争，其实是不准确的。原来讲西方文化中心主义，现在有人讲东方文化中心主义，我们反对前者，也不提倡后者。应该坚持"君子和而不同"。

3. 和立原理。孔子讲"己欲立而立人"，自己站起来，成功地立住，也要希望别人能够站得起、立得住。现在竞争很激烈，例如就业问题，为了获取同一职位，是否就有必要打压排挤对手呢？1984年的时候，我被特批为全国哲学学科教授，人家知道了就真诚地祝福我。后来我们评审教授，我就告诉大家千万不要说别人坏话，按照条件一个个评。要适可地竞争，不要总想着让别人不得翻身，这样做其实既害人又害己。企业竞争也是这样，竞争是必需的，但不要总想把别人打倒，竞争对手可以成为你技术创新、制度创新的推动力，互相促进，实现双赢。所以说应把竞争看作是推动创新的动力。

4. 和达原理。达，通达的意思。"己欲达而达人"，自己发展了、发达了，你也要让别人发展、发达。现在我们国家在自己发展的同时也去帮助支援其他国家，这就是和达的意思。反之，如果一个国家贫富差距悬殊，社会就不会安定，更谈不上和谐。世界上南北距离的拉大，也是造成世界动乱的原因。所以不能自己发达了，反而去制裁别人，要互利、互达，大家共同发达。

5. 和爱原理。爱是一切的基础，和爱是和合的基础。各个宗教都很讲爱，佛教讲慈悲，基督教讲博爱，儒教讲仁爱、"泛爱众，而亲仁"。所以，尽管说各个宗教的教主、教团、教规、教义、教仪不尽相同，但是爱人的精神是一样的，所谓大爱无疆。可以说爱就是一种普世的东西。比如说邵逸夫，他是个商人，但有爱心。他把自己的钱捐给各所大学，在好多学校建起了逸夫图书馆。每天进出图书馆的学生都会记住他的名字，他也因此可以流芳百世。过了几十年，你这个人可能没有了，但是逸夫图书馆还在，所以说一个企业家成功了要不忘回报社会。相信随着文化的普及，企业家素质的提高，慈善事业也会发展得越来越好。

（原载于《苏州科技学院学报（社会科学版）》2011 年第 1 期）

和合学的思维特性与智能价值

罗素说:"哲学家们常常是从我们'如何知道'开始,然后进而至于我们'知道什么'。我认为这是一种错误。"① 这是因为知道我们如何知道是知道我们知道什么的一小部分。本文就从知道什么是和合学始。

一、 何谓和合与和合学

和合是指自然、社会、人际、心灵、文明中诸多形相、无形相的相互冲突、融合,与在冲突、融合的动态变易过程中诸多形相、无形相和合为新结构方式、新事物、新生命的总和。和合如何或怎样是一个真? 和合之真,即融突关系之真。差分和生是和合的自性生生义,存相式能是和合的本性形式义,冲突融合是和合的变化超越义,自然选择是和合的过程真切义,烦恼和乐是和合的艺术美感义,统此五义,便是和合之真。

所谓和合学,是指研究在自然、社会、人际、人自身心灵及不同文明中存有的和合存有,并以和合义理为依归,以及既涵摄又度越冲突、融合的学说。和合的主旨是生生,这是中华文化人文精神的精髓。和合生生的追求,便揭示了和合学然与所以然、变化与形式、流行与超越、对称与整合、中和与审美的意蕴。和合学作为时代精神的精华的体现,是为化解人类当代所共同面临的种种冲突与危机而构建的理论思维体系。

---

① 罗素:《我的哲学的发展》,北京:商务印书馆 1982 年版,第 11 页。

二、 和合学的思维特性

任何理论思维系统都具有其规范的思维话语体系，每一个时代的哲学理论思维都围绕着一个需要理解的核心话题展开，这个需要理解的核心话题往往面对这个时代的人类所共同面临的冲突和危机，这就把人类命运不可分地联系在一起。"两地俱秋夕，相望共星河。"人们虽处不同地方，但同是在天地之间，仰观的是同一个银河。人类需要共同应对和化解共同面临的冲突和危机，从古今中外文化宝库和现实语境中铸炼出体现时代精神的核心话题的理念，这个核心话题的理念，支配着对时代所面临的冲突和危机问题的理解、回应和化解。在人类社会像川无停留的演变中，各个历史时期所要致力理解的核心话题的理念，构成这个时代的哲学思潮。就西方而言，从古希腊到现代，致力于存在、上帝、自然、自我、生命。就中国而言，先秦致力于道德之意，两汉致力于天人相应，魏晋致力于有无之辨，隋唐致力于性情之原，宋元明清致力于理气心性，当代致力于和合。这是因为哲学的构成是依哲学概念、范畴体现的，理论也不例外。哲学及理论都是规范和指导人们思想和行为的各种概念、范畴体系。哲学不是桌子、扇子本身，而是桌子、扇子所以然的概念、范畴，依公孙龙的"白马非马"论，也可以说白色的桌子不是桌子，因为桌子所以然的概念、范畴与白色的桌子不是一码事。

任何哲学之谓哲学，必具理论思维体系，没有独具特色、性质、风格、神韵的理论思维体系，不是照猫画虎式地"照着讲"，就是秉承衣钵式地"接着讲"，不是讲前人所未讲，阐前人所未发。

和合学理论思维体系是纵横得新意式地自己讲、讲自己。其理论思维具体体现在思维逻辑自身所具有往圣的承择性、时代的融突性、思维的包容性、逻辑的结构性、和合的天下性中。

1. 往圣的承择性。是指"继往圣之绝学"的和合理论思维是五千年中华文明史的结晶，是中华认识史的凝聚，是中华人对大道多视域选择的精粹，是中华人对实践经验教训的总结，亦是人类价值理性的积淀。其结晶、凝聚、精粹、总结、积淀，体现为哲学理论思维概念、范畴的逻辑结构，而构成理论思维体系。和合学理论思维是以自身为前提和结果的运动，是中华和人类不断继续理论思维的"驿站"，是中华民族往圣为和合理论思维精微创造的大道。周幽王八年，郑桓公为王室司徒，与太史史伯谈论"兴衰之故"和"死生之道"。史伯说："商契能和合五教，以保于百姓者也。"（《国语·郑语》）商契能够了解民情，因伦施教，父义、母慈、兄友、弟恭、子孝，使百姓和睦，皆得保养。史伯断定周幽王必将衰败，其原因是"去和取同"。他说："夫和实生物，同则不继。"如何"和实生物"？"故先王以土与金木水火杂，以成百物"（《国语·郑语》）。五行是天地间五种性质差异、冲突的质能元素，善于和合五种元素，就能生机勃勃地产生万物、王道荡荡地社会和谐。若只追求专一，毁弃多样，"声一无听，物一无文，味一无果"（《国语·郑语》），势必危亡，违背和合生意。管子说："畜之以道则民和，养之以德则民合。和合故能谐，谐故能辑，谐辑以悉，莫之能伤。"（《管子·兵法》）畜养道德，人民和合，和合所以和谐，和谐所以团聚，和谐团聚，就不会伤害。墨子以"兼相爱、交相利"为一切关系的根本原则，反对他与他者之间的怨仇，他说："内者父子兄弟作怨恶，离散不能相和合。天下之百姓，皆以水火毒药相亏害。"（《墨子·尚同上》）和合使家庭、社会凝聚团结在一起，形成不离散的社会整体有序结构，反对互相伤害，使家庭、国家分离，人民遭殃。

"和实生物，同则不继"的和合生意，是以天地、人事间相互冲突、差分、矛盾的事物通过工具理性和价值理性的工夫，融突而和合，和谐而团聚；是以矛盾、冲突、对立为理论前提，由畜养大道和德性的实践，而提升、化解矛盾、冲突、对立的智能。"若以同裨同，尽乃弃矣"（《国语·郑语》）。犹如以水济水，不产生质的变化，就不能诞生新事物；弃异专同，无异议和不同意见，同声附和。其结果是加剧矛盾、冲突和对立，以致世无宁日。所以和合是当时首要价值，也是当今时代价值。

2. 时代的融突性。时代是理论思维的源头活水，任何理论思维都是在时代所面临的冲突、矛盾和对立中点燃，其中蕴含着重大的理论课题，融突时代各种错综复杂的冲突、矛盾和对立，回答时代重大的需要理解的理论问题，提出化解冲突、矛盾和对立的理论观点和体系，是理论思维的大本大法。

"叹世间，多少恨，几时平。"当今世间，矛盾冲突不可胜计，人们积累了多少怨恨，何时能平？概而言之，人类共同面临着人与自然、社会、人际、心灵、文明间的五大冲突，由而产生自然生态危机、社会人文危机、人际道德危机、心灵精神危机、文明价值危机。如何化解此五大冲突和危机，与全球人人的生命财产、人身安全、安居乐业密切相关。全球共同面临的问题，必须全球来解决，一个国家、民族不可能化解，共同致力化解，共同互相商议，在互鉴互信基础上，制定化解方案、措施，并切实致力实行，以求开全球的太平，这是各国、各民族必须担负的历史使命和时代职责。然化解人类面临的五大冲突和危机，需要有理论思维的引领。和合学以融突而和合的理念，吸纳古今中外的优秀思想文化，智能创新地揭出化解的五大理则：

和生理则。天地万物从哪里来的？和实生物，天地万物都是和生的生命体。天为父，地为母，人人都是同胞兄弟，自然万物都是人类亲密的伙伴。各自我主体，如自然、社会、国家、民族、宗教，都在融突中和生，和生才能共荣共富。

和处理则。尊重生命，天地万物都有生存的权利，就要和平共处。尽管各个民族、国家、集团、社会、宗教殊相，但可以"和而不同"地"万物并育而不相害"。不能像小人那样"同而不和"，结党营私，党同伐异，阴谋他者，为自我利益、霸权，不惜挑起动乱、战争，制造严重人道主义灾难。唯有和平共处，才有发展、合作、共赢。

和立理则。任何事物都有自己独立的、特殊的存在形式、方式和模式，自然有自然生存、生长的方式，社会有自己独特的社会制度和发展道路，各个文明有其自己的价值观念、思维方式、语言文字、宗教信仰、生活习惯等。因此，必须遵循孔子所说"夫仁者，己欲立而立人"的精神，绝不能搞唯我独优，唯我独尊，强加于人。要"己所不欲，勿施于人"，自己立起来了、独立自主了，也要尊重他者，帮助他者站立起来，使他者自主选择独立方式。

和达理则。孔子说："己欲达而达人。"自己通达、发达，要使他者通达、发达，唯有全球通达、发达，共达共富，才能万国咸宁。若贫富差距拉大，是世界不安定的根源之一。

和爱理则。和生、和处、和立、和达理则的根基和动力是和爱，是人类的生命智慧、智能创造的火焰和力量，是各个生命体大化流行、生生不息的活水和依据，亦是他与他者之所以互相尊重、互信互谅的因缘和基础。大爱无疆，润泽人人，这是人类终极关切的家园。

此五大理则是化解人类共同面临的五大冲突和危机的最具智能的选择。

3. 思维的包容性。理论思维错综复杂，百家争鸣，又融突和合，多元共存。"天下同归而殊途，一致而百虑"。理论思维唯有殊途百虑，百花齐放，才能姹紫嫣红；同归一致，融突和合，才能有容乃大。理论思维的他与他者，应该遵循"道并行而不相悖"的精神，在不相悖的包容中不断丰富发展。但包容有一个理论前提，即谁包容谁的问题，相似于"我注六经"，抑或"六经注我"的意蕴。若你包容我，我成为你构造理论思维的资料，凸显你的主体性；若我包容你，是立足于我，"六经注我"，为创造我的理论思维体系服务，这就应该像张载那样，为建构理学的气学理论思维体系，他出入佛道，"尽究其说"，为其所用。包容必须允许各种理论思维的存在，营造一个开放、宽松的氛围，自由争鸣的环境，才能有融突和合、智能创新的理论思维体系、观点、方法。当其形成以后，就具有一定的稳定性。然全球社会的发展，经验事实的瞬息万变，没有一种理论思维体系能够回应日新变化中的全部现实课题，即使"理在事中"亦很难做到；没有一种理论思维体系是绝对圆满的，不存在逻辑欠缺、矛盾。因此，任何一种理论思维体系都是"在途中"，封闭使自己走向衰败，开放包容，吐故纳新，"日新之谓盛德"。这是和合学生生不息的生命力之所在。

4. 逻辑的结构性。任何一个民族的理论思维体系，一个时代的哲学思潮或一个哲学家的哲学体系，都是通过一系列哲学概念、范畴来表达的，是由诸多互相联系、作用的哲学概念、范畴间的逻辑的有序性、内涵的确定性、性质的清晰性、结构的整体性构成的。理在事中，论在"名"中。金岳霖说："哲学是概念的游戏。"冯友兰认为，"这个提法说出了哲学的一种真实性质"。金岳霖的话语虽有偏颇，但亦不无道理。理论思维逻辑结构展开的过程，是把人类体认天地万物的过程作为自己形成和积累丰富的进程，又把宇宙自然和社会政、经、文、法的历史发展进程作为自己产生和发育成长的依据。这是一个从无系统到有系统、无序到有序、无结构到有结构的过程，也是一个从具体到抽象，再从抽象到具体的历程。这便是和合学理论思维自我合理性论证的历程，而其他理论思维亦不例外。

5. 和合的天下性。理论思维所构建的价值理想天下，是一个人类终极关切、灵魂安顿、精神家园的天下。中华民族自古以来就具有强烈的天下情怀。《礼记·礼运》建构了"大同世界"的价值理想："圣人耐以天下为一家，以中国为一人者，非意之也。"孔颖达疏："此孔子说，圣人所能，以天下和合，共为一家，能以中国，共为一人者，问其所能致之意。"① 提出了和合的天下性。"天下和合"不是一种意测，而是建立在知民情、义理教化、明白有利、避免祸患的基础上的，是切实可行的一种价值理想世界。

和合学理论思维的内在逻辑进路是：源自中华文化往圣的核心话题的理念是和合学理论思维的活水，斩断这一源头活水，就割断了和合学的精神命脉，传承和弘扬、融突和创新这个命脉，是往圣承择性的过程；任何民族的理论思维都是回应现实课题，在化解社会矛盾、冲突中完善自己，在融突和合中寻找自身时代价值和生命活力，这是时代融突性的使命；世界各民族在相互交往、开放包容的实践中创造各自文明，各文明多元共存，美美与共，这是思维包容性的体现；各民族的理论思维唯有经过逻辑的系统化、有序化、结构化，才能构成理论思维体系，这是逻辑结构性的开显；在理论思维结构性中已蕴含着价值理想世界，这是人们所尊崇的和合天下世界。五性环环相扣，循环往复，生生不息。

三、 和合学的智能价值

和合学理论思维若作为时代精神的精华和文明的活的灵魂呈现，必然使和合学思维五特性由苦涩变为甘甜，由苍白进入澄明，以便引向自然、社会、人际、心灵、文明之间，使其对实存世界种种错综复杂关系理性化、逻辑化、度越化，而构成一种和合生生道体的超越形态。和合生生道体的理论思维形态的智能价值体现为传统与现代的和合、形上与形下的和合、本无与崇有的和合、负阴与抱阳的和合、明体与达用的和合、认识与实行

---

①《礼运》，《礼记正义》卷22，《十三经注疏》，中华书局1980年版，第1422页。

的和合、能知与所知的和合、天理与人欲的和合、中国与世界的和合。这种和合并非西方追求存在就是"一"为宗旨的二元对立关系，而是蕴含致广大、尽精微的多元形相、无形相的和合体。

1. 传统与现代的和合。传统是指历代沿传下来的、具有根本性的模型、模式、准则的综合，这是《后汉书·东夷传》所具的意蕴。在现代，我在《传统学七讲》中，将其规定为"人类创造的不同形态的特质经由历史凝聚而沿传着、流变着的诸文化因素构成的有机系统"①。传统是一种开放体系，它像生命之流，一代代地逝去、成长、新生，永无休止。它使时代与时代、历史阶段与历史阶段之间构成一种延传性、融合性，而呈现为和合性。现代是人类历史发展的一个阶段，它以高科技为杠杆，推动农业、工业、信息发展，以及政、经、文、制度、道德、国防现代化的过程。传统与现代，即中国历史上所讲的古与今的话题。司马迁就说过"通古今之变"，往古、现今、未来三维序态互相互通、互动、互济、互补，无古即无今，无今即无未来，传统的遗传积累至今，现今的肩负，蕴含往古传统，又孕育、化生着未来，三维融突和合。

2. 形上与形下和合。《周易·系辞传》载："形而上者谓之道，形而下者谓之器。"朱熹解释说："道是道理，事事物物，皆有个道理；器是形迹，事事物物，皆有个形迹。有道须有器，有器须有道，物必有则。"（《朱子语类·易十一》）道理、规则是事物的形而上者的本质、本体，多元事物的形迹是形而下者的器物、现象。"道不能无物而自道，物不能无道而自物。"（胡宏《知言·修身》）道理与事物，形而上与形而下，譬如风之有动，水之有流。据形而下而有形而上，离器而道毁。道与器、形而上与形而下融突和合。

3. 本无与崇有的和合。无与有，甲骨、金文皆有见。《周易》和先秦诸子对有无范畴均有诠释，而老子最著。老子说："三十辐共一毂，当其无，有车之用。埏埴以为器，当其无，有器之用。凿户牖以为室，当其无，有室之用。故有之以为利，无之以为用。"（《老子·第十一章》）毂、器、室

① 张立文：《传统学引论》，中国人民大学出版社 1989 年版；《传统学七讲》（修订本），长春出版社 2008 年版，第 6 页。

因其有空无，所以有其效用。"天下万物生于有，有生于无"（《老子·第四十章》）。天下杂多万物生于有，有生于无，有无差分而又融合。"有无相生，难易相成，长短相形，高下相倾，音声相和"（《老子·第二章》）。有无融突而和合。魏晋时王弼发扬老子思想，认为无是有的根据，有是无的表象。他说："天下之物，皆以有为生。有之所始，以无为本。将欲全有，必反于无也。"[①] 无是有的本质、本体，但必须通过有来体现、呈现。两者融突而和合。裴頠著《崇有论》，认为有是万有存在的根据，有无待于无，无已在有之中。本无与崇有构成中华多彩多姿的追求本体的园地。

4. 负阴与抱阳的和合。阴阳概念、范畴殷商时已成为对待思想。老子认为阴阳对待而融合。"道生一，一生二，二生三，三生万物。万物负阴而抱阳，冲气以为和。"（《老子·第四十二章》）多元的"三"产生形形色色的万物，万物蕴含着阴背负着阳、阳拥抱着阴的状态，而构成整体的和谐、和合。庄子说："吾又奏之以阴阳之和，烛之以日月之明。"（《庄子·天运》）讲阴阳调和。王弼认为，阴阳交通成和合，是阴阳本身内在的需求，"阴求于阳，晦求于明，各求发其昧者也"（《王弼集校释·周易注》）。犹晦暗求于光明，蒙昧求于聪明，这种内在的需求是相互的，"夫阴之所求者阳也，阳之所求者阴也"（《王弼集校释·周易略例》）。"二程"说阴阳相求，犹如男女相求配合，"阴阳交感，男女配合，天地之常理也"（《二程集·周易程氏传》）。男女结婚，生儿育女，这是天地间的常理。朱熹进一步认为，"阴中自分阴阳，阳中亦有阴阳"（《朱子语类·周子之书》），阴阳之中各自有阴阳，构成多元对待而又融合的和合生生道体。

5. 明体与达用的和合。体用概念是中国哲学独具特色的范畴，中国哲学中诸多概念、范畴都可以纳入体用，由体用范畴的规定性和其逻辑关系，就可以把诸多范畴按一定哲学体系的内在逻辑，构建成思维逻辑结构。王弼说："万物虽贵，以无为用，不能舍无以为体也。"（《王弼集校释·老子道德经注》）万物以无为本体，不能离无，自以为用。形形色色的万物，是无的功用和体现，体用相依不离。柳宗元主张体用不二，反对相离。他说：

———————————

①《老子道德经注》第四十章，《王弼集校释》，北京：中华书局1980年版，第110页。

"有能言体而不及用者，不知二者之不可斯须离也。离之外也，是世之大患也。"① 体用须臾不离，相互依存，倘若相离，为世之大患。佛教天台宗、华严宗、禅宗都主张体用双融，理事互融，定慧体一不二。"二程"提出"体用一源，显微无间"（《二程集·易传序》）的思想，朱熹诠释"二程"这个思想说："盖举体而用之理已具，是所以为一原也。言事则先显而后微，盖即事而理之体可见，是所以为无间也。"② 体用一源，理事互渗，据体用具，言事理在，即体即用，体用一如。体用不可分先后，有体则有用，有用则有体。王守仁亦主张即体即用。李颙在与顾炎武辩论时，提出"明体适用"之学，他说："'六经''四书'，儒者明体适用之学也。"（《二曲集·富平答问》）明体而不适用是腐儒，适用而不明体是霸儒，不明体不适用是异端，体用和合。

6. 大本与达道的和合。《中庸》讲："喜怒哀乐之未发，谓之中；发而皆中节，谓之和。中也者，天下之大本也；和也者，天下之达道也。致中和，天地位焉，万物育焉。"中和作为主体心性的不同层次，升华为天下大本达道的本体的高度。朱熹注：天下之理皆由中出，所以为大本；天下古今所共由，所以为达道。惟致中和，就可以位天地、育万物，与天地相参，天人相合，是心性与宇宙天地相合的最高境界。中国后来哲学家、思想家乐此不彼地解释中和的大本与达道的学说。

7. 认识与实行的和合。中国简称为知与行，它贯穿中国哲学始终，源远流长。《古文尚书·说命中》："非知之艰，行之惟艰。"知易行难。墨子讲："言必信，行必果，使言行之合，犹合符节也。"（《墨子·兼爱下》）蕴含言行一致，知行相合。荀子认为"见之不若知之，知之不若行之，学至于行之而止矣"（《荀子·儒效》）。强调行在认识过程中的重要性，实行能明白事理，"明之为圣人"，能达到圣人的境界。王通亦重行，他在《文中子中说》讲："知之者不如行之者，行之者不如安之者。""二程"针对"知易行难"和重行说，提出知行均难说，"非特行难，知亦难也"（《二程集·河南程氏遗书》）。由知难而提出先知后行说，"故人力行，先须要知"

---

①《送琛上人南游序》，《柳宗元集》卷25，北京：中华书局1979年版，第680页。
②《太极图说·附辩》，《周子全书》卷2，上海：商务印书馆1937年版，第34页。

（同上）。朱熹继承"二程"先知后行说，"知之为先，行之为后，无可疑者"①。但朱熹提出知轻行重新命题，"论先后，知为先；论轻重，行为重"（《朱子语类·学三》）。王守仁明确主张知行合一说，"我今说个知行合一，正要人晓得一念发动处，便即是行了"（《王文成公全书·传习录下》）。这是他"立言宗旨"，否定了程朱知行先后、轻重说。孙中山依其革命理论对行动的指导作用，把传统的"知易行难"命题颠倒过来，提出"行之非艰，知之惟艰"的知难行易命题。然从中国哲学本质特性来观，知行相依，认识与实行一致的知行合一说，是中华民族主导理念。

8. 能知与所知的和合。是指认知主体的认识能力与认知客体对象的关系范畴。管子说："人皆欲知，而莫索之其所以知彼也，其所以知此也。"（《管子·心术上》）有此然后知彼，彼为所知客体对象，此为主体能知的能力，人类要获得知识，必须求索所知与能知的关系。墨家说"知也者，所以知也"（《墨子·经说上》），所以知为主体能知。荀子更肯定地说："所以知之在人者谓之知，知有所合谓之智。智所以能之在人者谓之能，能有所合谓之能。"（《荀子·正名》）人具有自然固有的认知客观事物的能力叫作知，主体认知能力与客观事物相符合叫作智，人固有的认知能力叫作能。王夫之则把能知与所知推向高峰。他从体用、发副、思位、己物四层次论证了能知与所知的关系。就体用关系而言，"乃以俟用者为所，则必实有其体，以用乎俟用而可以有功者为能，则必实有其用"。（《召诰·无逸》，《尚书引义》卷5）有待于主体认知的客体对象是所，所是体；认知主体有待于认知功能，能是用。所与能、本体与作用、能知与所知相依符合，构成融突和合的关系。

9. 天理与人欲的和合。饮食男女，是人人都具有的情感、欲望，圣人也不例外。道家主张无欲，儒家提倡寡欲，墨家讲有限度的欲望。《礼记·乐记》载："人化物也者，灭天理而穷人欲者也。"把两者对立起来。宋明理学家继承《乐记》思想，"二程"说："灭私欲则天理明矣。"（《二程集·河南程氏遗书》）朱熹主张"革尽人欲，复尽天理"（《朱子语类·学七》），都把道德原则与感性欲望作为非此即彼二元对待的关系。明代末年，

---

① 《答吴晦叔》，《朱文公文集》卷42，《四部丛刊初编缩本》，上海：商务印书馆1919年版。

中国商品经济发达，资本主义萌芽，形成一定情欲张力。陈确打破传统理欲观，勇敢提出理欲合一论，他说："学者只是从人欲中体验天理，则人欲即天理矣。"① 反对把天理与人欲对立起来，天理皆从人欲中见。王夫之与陈确同，主张天理寓于人欲，天理人欲同行，天理人欲互体。戴震进一步对存天理灭人欲进行批判，指出理存欲中，理不离欲。理欲不二，欲外无理说，终统摄天理于人欲融突而和合。

10. 中国与世界的和合。自古以来，中国就以天下的情怀，把中国与世界联系融为一体："圣人耐以天下为一家，以中国为一人者"② 的大同世界。荀子也讲"四海之内若一家"。王守仁认为"以天地万物为一体者也，其视天下犹一家，中国犹一人焉"③。中国与世界犹为一家，两者相依不离，和合天下。

和合学的智能价值，据足于文明的活的灵魂，致思自然、社会、认识、心灵、文明的十个融突而和合的话题，以开出体现时代精神的和合生生道体的花朵。"尚和合"的鲜花，必将在中国以至世界遍地开花。

（原载于《中国哲学史》2018 年第 1 期）

①《瞽言·近言集》，《别集》卷 2，《陈确集》，北京：中华书局 1979 年版，第 425 页。
②《礼运》，《礼记正义》卷 22，《十三经注疏》，北京：中华书局 1980 年版，第 1422 页。
③《大学问》，《王文成公全书》卷 26，明隆庆六年刊本。

中国文化的精髓

——和合学源流的考察

和合是中国文化的精髓，亦是被各家各派所认同的普遍原则。无论是天地万物的产生，人与自然、社会、人际的关系，还是道德伦理、价值观念、心理结构、审美情感，都贯通着和合。

一、 和实生物， 同则不继

和、合两字都见于甲骨、金文。和的初义是声音相应和谐；合的本义是上唇与下唇的合拢。殷周之时，和与合是单一概念。《易经》和字2见，合字无见，有和谐、和善之意。《尚书》和字44见，合字4见，是对社会、人际关系诸多冲突的处理。合，作相合、符合讲。

春秋时，和合概念是人们对社会生活各个层次、各种冲突现象和谐的认知的提升，也是对自然、社会现象后面是什么状态的探索。《国语·郑语》较早提出"和合"范畴："商契能和合五教，以保于百姓者也。""五教"，韦昭注"父义、母慈、兄友、弟恭、子孝"，五教的和合，会使百姓安身立命。

从西周到春秋，"和同之辨"是当时思想界一个普遍关注的论题。《国语·郑语》记载西周末年史伯论和同，他批评周幽王排弃明智有德之臣和贤明之相，而宠爱奸邪昏庸、不识德义的人。这是"去和而取同"。他说："夫和实生物，同则不继。以他平他谓之和，故能丰长而物归之。若以同裨同，尽乃弃矣。故先王以土与金木水火杂，以成百物。是以和五味以调口，刚四支以卫体，和六律以聪耳，正七体以役心，平八索以成人，建九纪以立纯德，合十数以训百体……周训而能用之；和乐如一，夫如是，和之至也。"（《国语·郑语》）和是人们对于客观事物、日常生活、社会政治、养生卫体等矛盾多样性的统一与和谐在思维形式中的反映，是对矛盾对立的多种统一形式的认识，是对于周幽王搞"声一无听，物一无文，味一无果，物一不讲"（同上）的弃和而剿同的抨击。

孔子基本上继承《左传》《国语》的和同思想。他认为，为政应和。所谓和，是宽和猛两极的相济："政宽则民慢，慢则纠之以猛。猛则民残，残则施之以宽。宽以济猛，猛以济宽，政是以和。"① 单纯的猛，猛政酷于虎；单纯的宽，宽政慢而无序。宽与猛对待的和合，才能达到恰到好处的和的境界。"礼之用，和为贵。先王之道，斯为美；小大由之。有所不行，知和而和，不以礼节之，亦不可行也。"（《论语·学而》）。治国处事，礼仪制度，以和为价值标准。在处理人与人的关系中，"君子和而不同，小人同而不和"（《论语·子路》）。君子与小人两种不同处理人际关系的方法，表现了两种不同的人格理想、道德情操和思维方法，同时也表明孔子的态度是赞成君子的和而不同，反对小人的同而不和的。

在春秋时期人们对于和与同内涵的规定，已有确定。所谓和，其一是诸多性质不同或对待的要素、事物所构成的和合体，即统一体；其二是相互差异、对立的东西互济互补，以达到平衡、均平、和谐；其三是平衡、和谐为了形成新的和合体，即新东西、新事物的产生。所谓同，其规定是：其一，没有异议或不同意见的同声附和；其二，完全相同事物的相济相加，不产生新事物、新东西；其三，简单的专一、同一，而无比较。这个时期的"和同之辨"，虽来自现实的政治、人事、生活交往、养生卫体等具体的人们社会生活实践，但已舍弃了各要素的具体个性、特征，抽取其和与同的共性而升华为和同概念、范畴。这种抽取事实上是对于声、味、政事、人际关系等现象后面为什么味美、声美、政平、人和的追寻以及如何能味美、声美、政平、人和的探索。这种追寻和探索包含哲学形上学的意蕴。

老子说："道生一，一生二，二生三，三生万物。万物负阴而抱阳，冲

---

① 杨伯峻：《春秋左传注》，北京：中华书局1990年版，第1421页。

气以为和。"(《老子·第四十二章》)道之所以能产生万物，是因为道蕴含着阴阳两个相反方面，宇宙万物亦都包含着阴阳正负两个方面，阴阳的互相摇荡、互相作用，而形成和。和是宇宙万物的本质以及天地万物生存的基础，这是老子哲学的形上学的追究。"知和曰常，知常曰明。"(《老子·第五十五章》)体知和之所以为常，王弼注："物以和为常，故知和则得常也。不皦不昧，不温不凉，此常也。"① 和作为阴阳本体之道，是一种自然而然的常态，这种常，便是老子的形上学之道。

据所接触到的现有史料记载，战国之际，"和同之辨"转向和合与中和的探讨。和合作为对举或连接范畴出现，《管子》说："畜之以道，养之以德。畜之以道则民和，养之以德则民合。和合故能谐，谐故能辑，谐辑以悉，莫之能伤。"(《管子校注》卷6)在《外言·兵法》中也有类似的记载。畜养道德，人民就和合。这里道与德对言，道的含义丰富多样②，既是形而上的世界万物存在的根据、本体、本原，也是人类社会生活的最根本的原理、原则、规范。德既指天地万物的本性、属性，也指人的本性、品德。道是可异在于主体身心的外在的原理、原则、规律；德是内在于主体身心的修养，得于道或得于心。道畜民和，德养民合，人民有了道德畜养，便和合，和合所以和谐，和谐所以团聚，和谐团聚，就不能伤害。这里，和合是畜养道德的目标和对于这种目标的追求，而不是如何畜养道德的方法或工具。

墨子从"兼相爱、交相利"思想出发，认为和合是处理人与社会关系的根本原理、原则，"内者父子兄弟作怨恶，离散不能相和合。天下之百姓，皆以水火毒药相亏害"(《墨子校注》卷3)。家庭内若父子兄弟相互怨恨、互相使坏，推及天下百姓，亦互相亏害，国家就会离散灭亡。和合使家庭、社会群体凝聚，形成整体结构。和合是社会和谐、安定的调节剂。"昔越王句践好士之勇，教驯其臣和合之。"(《墨子校注》卷4)君臣、诸臣之间都能和合，国家才会富强。和合是家庭、社会的聚合剂。"内之父子兄弟作怨仇，皆有离散之心，不能相和合"(《墨子间诂》卷3)，天下就会

① 《王弼集校释》，北京：中华书局1980年版，第146页。
② 张立文：《道》，北京：中国人民大学出版社1989年版。

大乱。虽然父子有怨恶、兄弟有怨仇，但父子仍然是父子，兄弟仍然是兄弟，是可以通过和合而消除怨恶和怨仇。

孟子虽没有像《管子》《墨子》那样以和合相连并举，但把和作为人的主要特征，而提高到与天时、地利并举。"天时不如地利，地利不如人和"（《孟子集注》卷4），天时、地利、人和三者相比较，人和是最重要的。

儒道虽异，然天地阴阳和合而化生万物，儒道却相似。"四时迭起，万物循生；一盛一衰，文武伦经；一清一浊，阴阳调和，流光其声"（《庄子集解》第十四），自然元气应合，阴阳调和生物，这是庄子对于有始无始的追究的回应。只要明白了这和的道理，就会获得无穷的快乐。"夫明白于天地之德者，此之谓大本大宗，与天和者也；所以均调天下，与人和者也。与人和者，谓之人乐；与天和者，谓之天乐。"（《庄子集解》第十三）认识天地的本性，这个大本大宗和均调天下，便是天和人和，称为天乐人乐，也可谓天合与人合，"子，天之合也；我，人之合也"（同上）。和合是万物化生的依据，也是天乐人乐的基础。

《易传》① 是对于《易经》的解释。《易传》认为，乾坤是万物的资始资生。"乾道变化，各正性命。保合太和，乃利贞"（《周易集解》卷1），这里"太和"，即和合。"太和"朱熹注为"阴阳会合冲和之气也"（《周易本义》卷1），亦有合和与和合之意。"嘉会足以合礼，利物足以和义"（《周易集解》卷1），美的会合就合乎礼，使物各得其所利，就与义相应和。合是相对立两要素的和合，"乾，阳物也；坤，阴物也。阴阳合德，而刚柔有体。以体天地之撰，以通神明之德"（《周易集解》卷9）。阴阳对待两性的结合、和合，而阳刚阴柔各有本体，用来体认天地的创造万物与会通隐藏的、明显的万物属性。《易传》把宇宙万物和社会人生看成一个生生不息的和合体，这个和合体是通过阴阳、刚柔这一对待统一范畴来建构的，并在阴阳刚柔的对待中来追求均衡、和谐和流变。"天地感而万物化生，圣人感人心而天下和平"（《周易集解》卷15），宇宙万物的化生是天地阴阳交感的和谐，社会的和平是圣人感化人心，使人心获得和谐、平衡。宇宙自

---

① 《易传》包含《十翼》，笔者认为："《易传》的时代上自春秋，下至战国中叶；作者亦非一人。"（《周易思想研究》，武汉：湖北人民出版社1980年版，第206～207页）现不分篇，放在战国中叶来阐述。

然的和谐与人类社会的和谐是相通的。

荀子和《易传》一样，继承史伯"和实生物"的思想，认为"列星随旋，日月递炤，四时代御，阴阳大化，风雨博施，万物各得其和以生，各得其养以成""天地合而万物生，阴阳接而变化起，性伪合而天下治"（《荀子新注》）。天地之间的万物千差万别，却都是各自获得和合而生生不息，假如没有和合，那么列星、日月、阴阳、风雨都不能随旋、递炤、大化、博施。从这个意义上说，万物的化生、生存和运动变化，都是和合使然。这种和的有序性、创生性，可称之为"神"，也是礼的体现。"天地以合，日月以明，四时以序，星辰以行，江河以流，万物以昌"（同上），合就是和合。

万物之所以能各得其和以生，是由于有"分"。从水火到草木到禽兽再到人，即从有气→有生→有知→有义的过程。人之所以有义，在于能群；之所以能群，在于有分。"故义以分则和，和则一，一则多力，多力则强，强则胜物。"（同上）有分即有差异、分别、对待，这是和合的前提。若无分，何以和合？若无和合，何以讲分？由水火草水等万物而推及社会礼仪制度、伦理道德。

和合在人的精神情感方面的体现，譬如"祭者，志意思慕之情也。惝怳唈偟而不能无时至焉。故人之欢欣和合之时，则夫忠臣孝子亦惝怳而有所至矣"（同上）。祭祀作为人的心意和思慕情感的寄托，在人们欢乐和合的时候，使人们受感动而哀思自己的双亲或君主，若没有祭祀这种形式，人们的哀思就不能表达而只能把哀思积集在心中。和合的氛围能唤起人们思念父母之情。荀子认为，音乐与祭祀相似，都是主体人内心情感的发动，以调整人内心各种思想情感的变化。譬如在祖宗的宗庙中听音乐，使君臣上下"和敬"；在家内听音乐，使父子兄弟"和亲"；在族党内听音乐，使少长"和顺"。"故乐者，审一以定和者也，比物以饰节者也，合奏以成文者也。"（同上）音乐要审定一个中音作为乐调和谐、和合的基本音，再配合各种乐器，合奏成一支和谐的乐曲。这种和谐、和合的乐曲，沟通了宗庙、乡里、家庭内部人们的情感，唤起了追祀祖先的情思，增强了宗庙、乡里、家庭凝聚、团聚的力度。

在荀子看来，和合是音乐根本精神的体现。"且乐也者，和之不可变者也；礼也者，理之不可易者也。"（同上）音乐形式所表现的是蕴含于这种形式之中的一种永恒不变的内容，这就是和合。其实，和合既是音乐形式的外在呈现，亦是音乐内涵的精蕴。和合贯通于音乐的内外。和合犹如社会中礼所体现永恒不可易的根本原则一样，这里"和"与"理"相对应，具有形上学的品性。虽然和与礼有区别，但礼亦以和为自身存在的根据，"审节而不和，不成礼；和而不发，不成乐"（同上）。审察礼仪制度而不和谐、和合，就不成其为礼，因而礼这种形式或现象，必须以和谐、和合为标准，来审察一切。这样，和合便具有一种超越性和形上性。

法家韩非从不同角度论和。"大奸唱则小盗和。竽也者，五声之长者也，故竽先则钟瑟皆随，竽唱则诸乐皆和。"① 音乐是多种乐器和谐地合奏，这与荀子《乐论》思想相近。但合奏必有一乐器为主，其他乐器的演奏都与某一乐器相和应，强调主与从、唱与和的关系，这在荀子的《乐论》中并不明显。韩非和的内涵，一是指一种主体人内在的情感或心态，"积德而后神静，神静而后和多，和多而后计得，计得而后能御万物"②。和是指无喜怒、无哀乐的冲和心态，这是从内在说。二是从外在说，和是一种和气，"孔窍虚，则和气日入。故曰：'重积德。'夫能令故德不去，新和气日至者，蚤服者也"③。孔窍可指五官，五官空虚就能与外在的和气交通无碍。

《吕氏春秋》与《荀子》一样，把合作为万物产生的根源。"夫物合而成，离而生。知合知成，知离知生，则天地平矣"（《吕氏春秋集释》卷13），这里合是指天地阴阳的和合，如父母的结合，形成婴儿之体；离是指一物脱离另一物而独立，如婴儿脱离母体而生。若无和合而成，哪来离而生。这是天地自然变化的常道。"阴阳变化，一上一下，合而成章。浑浑沌沌，离则复合，合则复离，是谓天常。"（《吕氏春秋集释》卷5）"合而成章"，汉高诱注"章犹形也"，即合而成物之形。合成离生，离生合成，相互变化，呈一规律性的现象。

《吕氏春秋》所说的合，实乃和合。"天地有始，天微以成，地塞以形。天地合和，生之大经也。"（《吕氏春秋集释》卷13）吕氏天地有初始的说

---

① 梁启雄：《解老》，《韩子浅解》，北京：中华书局1961年版，第165～166页。
② 梁启雄：《解老》，《韩子浅解》，北京：中华书局1961年版，第150页。
③ 梁启雄：《解老》，《韩子浅解》，北京：中华书局1961年版，第150页。

法，与庄子对于天地有无初始的追根究底的诘难异趣，天地阳阴微而生物，塞以成形。生的大道是两个对立事物的合和。这是对生命、生存的关怀，也是对如何生的追根究底。生的穷究，便是和合，有和合，然后有生成。有对待、有分离、有差异，才有和合的精神。

《吕氏春秋》认为对声色之美的追求是人的本性使然。"凡乐，天地之和，阴阳之调也"（《吕氏春秋集释》卷5），"声出于和，和出于适，和适先王定乐，由此而生"（同上）。这是从音乐发生的角度，回答如何发生的问题。音乐是各种不同的乐器，奏出的各种不同声音的和合，这样才构成一曲美妙的、和谐的交响乐。之所以构成和声，是由各种乐器所演奏的声音的适宜。音乐的功能在达到心境和平，"心必和平然后乐，心必乐然后耳目鼻口有以欲之，故乐之务在于和心，和心在于行适"（同上）。欢乐的获得不取决于对象本身，而是取决于主体自身的心境。音乐的任务在于调整主体人心，使人心境愉悦。人心愉悦也需要音乐的和平，和平又出于公道。主体在和平的心境状态下，才能对美声的感受而形成美感效应。当然吕氏亦不否定外在因素，心有适，乐亦有适。"衷也者适也，以适听适则和矣。乐无太，平和者是也。"（同上）乐器的音量大不过钧，重不过石，无过于制，这便是适；若过于制，刺激人的生理感官，引起不适，便不是衷音。衷音是不越过制，恰到好处的适，使主客体和合一致。音乐的和声能陶冶道德情操，"故君子反道以修德，正德以出乐，和乐以成顺。乐和而民乡方矣"（《吕氏春秋集释》卷6）。音乐在对人的潜移默化中提升人的道德修养水准，调整人的心理平衡、和谐。

先秦作为中国文化思想元始阶段，不仅提出了和合概念范畴，而且管子、儒道、墨法各家对和合范畴作出自己的理解。和合不仅是天地万物产生的根据和纷纭复杂事物现象后面的存有，而且是社会主体政治、道德、艺术、日用交往活动的准则、原则、原理和主体人心理感受、情感愉悦、身心协调的尺度。管子的和合是作为蓄养道与德，即形上学层次和实践道德层次两方面目标的追求，他与墨子把和合作为社会和谐安定的调节剂和家庭社会不分裂的聚合剂的工具价值层面来看有异。儒家和合是人格理想和社会理想的价值目标的追求，为达此目标，而经诸多中介环节，以达天人、主客的和合统一。如果儒家和合是人为的，那么道家的和合是无为的，天地自然便存有天和与人和、天合与人合的天乐与人乐。这种和合具有形上学的意蕴，而与儒家重和合的实用层面意蕴有别。法家的和合强调有主有从、有唱有和的和合，缺乏平等的原则。《吕氏春秋》的"和出于适"，是对于和合的平等的追求，适的衷音是对于注重钧石、大小、轻重任何一方面的排斥和调整，以追求和合的境界。对于音乐来说，和合是音乐根本精神的体现，得到众家的认同，这是人们对音乐功能的认识。

二、 合和父子百物化

秦末的社会动乱，促使秦的速亡。陆贾、贾谊在反思秦亡潮流中，指出秦失败的原因在于"秦国失理，天下大败"（贾谊《新书·时变》）。"失理"即"失礼"，亦包括失掉其自身存在的合理性、现实性。仁义作为维系社会人伦关系的基础，它贯穿于各种社会关系之中，亦蕴含于万象的各种现象之中。"乾坤以仁和合，八卦以义相承"（陆贾《新语·道基》），天地乾坤，八卦万物以仁义作为和合的原则，只有以仁义为尺度，和合才是合理的。贾谊对正反两面多方分析以后，指出"刚柔得道谓之和，反和为乖；合得密周谓之调，反调为戾"（贾谊《新书·道术》）。追求刚柔得道、合得密周的和调，反之便乖戾；乖戾便失理，便仁义不施；失理就导致动乱和失败。汉初的和合论，是对于秦政严重失调而引起社会失衡的调整。

汉代为把社会引向安定，除以仁义为指导思想外，还必须确立一套礼乐制度。中国古代礼乐是相互联系的，乐不仅是艺术，而且是教化人民的一种手段："故礼以道其志，乐以和其声，政以一其行，刑以防其奸。"[1] 乐的功能和作用与礼刑政虽有异，但其宗旨都是为了齐一人民，不使其为非作乱。其实是四者和合，以求社会安定。如果说礼、刑、政是依赖外在的制度、规章、政令以及国家暴力、法律来完成治道，那么，音乐是人内心情感的发动，即"乐由中出，礼自外作"[2] 的意思。

《乐记》认为，音乐以其和声，使人与社会、人与人的关系进入和合境

---

[1]《礼记·乐记》，《礼记正义》卷37，《十三经注疏》，北京：中华书局1980年版，第1527页。
[2]《礼记·乐记》，《礼记正义》卷37，《十三经注疏》，北京：中华书局1980年版，第1529页。

界，"是故乐在宗庙之中，君臣上下同听之，则莫不和敬；在族长乡里之中，长幼同听之，则莫不和顺；在闺门之内，父子兄弟同听之，则莫不和亲。故乐者，审一以定和，比物以饰节，节奏合以成文，所以合和父子君臣，附亲万民也"①。乐在不同氛围中，可产生不同的情感、情感交流，作出不同的回应。这种情感不是以情绪形式呈现的自然之情，而是一种道德伦理之情。"和敬""和顺""和亲"的伦理道德情感是君臣、长幼、父子等伦在宗庙、乡里、闺门内同听音乐所产生的效应。这种效应与中国古代血亲宗法关系相联系，使人们在音声的愉悦中提升精神境界，融为一体，这是"合和父子君臣"之意。

《乐记》的核心内涵和最高境界是中和，即和合。和合是乐文化的根本精神，它与天地万物之情相贯通。"大乐与天地同和，大礼与天地同节。和故万物不失，节故祀天祭地。"② 天地之气，犹阴阳之气，两者"和而生万物"③。不和，则天是天，阳是阳，地是地，阴是阴，怎生万物？和而生物，即和化物。"乐者，天地之和也；礼者，天地之序也。和故百物皆化，序故群物皆别"④，汉郑玄注"化犹生也"⑤。乐作为天地之和合，而推及和为万物化生的原因，和就不是单纯的天与地、阴与阳之气的连接词，亦不是单纯两个不同质的要素媾合的方法，而是具有独立的万物之所以产生的原因和根据的含义，这就赋予和合以形上学的性格。

和合的这种形上学的性格，在《淮南子》中有所展开。"天地之合和，阴阳之陶化万物，皆乘人气者也"（《淮南鸿烈集解》卷8），天地和合阴阳之气，化生万物。天地阴阳为对待两极，"天地之气，莫大于和。和者，阴阳调，日夜分，而生物。春分而生，秋分而成，生之与成，必得和之精"（《淮南鸿烈集解》卷13）。《淮南子》对"和"作明确规定，和就是阴阳对待两极的调和、统一。汉高诱注："和，故能生万物。"（《淮南子注》卷13）和有两方面的含义：一是天地万物的生成，必以和合为根据，这是和对万物而言；二是就和自身及构成和的诸要素之间亦以和合为标准。第一

①《礼记·乐记》，《礼记正义》卷39，《十三经注疏》，北京：中华书局1980年版，第1545页。
②《礼记·乐记》，《礼记正义》卷39，《十三经注疏》，北京：中华书局1980年版，第1545页。
③《礼记·乐记》，《礼记正义》卷37，《十三经注疏》，北京：中华书局1980年版，第1530页。
④《礼记·乐记》，《礼记正义》卷37，《十三经注疏》，北京：中华书局1980年版，第1530页。
⑤《礼记·乐记》，《礼记正义》卷37，《十三经注疏》，北京：中华书局1980年版，第1530页。

方面的含义，和合之所以是生成万物的根据，《淮南子》从两个层面加以论证：一个层面说明"一"不能生物，即单一、唯一、同一是不能产生新事物的。"道曰规，道始于一，一而不生，故分而为阴阳，阴阳合和而万物生。"（《淮南鸿烈集解》卷3）有分才有合，有差异才能和；无分别、无差异就不能生物。阴阳分为对待两极是生物基础，只有和合使阴阳结合而生万物。这里说明一个重要道理，事物不能自身产生自身，亦不能同性产生同性，只能和合而生。另一个层面进一步证明，阴阳对待两方，任何单方自己不能产生万物，"故阴阳四时，非生万物也；雨露时降，非养草木也；神明接，阴阳和，而万物生矣"（《淮南鸿烈集解》卷20）。阴阳任何单一方面，阴就是阴，阳就是阳，依然是不会转化的、运动的，如男是男、女是女，不能生物，只有男女和合交接，才能生儿育女。"阴阳相接，乃能成和"（《淮南鸿烈集解》卷13），和而生物。这样，和合是世界万物产生最终的原因和根据，具有形上学存有的性质。

董仲舒尽管在思想路向上与《淮南子》不同，但在以和合为天地生成的本原和最高道德规范这点上，与《淮南子》有相通之处。董氏说："中者，天下之所终始也；而和者，天地之所生成也。夫德莫大于和，而道莫正于中……是故能以中和理天下者，其德大盛；能以中和养其身者，其寿极命。"（《春秋繁露》卷16）这是对《中庸》中和说的发挥，《中庸》以中和为"天命之性"的内容。董仲舒认为，无论是天地万物之所以生生的根据，还是最完美的道德，都以和为基础。"和者天地之正也，阴阳之平也，其气最良，物之所生也。诚择其和者以为大得天地之奉也。"（同上）和作为天地间最普遍、最基本的原则、原理，与天地之道相融。和是天地之道的美妙处，也是天地之所选择迎养。

董仲舒还认为，合也是自然、社会、人伦中最普遍、最基本的原则、原理。"凡物必有合，合必有上，必有下；必有左，必有右；必有前，必有后；必有表，必有里。有美必有恶，有顺必有逆，有喜必有怒，有寒必有暑，有昼必有夜，此皆其合也。"（《春秋繁露》卷12）所谓合，是指对待双方的交合，既不是单方面的结合，也不是同质的相合，而是性质相对、相反要素的融合；合本身就表示有此必有彼，是美与恶、顺与逆、寒与暑、昼与夜同构、同步的呈现。合便是存在呈现的方式。"物莫无合，而合各有阴阳。阳兼于阴，阴兼于阳；夫兼于妻，妻兼于夫；父兼于子，子兼于父；君兼于臣，臣兼于君。"（《春秋繁露》卷12）这种呈现的方式，是一没有完成的过程。如父相对于子的合是父，子相对于父的合为子；子相对于子为父，子相对于子之子为爷。和与合一样，也是存有的方式及呈现的过程。

王充思想与董仲舒异趣，但讲和合有近似处，可见汉代讲和合是一思潮，与汉强调统一相一致。王充认为，和是天地万物产生的根源，"夫治人以人为主，百姓安，而阴阳和；阴阳和，则万物育；万物育，则奇瑞出"（《论衡·宣汉》）。阴阳亦指阴阳之气。阴阳和合，生育万物，祥瑞也会出现和产生，"瑞物皆起和气而生"（《论衡·讲瑞》）。"和气"就是阴阳之气和合存在的方式。假如"阴阳不和，灾变发起"（《论衡·感类》），而无瑞物治平。王充用和气来解释和理解当时谶纬经学所宣扬的灾异之变，瑞物之生，治平民安是天命、天意、天志，显然是对天命、天志的批判，这种新解释、新理解在理论思维上是对旧的哲学形态的改变。他用天地之气（阴阳之气）的和气，即自然之气代替哲学形上学和道德最高根据——天命。

在王充的哲学逻辑结构中，阴阳和，也就是阴阳合（天地合、夫妇合）。其"阴阳和，则万物育"的另一表述，就是"天地合气，万物自生，犹夫妇合气，子自生矣"（《论衡·自然》）。天阳地阴，夫阳妇阴，是汉代的共识。所以，阴阳和合，即天地、夫妇和合，而生万物和子女。王充只想说明自然界万物和人类自身产生的，是由天地、夫妇合气，自然而然产生的，而不是有目的、有意志支配的故生物和故生人。故生与和合"自生"是相对待的两条思想路向。

王符接着王充讲："天地壹郁，万物化淳，和气生人，以统理之。是故天本诸阳，地本诸阴，人本中和。三才异务，相待而成。各循其道，和气乃臻。"（《潜夫论》卷8）壹郁即天地之气的和合，和气生人，万物亦为天地和合之气而生。天地阴阳中和是自然、社会、人生的根本。天、地、人三才相待相成，和气贯通三才，而达完善境界。"人天情通，气感相和"（《潜夫论》卷10），天人感通和合，这种和合，是情感的、和气的。和是自然、社会、人生的最高原则、原理，为天、地、人所遵循。

汉代是中华民族得以确立的时期，它适应于大一统的需要，对先秦各家学说有所取舍，而建构了新的思想形态，以与旧的相区别，故其书以"新"命名。这不仅是一思潮，而且是当时人的心理需求。比较先秦与两汉，就其同而言，史伯以和实生物，和具有生物的功能与属性，《淮南子》董仲舒、王充等亦然；和是各种不因性质、即对待性的和合，两汉思想家同。就其异而言，先秦论和与同相对待，以和同为对待范畴，两者相比较、相对待而存在，说明多样性的统一和抽象简单同一的区别和联系。两汉以后和与同对偶范畴逐渐消失，而为"中和"范畴所代替，其转变的标志是《中庸》论中和，董仲舒等人都倡导中和，而影响宋明理学。此其一。其二，先秦《管子》《墨子》提出和合范畴，汉代沿用，且与气、阴阳等相联系而理解和气为合气，更具有通向天地生成论和存有论的意味。其三，两汉发挥先秦合的思想，把合提升为生育万物、人类的依据和自然、社会人生所遵循的最高原则、原理，与和具有同样的功能和性质。因此到了王充，和气生物即是合气生物，和合圆融。

三、 和合相润乐和声

东汉末年社会动乱，传统文化结构解体，经重新整合而建构玄学这一新的理论形态。大凡每一新时期新理论形态出现之前，都进行了两方面的努力：一是对先在理论形态进行批判，这不仅是建构新理论形态以适应于新时代的需要，也是超越与区别于先在的、旧的理论形态的需要。玄学以其新学风一扫两汉烦琐的经学（包括今文经学、古文经学和谶纬经学）以及先在各家思想的陈腐，以批判的、分析的眼光审视各家思想的优劣。二是建构新理论形态所依据的经典文本的重新选择和解释。孔子在"礼坏乐崩"的时代，通过对《易经》《书经》《诗经》《周礼》《春秋》等经典文本的整理，而发挥为适应时代需要的理论形态。秦始皇选择法家《孤愤》《五蠹》为指导思想的理论基础。汉代董仲舒通过解释《公羊春秋传》，而建构为大一统所需要的天人感应论。魏晋玄学则取《周易》《老子》《庄子》等"三玄"，作为他们解释的经典文本。

滥觞于魏晋人物品评的玄学和合论，由人品之和合到天地万物之和合，无所不及。既有实用经验的体验，又有玄想理性的思考。刘劭《人物志》

从如何品鉴人物的才能和情性入手，而探求建立适合当时社会的新秩序。刘劭认为，情性是人的根本，人的情性如何构成？是"禀阴阳以立性"（《人物志·九征》）。圣人能"阴阳清和，则中睿外明"（同上）。这种无偏于阴与阳的和合，有"能廉二美"的效应，是圣人的禀性。"凡人之质量，中和最贵矣。中和之质，必平淡无味，故能调成五材，变化应节"（同上），以中和为最宝贵、最重要的人性和器量，凸显个体聪明才智在人类社会发展过程的作用和地位，这种中和之质的聪明，是对于个体价值的重视。

但是魏晋时期政治环境恶劣，知识分子在反思本体与现象、理想与现实的激烈冲突中，由向现实追求的困境中转向本体的、理想的追求，即由外向的现象追求受阻后而转为内向的心灵的玄远。这种心灵的玄远，可称谓为"无"。无作为否定性概念，包容一切有之为有的现象。故无是否定性与肯定性的和合。"无"是本，天地万物的现象是末。本体与现象的关系，时人取"弃本崇末"（《王弼集校释》）的方法，这犹如弃其母而用其子，即舍弃根本、终体而崇尚枝末、子用。王弼认为这是错误的方法，正确的方法应该是和合，"守母以存其子，崇本以举其末"（同上），使本与末、母体与子用互补互济，以求稳定与平衡。和合不仅是方法，而且是万物存有的方式。"雨者，阴阳交和，不偏亢者也"（同上），阴阳异质要素的相交，是以和合的方法，通过雨这种和合物，以和合的方式存在。"阴阳既合，长少又交，天地之大义，人伦之终始"（同上），阴阳长少的交合，这是人伦大义，是自然社会中的合理性的表现。这是就天地人伦而言。从主体心理愉悦而言，"乐主于和"（同上），音乐以和为核心宗旨，不和不仅不能给人以愉悦的享受，而且带来痛苦和烦躁。自然、社会、人生在变化中，和合日新，"体化合变，故曰日新"（同上）。日新是由于阴阳转易和合，而化生万象。

王弼、嵇康、阮籍的思维理路、思想风格与儒家异趣，然其以和为音乐的最高标准，则有其同。阮籍作《乐论》，是他早期服膺儒学礼乐的代表作。"夫乐者，天地之体，万物之性也。合其体，得其性，则和；离其体，失其性，则乖。"① 乐的和与乖，作为乐的存在的状况或存在的方式，是合

---

① 《乐论》，《阮籍集》，上海：上海古籍出版社1978年版，第40页。

与离天地之体与得与失万物之性的结果。阮籍肯定合得天地万物之体性而否定离失天地万物之体性，是因为合得能获得和的愉悦及社会和谐安定。圣人作乐，都以"顺天地之体，或万物之性"为原则，"故律吕协则阴阳和"①。假如乐离失天地自然的体性，而出现乖乐，便会把人的情感导向放荡淫乱，道德败坏，使社会不安。

如果说阮籍以和乐的功能为救社会、政教、道德之弊，那么，嵇康则以和乐是人对于玄远之境、人格理想的追求。音乐的来源是"天地合德，万物贵生。寒暑代往，五行以成。故章为五色，发为五音"（《嵇康集校注》）。他不同意音乐来源必受政治、哀情、安乐的制约的说法，而是天地阴阳五行变化运动之自然而发。"音声有自然之和，而无察于人情。"声音的本质是自然之物之后的"至和"，至和是超哀乐、超形质的。"声音以平和为体，而感物无常""焉得染太和于欢戚，缀虚名于哀乐哉"？（同上）和作为本体，欢戚不能感染，哀乐不能合著。这种欢戚自见、哀乐自执的无名无质，即是形上之和。

嵇康所谓"至和""太和"，是对于超尘轶俗、逍遥太和之境的追求。"遗物弃鄙累，逍遥游太和，结友集灵岳，弹琴登清歌。"（同上）外天地，遗万物，无所牵累，自由自主地遨游于太和境界。这种琴诗自乐、清新飘逸的人生和境与受名教束缚的"中和"之境不同。"行踷曾闵，服膺仁义，动由中和；无甚大之累，便谓仁理已毕，以此自臧，而不荡喜怒，平神气，而欲却老延年者，未之闻也"（同上），曾参、闵损服膺仁义道德，按照喜怒哀乐发与未发的中和而动，虽无大的牵累，但毕竟受礼法的制约，而不能做到"顺天和以自然"（同上）。无论从养生延年的角度而言，还是从心身自由的愉悦来说，都是为达到摒尘弃累的和的境界。和不是人为的有为而能达到，而要顺应自然，这便是"天和"。人只要进入"天和"或"大和"，这便是最大的快乐。"以大和为至乐，则荣华不足顾也。以恬澹为至味，则酒色不足钦也。苟得意有地，俗之所乐，皆粪土耳，何足恋哉?"（同上）超越荣华、酒色的俗乐，而追求至乐、至味的精神境界，便提升为大和恬澹的形而上之境。

①《乐论》，《阮籍集》，上海：上海古籍出版社 1978 年版，第 40 页。

《列子》有和合贵无论与独化论的意味，张湛注即沿此理路。然张湛以物自生自化，自形自色，亦是一种和合存在的方式。他注"冲和气者为人，故天地含精，万物化生"曰："推此言之，则阴阳气遍交会而气和，气和而为人生。"（《列子集释》）气和而人生，并不是对于普遍性、绝对性、无限性的本体论的追求，而是具体的物现象。张湛"以至虚为宗，万品以终灭为验"（《列子集释》），把"至虚"作为其哲学逻辑要求的最高的、最一般的本体，以解释贵无论与独化论的和合。

魏晋时期，在中国文化史上是别具特色的重要时代，和合思想得以发展，从自然和合到理想人格和合，从音乐和合到心灵境界和合，呈逐渐深入之势。何晏、王弼的和合说的旨趣，是指游于万物之中的精神境界，主体心灵要求静专动直，不失大和，而与和合精神境界相契合，并以"崇本举末"的内圣外王之道，使世界万物、人类社会有序地、和谐地运作。嵇康"声无哀乐论"突破传统的声有哀乐论，并以玄学之和，解释传统之和，建构了其和合的音乐体系。

四、 阴阳和合风雨调

汉代经学演变为魏晋玄学，这是历史的选择。在经学为意识形态领域主导地位的同时，道家演变为道教以及印度佛教的传入，为中国思想界增添了异彩。严遵的《老子指归》把道家思想引向更抽象玄虚。"天地生于太和，太和生于虚冥"，"虚冥"是一个无限的、超时空的虚无，为道家思想的神学化提供了条件。而道家思想的神学化，便逐渐形成早期道教理论，其代表作为《太平经》等。《太平经》在方法论上突破传统"太极生两仪"的二分法、一分为二法。《太平经》虽亦运用阴阳概念，但采取三分法，认为"凡事悉皆三相通，乃道可成也"（《太平经合校》）。万物三分才能相通，三者同心相合，才能造就事物，达到和谐。"父母子三人同心，共成一家，君臣民三人共成一国。"（同上）此第三者，是对于以往人们所忽视的弱者、卑者、中和、人的重视，凸显弱者、卑者、中和、人的作用与地位。无此弱者、卑者的同心相合，就会家不家、国不国。《太平经》所谓"中和"，是指"主调和万物者也"（同上），"阴阳者，要在中和。中和气得，万物滋生"（同上）。这个解释与《中庸》"喜怒哀乐之未发谓之中，发而皆中节谓之和"的性情未发已发的中和异趣。

"中和"，《太平经》称之为"和合"或"合和"。"阴阳者象天地以治事，合和万物，圣人亦当和合万物，成天心，顺阴阳而行"（同上），天地间各个层次的事物，都由阴阳和三要素和合而生成。阳好生恶杀，没有和不能成万物，不成万物，而无万物，"元气自然乐，则合共生天地，悦则阴阳和合，风雨调。风雨调，则共生万二千物"（同上）。和合是一种愉悦、快乐，"乐乃可和合阴阳"（同上）。就人而言，"人莫不悦乐喜，阴阳和合同心为一家，传相生"（同上）。比如男女双方悦乐便同心共生，没有不生儿育女的；不悦乐，男女一方不肯相分欢合，更不会生；怒不乐而强迫欢合，其后都是凶。和合不是一种痛苦，和合而产生婴儿或新事物，亦不是把一个新生儿、新生物抛入一辈子事事痛苦的深渊之中，这与佛教把众生的生命视为苦不同。

《太平经》在运用阴阳理论时，并不完全否定其间的尊卑、寡众关系，这是当时普遍的、流行的观念。但《太平经》没有就此止步，而是加以改造和发展，提出阴、阳、和三个概念，且认为是阴阳两极的统一或中介，是最重要的。这是因为"一阳不施生，一阴并虚空，无可养也；一阴不受化，一阳无可施生绕也"（同上）。阴阳、男女、天地的单一方面或同性双方，不会施生。这就是说，有阴阳、男女对待两方，只具备了施生的外在条件。要施生，必须是阴阳、男女相和合，这样外在条件才转化为施生的必要条件，由必要条件呈现为受化、施生的现实，"夫天地之生凡物也，两为一合"（《天乐得善人文付火君》卷217）。新生物的出现，就标志着新的统一、和谐的到来，"阴阳和合，无复有战斗者"（《太平经合校》）。其实新的统一、和谐之中就存在着新的对待和矛盾，所以和合是动态的、连续的、不断的一种存在方式。

《老子想尔注》[①] 继承《太平经》和合思想。《太平经》主张三分而合，

---

①《老子想尔注》的作者饶宗颐主张："〔张〕陵初作注，传〔张〕衡至〔张〕鲁，而鲁更加厘定。"（《老子想尔注校证·题解》，上海：上海古籍出版社1991年版，第5页）任继愈等则认为："说张鲁作《想尔注》，并不意味着必由他一人单独写成。很可能他是集五斗米道祭酒们讲解《老子》之大成。"（《中国哲学发展史（秦汉）》，北京：人民出版社1985年版，第689页）

三合相通，即指阴、阳、和或太阳、太阴、中和三者，中和最贵。《老子想尔注》亦曰"道贵中和，当中和行之""不如学生守中和之道"。（《老子想尔注校证》）此"中和"说，虽承《老子》"万物负阴而抱阳，冲气以为和"的和的思路，但亦不违儒家中庸之无过不及。后来陶弘景从和合角度，解释中和："又问：'弦急如何？'答曰：'声绝而伤悲。'又问：'缓急得中如何？'答曰：'众者和合，八音妙奏矣。'真人曰：'学道亦然，执心调适，亦如弹琴，道可得矣。"（《真诰·甄命授》）中和即和合，和合而得道，和合即道。"五藏皆和同相生，与道同光尘也"（《老子想尔注校证》），"五藏"是指与木火土金水相对应的肝心脾肺肾。五藏和合相生，不和就相克戕害，"五藏所以伤者，皆金木水火土气不和也。和则相生，战则相克"（同上）。由五行的相生相克，而推及五藏的相生相克。《老子想尔注》的深刻处，就是不停留在五行五藏相生相克的现象，而是追究为什么的内在层面，这便是和与战。相生的原因或根据是和合，而不是相生本身，相生本身无所谓生。

张伯瑞发挥《参同契》的思想，撰《慎真篇》。他认为修炼成仙要使阴阳、五行、四象相和合，盗取先天真一之气。张氏虽对以三黄四神①与各种草药制外丹有微辞，但炼内丹必须有外药和外丹。外药指阴阳二八之气，外丹即二者和合所盗真一之气。这里所说真一之气，即金丹一粒。"坎电烹轰金水方，火发昆仑阴与阳，二物若还和合了，自然丹熟遍身香"②。阴阳与太阳、太阴、少阳、少阴四象（或乾坤坎离）和合，而成金丹，吞入腹中，点化自身真气，然后经运火（以意运气）十月生成金液还丹（内丹），而能成仙。

道教对人生的终极关怀是成仙，佛教对人生的终极关怀是成佛，儒教对人生的终极关怀是成圣。仙、佛、圣是人生修养、修炼的终极目的，这是人生的一极；从另一极说，人如何生起，佛教讲因缘或缘起，即追究人生或万物生起的原因或根据。道教认为道生人生或万物，道与生相守、相保。人的生命的存亡、寿命的长短，决定于自我，而非外在的天命，"我命

---

① "休炼三黄及四神，若寻众草更非真。阴阳得类方交感，二八相当自合亲。"（《悟真篇浅解》卷上，北京：中华书局1990年版，第15页）三黄指雌黄、雄黄、硫黄；四神指朱砂、水银、铅、硝。

② 《慎真篇浅解》卷中，其十三，北京：中华书局1990年版，第49页。

在我不在天，还丹成金亿万年"①。发挥人自身主观能动性，改变人的生命极限，而长生不死。儒教认为人的生命的生起以及祸福、贵贱是苍苍者天的主宰，天无言而冥冥中生起人物，并由天命决定，支配人的命运吉凶、夭寿贵贱等，人自身是无能为力的，人的能动性受到压抑。儒、道旨趣相异。

五、 因缘和合故生起

佛教对于人和万物现象的生起说，与道、儒异趣，它不主张有一个外在的、超自然的力量实体来生起、主宰人或人的命运，也不倡导由一个外在的必然性的生起和依赖自我的修道养生而延长生命。佛教无论是小乘还是大乘，都把缘起论作为其宗教理论和实践的基础或基本精神；缘起是指世界一切结果所赖以生起的条件。因为世界一切事物都置于因果关系之中，因是原因，是能生；果是结果，是所生。"谓依此有故彼有，此生故彼生"（《缘起经》），此是彼的缘，彼依此而生起，纷纭万象的世界万物都由因缘和合而起，"由此有法至于缘已和合升起，是缘起义"（《俱舍论》）。因缘就其差别而言，一切事物的形成所依赖的原因与条件，亲者、强力者为因，疏者、弱力者为缘，如种子为因，雨露农夫为缘，因缘和合而生起事物。和合是指"众缘聚会"（《大乘百法明门论疏》卷下）。因缘和合是讲世界上一切事物和现象都在相互联系、依待并互为原因、条件中聚会和合而生起的原理。佛教大乘、小乘各派由于对此原理理解不同，主张亦异。大乘佛教的中观学派主张中道缘起论，它以否定有无、生灭等对立两极，以中道来解释万物的缘起；认为小乘佛教执"十二因缘"，并不符合佛意，应以"八不缘起"改造"十二因缘"。

大乘中观学派认为，不仅众生空，而且法亦空，即阴、入、界都空，"因缘和合故有，皆是虚妄"（《大智度论》卷31）。这是以"无为法"破"有为法"。"无为法"是指自身无独立自性，它通过对"有为法"的否定实现。无自性，即自性空，性空不是虚无、没有、不存在，它肯定假有或

---

① 王明：《黄白》，《抱朴子内篇校释》卷16，北京：中华书局1980年版，第262页。

幻有是有、是存在，它只是对独立实在性的否定。自性不依于缘起，缘起就无自性。但世界一切事物与现象无不缘起，即无自性，亦无真实。这是因为因缘和合而生起的存在，并不是真正的存在，是假各种条件和合的存在。即是作为和合体的构成的各种原素或单一性，亦是空。比如"五众和合因缘故名为人"①，色、受、想、行、识五众因缘和合而生人，人是缘起的和合体，是假、是空。作为构成和合体人的色这个原素，是否是实在？空宗中观学派亦是否定的，"是色以香、味、触及四大和合故有色"，可见，除诸香、味、触等更无别色。色的和合体的离散亦是空，这种追根究底的自性空是"毕竟空"，亦称为真空。

由因缘和合而生起，而无实有自性的生。缘生即无自性的生，无自性的生即无独立自体的生，所以是不生，不生所以亦不灭。"诸法因缘和合生，故无有法；有法无故，名有法空。"（《大智度论》卷31）由因缘和合所得的诸法，都非实有，故有法亦是空，生是空，灭亦是空。

从因缘与结果来说，有缘有果，无果无所谓缘，有果才称缘。"若众缘和合，而有果生者，和合中已有，何须和合生。若众缘和合，是中无果者，云何从众缘，和合而果生。"（《中论·观因果品》）假如因缘和合中有果，则果已有，就不必要和合；假如因缘和合无果，便何从讲因缘和合而生果。这就是说，因中有果还无果，果都不可能生出。果无因缘亦无，生就不可能。这种因缘无生的理论，是对佛教宗教理论"业必有报"的因果观的破坏。

中观学派对外道的批判与对小乘佛教的批判一样。其印度典籍经鸠摩罗什的翻译，《大智度论》《摩诃般若波罗密经》《百论》《十二门论》《中论》等，使龙树中观学派的思想在中国得以传播。鸠摩罗什汉译对外道的批判，主要是胜论派和数论派。胜论派主张"六句义"。句指言语或概念；义指客观实在或事物；句义是指与概念言语相对应的实在事物。《胜论经》提出六个范畴（六句义）：一实，是指实体。世界一切现象的本质是实体，实体是性质、运动等基础，是和合的原因。二德，指性质。是依于实体，说明实体的属性、容量、状态、地位等的性质。三业，是指运动。与德一

---

① "五众"即"五蕴"，蕴有积聚、集合体的意思。

样依实而起，但德是实的静态特性，业是其动态特性。四同，是指普遍性。是世界万物具有共同点与普遍本质的原因。五异，是指特殊性。是世界万物具有差异点与特殊本质的原因。六和合，是使实体、性质、运动等结合或不离散的原因。胜论的和合，是指实有诸法的内在联系不离散原理，这原理使诸要素构成世界事物得以实现。因胜论把世界看作实在的实体，而与空宗中观学派对立。中观学派通过各相分析的缘起论，说明一切法空。

大乘空宗的因缘和合论，虽承认缘的因素，条件各各有异，但承认其差异是为了否定这个差异；承认各各有异的因素或条件是为了否定由各条件和合所生起的和合体以及各因素自身都是无自性的，是空的。在这里，和合的功能和作用虽然亦具有把各各有异的因素、条件联系、结合、融合、聚合起来或和合生起一事物，而与中国传统的"夫和实生物"的思想有圆通之处，但两者对生起的事物的性质、特点、功能的认识和价值导向却大异其趣。

后来宗密对偏浅佛教理论进行批判，认为中国儒道二教未能原人，佛教的浅教亦未能原人。宗密总结小乘佛教的原人观是"色心二法"，起贪瞋痴为人之原。小乘教基于缘起论和我空法有论，认为人我由身心（或色心）和合而生起，"此身本因色心和合为相"（《原人论·斥偏浅第二》卷下），我是身心因缘和合而成的假象，无实体。为什么我空无实？是因为和合成我的色是由地、水、火、风四种因素组合的，心是由受、想、行、识四方面组合的。"若皆是我，即成八我"（同上），哪一个我是真实的我？假如继续分析，比如构成色身的"地"这个因素来看，它由360段骨以及皮毛筋肉肝心脾肾各器官组合而成，究竟哪一个"地"是真实的地？应执哪一个为我所实有？可见我是空的。然而一般人执着这个空幻的我为真我，而生起贪、瞋、痴①有害的欲望和情感，此"三毒"又引起身、语、意三业，造业受报，这都是对身心和合体的执着的缘故。我应该"悟此身但是众缘，似和合相，元无我人"（同上），既知我人本空，又为谁去贪、瞋、痴？故毋须执着。

---

①"贪"，指贪名利以荣我；"瞋"，瞋违情境，恐侵害我；痴，非理计较。三者为三毒。

六、 和合方法和内涵

和合由先秦经秦汉至唐代的发展，内涵已展开。两宋以后，和合不仅局限于是什么的追究，而是作为宋明理学形上学本体理、心、气自身是什么的追寻。这个追寻使和合由方法论层次、天地万物生成论层次而提升为本体论层次，以及本体自身层次。探究层次的提升是人类知识在总体积累的基础上，主体对于存有世界、意义世界以及未来世界的认知和体验。和合作为中国文化思想的精髓，浸润着中国文化思想的各个方面。比如人与自然、人与社会、人与人的关系以及人与自身心灵的关系等。

就人与天地自然的和合而言，中国古代思想家把宇宙世界的存有分为三大部类，即天、地、人三才。天指日月星辰、风霜雨雪、四时运行等；地指山河大地、万物生长、繁荣枯槁等；人指有思想、有目的、有道德的主体。天地都是世界的存有及其存有形式，人指主体的存有及其存有方式。天地自然与人的关系，西方人总认为人与天地自然是冲突的两极，解决冲突的方法是发扬人的主体的斗争精神，去征服、奴役自然一方。在这里人把自然只作为满足自我欲望的索取的对象，只要能满足自我欲望，达到工具理性的目标，可不计任何手段，向自然掠夺。这与希腊海洋的、商业的活动方式相适应。中国大陆的、农业的活动方式，是与天时地利、风霜雨雪的自然节奏息息相关的，人们生活活动方式不是从外部去征服自然，而是探索天地自然的内在活动的规律性、时节性，以便制天命而用之。人们的生活活动方式，不是去征服自然，而是认识、把握、适应、利用自然，因而孕育了中国天人合一的文化特质。所谓天人合一，"夫大人者与天地合其德，与日月合其明，与四时合其序，与鬼神合其吉凶"（《周易集解》卷1）的精神，就是天人和合。天地自然本身的和合，与人自身的和合相互一致、统一，构成天人整体的和合。这便是"仁民爱物""天地万物本吾一体"的精神。

从人与社会的和合来看：古希腊在梭伦改革后，国家公民的权利和义务是按人们土地财产的多寡来确定的，旧的血缘亲族关系集团及氏族制度遭到破坏，带来工商业的发展和移民的浪潮。人与人之间亲族温情变成了法律契约，在个人自由发展的同时，也使人与社会处在尖锐冲突之中。中国周代的制礼作乐和邦国的建立，并不是血缘宗法关系的破坏，而是以礼乐典章制度的形式确立和加强血缘亲族关系。每个人都在温情脉脉的宗族关系中生活，个体只有以群体为依托，个人的地位、价值和人格，只有在社会群体中得以确定和实现。因此人与社会关系，个人不是以对社会的叛逆为职责，而是以和合为责任。

就人与人的和合来说，每个人都是社会共同体的一分子，共同组成一社会群体。尽管分工、职业、劳动形式不同，但都是社会有机体的需要与使他人获得满足。一个人一生下来，首先就必须为自己的生存而活动，就像婴儿紧紧抓住吮吸的母乳一样，抓住生存的每一个机遇。其生存所必需的衣食住行，都需要在相互创造性活动中，在相互满足社会需要中获得自己的需要和满足。每个人在创造、获得的活动中，不能不与他人发生联系。西方人认为在取得个体自由发展机缘的同时，必然与社会、他人发生冲突和斗争；而中国古代思想家认为，每个人虽各有各的利益，但又是"仁者爱人"的，"人皆有不忍人之心"。人与人之间可以和合，和合是人与人之间获得安定、团结、友爱的最高准则。和合是公正的、平等的、均衡的，即无过不及，否则就会破坏和合。

从人与心灵和合而言，人有喜怒哀乐爱恶欲等七情，七情使人的心灵感受愉悦、愤怒、悲哀、爱护、厌恶等情绪或情感的变化，这种变化都是人与心灵冲突而激发。荀子的《乐论》和《礼记·乐记》认为，音乐的本质就是和，其功能是使人的心灵得到净化，产生和乐，给人以美的享受。同时悲怨之音，使人内心和气紊乱，破坏心灵和谐安宁。这种悲怨之音不合中和之德，是心灵阴阳失和的表现。道家以人与心灵的和合，就是顺其自然，从天和然后人和，由人和而后心和，心和而后乐。但人都有欲望，欲望难能满足。这是因为欲望是无限的，所得到的总是有限的，这个无限与有限的冲突，往往扰乱心灵的和合。因而儒、道、佛都讲人的心性修养，节制欲望，消除干扰，而达到人与心灵的和合。

人与自然、社会的和合以及人与人、心灵的和合，是相互渗透、联系的。天和、政和与人和、心和是一有机的整体系统，不能分离。此四种类型的和合，是世界中最基本、最一般的和合。那么，如何和合？和合形式如何？这又需要进一步探索。

第一，和合是诸多异质因素、要素的对待统一，即多元和合。和合首先需要承认多元的、多样的事物的存在，它不是一元，一元即是同、单一、唯一，"同则不继"。因为"声一无听，物一无文，味一无果，物一不讲"。这就是说，"若以同裨同，尽乃弃矣"。不同事物的和合，就能达到"和五味以调口""和六律以聪耳"。它不是酸苦甘辛咸五种味道简单的相加，也不是黄钟、太蔟、姑洗、蕤宾、夷则、无射六种音律相加，而是五味或六律的相互和谐、协调，产生美好的味道和动听的音乐。这种美好的味道和动听的音乐，已不是原来的五味和六律，而是一种新的创造。和合是把异质要素整合成一和合体。

第二，和合是诸多优质因素、要素的融合。这种优质要素的融合是一重新扬弃、选择的过程。和合按照和合体自身的需要，在选择、扬弃诸多因素、要素中，汲收自身所需要的优质成分，而排除其不需要的部分。它不是先确定一个文化的体与用，按体用的模式来发展；或先确定文化的精华与糟粕，来进行汲收。它甚至破坏诸多因素、要素的自身结构，重新选择、汲收，重新结合、融合。音乐、绘画都是这样。古希腊的赫拉克利特说："自然是由联合对立物造成的和谐……艺术也是这样造成和谐的……绘画在画面上混合着白色和黑色、黄色和红色……音乐混合不同音调的高音和低音、长音和短音。"[1] 绘画是按照画的需要对不同颜色的选择，音乐亦一样。画或音乐作品，就是不同颜色、音调的和合。在这点上中西哲学家有相圆通之处。

第三，和合是有机的、有序的。和合既不是机械的切割，也不是机械的拼凑，有机是机械的发展与提升；和合是非无序，有序才能和谐、协调，然有序是无序的发展。所以无序的动乱为有序的发展扫清了障碍，创造了条件。无序是对于有序意识的呼醒，道德沦丧的无序是对于道德有序的呼唤。所以老子说，"大道废，有仁义""六亲不和，有孝慈"（《老子·第十八章》）。

第四，和合是动态分析的理论结构，这种理论结构具有相对论和对称

---

[1] 《西方美学家论美和美感》，北京：商务印书馆 1980 年版，第 15 页。

论的方式，也具有综合论和相济论的方式。在和合中各因素、要素自身都不是被凝固的、定型的。因为各因素、要素自身也是由各因素、要素所结合的和合体，和合体就是一个连续的、反复的、不断的进程。当某一和合体呈现时，尤如赫拉克利特所说："结合物是既完整又不完整，既协调又不协调，既和谐又不和谐的。"① 和合体始终处在完整、协调、和谐的过程之中。

这四种和合的方法或途径，使和合按一定的规则进行，也使和合达到其预设的目的。方法既是内涵的呈现，也是内涵之所以如此的原因。和合在其历史发展中，约具有这样几层含义：

第一，和合是新生事物或新质事物产生的原因。天地万物如何产生，或天创论，或神创论，或自创论，或自然论等，都属于单一论、唯一论，是由一个唯一绝对的存有来派生世界万物。和合学否定这种理论，而认为"和实生物，同则不继"，天下万物都是由和合而生，是不同质的因素、要素的多元和合。正因为其不同质，甚至完全相对待因素、要素，才会产生交感、交合作用，才能产生新质事物。假如是同质、同一因素，自身就具有相互排斥的性质，即使相交合，也不会产生新质事物，不能构成新生事物之所以生的原因。之所以说"和实生物"，是因为虽有诸多异质因素、要素，若不和合，亦不能产生新质事物。唯有和合，才能产生新质事物，所以和合是产生新质事物的原因。在这里，和合不仅是使诸多异质因素、要素相结合、融合的方法，而且已提升为新质事物之所以产生的原因或根源之所在。这种意蕴的蕴含，使和合自身升作为方法的原因、方法的根据或原因的方法、根据的方法。方法与原因、根据和合一体。

第二，和合是存有的方式，是天地万物存有的环境、存有的条件、存有的内容、存有的结构以及存有的系统等的形式。日月星辰、四时运行的自然，和谐而有次序；人自身、家庭、社会和睦而有序；礼乐典章制度、伦理道德协调而有序。这种存有的方式，其核心就是和合的存有方式。和合在政治方面是各种不同社会交往与政见的和合；在经济方面是不同劳动方式、消费结构、生活方式、生产资料占有方式的和合；在意识方面是各

①《西方哲学原著选读》卷上，北京：商务印书馆 1981 年版，第 24 页。

种不同学术观点、价值观点、审美观点以及各种思想观点的和合。到佛教因缘和合，无论是我空法有、我法皆空，还是夺人不夺境、夺境不夺人、人境俱夺、人境俱不夺，都是和合存有的方式。存有作为色、作为境的方式，作为因缘和合的方式，都是空，空即色，色即空，空亦为和合存有的方式。

第三，和合是形上学本体。道家老子认为"道生一，一生二，二生三，三生万物。万物负阴而抱阳，冲气以为和"。和是阴阳对待和合的和合体，这个和合体即是道体。道作为形上学本体的存有方式，是一种自然而然的常态，这便叫作"知和曰常"。常态作为存有的方式，是没有规定性的。这种无规定性的道体，在魏晋玄学家那里，就是本末的和合体无或有。这里和合是作为世界万物最终的根源或根据。虽是最终的根据，但却是动态的发展。韩康伯认为，《说卦传》"观变于阴阳而立卦，发挥于刚柔而生爻，和顺于道德而理于义"，这里的卦、爻、义都是由对待的阴阳、刚柔、道德的和合而成的和合体。它是在"刚柔发散，变动相和"（《王弼集校释》）中，即在对待统一的变化运行中形成的和合体。

第四，和合是心灵境界。和合是一种心平气和、心绪和平恬淡、心灵充实愉悦的境界。中国古人认为音乐文化的根本精神就是和合，它能调整人的情绪冲突，调和人的心情的烦恼，陶冶情操，净化心灵，使人进入无喜怒、无哀乐的冲和的心境，以及人和而与天和、人合而与天合、人乐而与天乐的天人愉悦的和合境界。这种天人和合是美则美矣、善则善矣的心灵境界。这种心灵境界笔者曾在五境界说中，称其为"道体自由境"①。

和合的难度是很大的，它需要机遇、环境与条件。从纵的来说，是冲突——和合——冲突——和合，循环往复，以至无穷；从横的来说，此彼俱冲突——此和合彼冲突——彼和合此冲突——彼此俱和合，即由和合不平衡——和合平衡——和合不平衡——和合平衡。宇宙间没有没有冲突的自然，没有没有冲突的社会，也没有没有冲突的人生。在冲突中实现和合，和合是冲突的成果，亦是冲突的表现方式。和合是新事物的诞生，是肯定

---

① 张立文：《新人学导论——中国传统人学的省察》，北京：职工教育出版社 1989 年版，第 232～233 页。

和创新；冲突本身不能直接造作新事物，它是否定和破坏。和合的和合体是一次提升，使原来的冲突和合进入一个新的领域；冲突也只有在新的和合体中，才能继续发展。冲突是和合的前提和条件，和合是冲突的必然和理势。总的来说，和合是冲突的更高层次，由和合而获得安定和进步。冲突若不走向和合，冲突便毫无所成，亦毫无价值和意义。冲突需要和合来肯定和认可，亦需要和合来提升和继续。和合与冲突相反相成，使和合学变化更新，生生不息。

（原载于《中国哲学史》1996 年第 1—2 期）

国学与和合学

和合学的思想资源、理论源头、观念活水，是中华民族的国学。

中华国学源远流长，博大精深。在中华国学中，和合是人文精神的精髓和首要价值，也是传统文化思想的精粹和生命智慧。上下五千年，纵横中西外，中华民族始终以和合为价值目标和评价体系。和是和谐、和睦、和平、和善、祥和；合是合作、化合、结合、合理、合度等。

一

早在商周时代，和合作为声音的相互应和，以及诸多元素、事物的聚集，就被推致作为体认、处理自然、社会、人际、家庭、国家之间关系的指导原则和社会政治、国家治理、万物生育的根本原理。在国学元典"五经"中，《易经》绘声绘色地刻画了鹤在树荫下欢乐鸣叫，其子唱和的情景。《尚书》说明尧使天下的百姓亲和、和睦，使各邦国之间协调和谐，和雍共处。周公曾代表成王发布命令，要民众、每个家庭都和睦起来，假如不和睦相处，那么天就要惩罚你们。这样，和便作为天的意志，起着维护国家安定和谐的特殊作用。《诗经》蕴含和乐、和鸾、和旨、和奏、和鸣、和羹等意思。接待嘉宾，鼓琴瑟，饮美酒，和乐不已。君臣上下、四方使者通过这种形式激起情感沟通的和乐，兄弟、夫妻之间也可以兴起亲密感情的和乐，犹如琴瑟之声，互相应和，情浓意厚，亲密无间。《周礼》记载，和在周代典章制度中得到了贯彻，并在各官职的职掌中作了具体规定，使和合思想获得切实的实行：如太宰要以和邦国，以谐万民；大司徒以礼乐教化万民和谐，化解君臣、父子、兄弟之间的不和谐。各级官员职责的价值目标是和，和是他们的终极价值追求。《春秋左传》记载，晏婴与齐景公讲"和同之辨"时，引《诗经》"和羹"之喻，说明"和"是多元材料、调料的融合，经主体人的加工，使之达到适中，无过无不及，鱼肉就成为美食、和食。"同"是以水加水，不会变为美味。

"五经"是中华民族国学最古老的元典文本，是中华民族文化学术、哲学思想、价值观念、伦理道德的源头活水。它既开启了先秦国学子学的百家争鸣、各家学说的传播和建构，也开新了中华民族的民族精神、典章制度、思维方式的建立和实践。从"五经"我们可以体认到：和是形而上的天的意志，不和就是违背天意；和是万物化生的根据和本原；和合是多元差异要素他与他之间平等、平衡、公平的融突和合；和是治理身心、家庭、国家、社会的指导原则、原理；和合是中华国学、民族精神首要价值之一；和合是古代各职官职责的要求和目标。这样，和合便具有普遍的意义和共同的诉求。

春秋战国时期，国学子学百花齐放，和合便成为百家"同归而殊途，一致而百虑"的同归、一致的价值目标，也是中华国学所追求的一种境界。以老子、庄子为代表的道家开出把天人共和乐作为"大本大宗"的万物化生根据的形而上路向；以孔子、孟子为代表的儒家开出以"和为贵"、天人共忧乐的人格理想实践的人间世路向；以管子、墨子为代表的"和合故能谐"、修养道德化解父子兄弟怨恶的伦理论路向；以《易传》为代表的开出"保合太和"、万国咸宁的和合生生论路向；以荀子为代表的开出音乐使人和敬、和亲、和顺的情感论路向。这些都使中华和合文化呈现绚丽多姿、大化流行、生生不息的状态。

中华和合思维与和合精神，上始于伏羲，他画八卦，由阴阳两个符号，组合成代表天地、水火、风雷、山泽多元异质事物的和合；中历"五经"和先秦百家的凝聚锤炼、智能创新，形成了体现民族精神和生命智慧的逻辑思维，建构了安身立命的价值理想和精神家园；下开汉唐以后各个时代的天人合一、三教合一、情景合一、知行合一等学术文化、思想观念、伦理道德、宗教信仰、百姓日用，彰显了其无穷的力量和光彩的魅力，而影响东亚各国，具有普世价值。

二

当今，人类共同面临的是一个不健康的病态世界，是一个充满着各种各样的、错综复杂的冲突和危机的世界。概而言之，有人与自然的冲突带来的生态危机，人与社会冲突产生社会危机，人与人的冲突产生道德危机，人的心灵冲突产生精神和信仰危机，文明冲突带来价值危机。无论哪个国家、民族，还是集团、个人，都受此冲突和危机的影响，每个人生命与财产的安全都受到威胁。既然整个世界就像人患病一样，那么，我们每个人都有责任去救救这个"病人"，救救这个每个人都生活于其中的世界。如何化解人类共同面临的五大冲突和危机，已是各国政府、民间、有识之士思考的重要课题。假如人类对这些冲突和危机漠不关心，就会将人类导向毁灭。作为体现中华国学精神和标志的和合思想，能为化解冲突和危机提供有力的文化资源、合理的指导思想、有效的操作设想和有益的方法启迪。"和合学"的要义是力图建构一个和谐的、安宁的、幸福的人类社会。

所谓和合，是指自然、社会、人际、心灵、文明间的诸多元素、要素互相冲突、融合，与在冲突、融合的动态变化过程中诸多元素、要素和合为新结构方式、新事物、新生命的总和。和合有五义：即差分与和生、存相与式能、冲突与融合、自然与选择、烦恼与和乐。差分、存相、冲突、自然、烦恼具有对立、矛盾、冲突的意蕴，和生、式能、融合、选择、和乐具有对话、氤氲、融合的意蕴，故称其为融突论。融突而和合，便是和合之真，是和合关系之真，差异和生是和合的自性生生义，存相式能是和合的本质形式义，冲突融合是和合的变化超越义，自然选择是和合的过程真切义，烦恼和乐是和合的艺术美感义。统此五义，即是和合关系之真的展现，或曰"和合起来"义。

所谓和合学，是指研究在自然、社会、人际、人的心灵及不同文明中存在的和合现象，与以和合义理为依归，以及既涵摄又超越冲突、融合的学问。和合学的意蕴是：既然与所以然，变化与形式，流行与超越，对称与整合，中和与审美。和合的主旨是生生，生生是不息的流程，是新生命的化生，体现了对生命存在的关怀。生生说明了对生的所以然的求索，便是"和合"或"合和"。"和合"一词最早见于《国语·郑语》:"商契能和合五教,以保于百姓者也。"如何生生?怎样生生?便是"和实生物""夫物合而成""天地合气,人偶自生""天施地化,阴阳和合""天地合和,生之大经也"。"合和""和合"作为新生命、新事物的和合体,是冲突融合生生的所以然,这个所以然,是和合的真元。

式能是一变化的动态结构,是潜能的发动不息。存相有对等和变化。和合学是对于存相和式能的各种理解的反思,是对于诸多元素、要素构成新事物、新生命的中介转换机制的探讨,是对于存相变化日新的生命力潜能的寻求。所以说存相和式能都是大化流行中的存相与式能,和合学不仅仅是融合,融合也不就是和合,和合包容了冲突融合,超越现实的冲突融合是基于价值理想的追求和价值导向的理势。

和合学的本旨是和,它是对于自然、社会、人际、心灵、文明的整体和谐、协调、有序的探索,对称整合作为中国人文精神的原则,在诸多元素、要素和合为新事物、新生命中起着重要作用,促使新事物、新生命顺利化生。和合学是和乐、和美、和和。它是对人类精神生活中之所以烦恼、苦闷、困惑、孤独、空虚、痛苦的原因以及造成这种原因的自然、社会、人际、心灵、文明和政治、经济、环境的关系的追究,是对于如何修养心性、如何治疗心理失衡、情绪失序、精神失常的所以然的探讨,是对于什么是审美价值的为什么的追寻。和、中和是中华国学精神的精髓。

和合与和合学意蕴的规定,是对传统和合人文精神的继承,是对传统和合论的转生,这个转生是一个创新。之所以说是创新,是因为它是化解现代人类共同面临五大冲突和危机的原理;是 21 世纪时代精神的精华的体现;是由和合生存世界、和合意义世界、和合可能世界建构的现代中国哲学;是继先秦百家之学、两汉经学、魏晋玄学、隋唐儒释道三家之学、宋明理学之后的又一学术思想哲学理论新形态。

三

当代,经济全球化、科技一体化、互联网普及化,把世界连成一片。这不一定就会消除不同国家、民族、宗教以及种族之间的冲突,相反,还有可能使不同文明传统国家在某些方面冲突加剧。市场配额的不均等，利润瓜分不公平，生息领地有争议，宗教信仰有分歧，这一切价值冲突都根源于势不两立的选择。因此，文明冲突与文明融突成为世界范围所关注的课题。1993年亨廷顿提出"文明冲突"论，1998年第53届联合国大会通过决定，以2001年为"联合国不同文明对话年"。从文明冲突到文明对话，表现了世界人民祈求和平发展的意愿。

从文明冲突到对话，是一次价值观念、思维方式、观照视角的转换。对话就必须承认相异者的存在，即允许"他者"的存在。承认"他者"的存在，主体与"他者"的关系就是互相平等的，而不是"猫与老鼠"的关系。主体不能以自我为中心，一切以我是从；从"他者"看，要互为主体，互相观照；对话就是面对"他者"，需要互相理解、谅解。在互为"他者"的情境下，要互相理解其文化背景，理解其民族风俗及宗教信仰等。互相理解、谅解才能相互尊重，相互礼仪；互相理解、谅解，才能达成有限度的共识；对话的基础需要一定程度的诚信，诚信使对话蕴含着诚意，诚意使对话通向顺利，甚至成功。若无诚信，对话这种游戏便流于谎言或一纸空文。对话既然是承认"他者"的存在，在与"他者"的交往中就不能唯我独尊，不能非此即彼，你死我活，消灭"他者"、对话者。这样看似简单、痛快，实是搬起石头砸自己的脚，后患无穷。特别是文明间的冲突，采取你死我活二元对立思维方式是不可能消灭"他者"的。在世界政治、经济、文化、宗教多元的情况下，文明也是多元的。21世纪主要存在四大文明：基督教文明（即欧美文明）、儒教文明（即东亚文明）、佛教文明（即南亚文明）、伊斯兰文明（中东北非文明），另外还有拉丁美洲文明、非洲文明等。无论如何，这四大文明应该"以他平他谓之和"地存在着，强势文明想消灭弱势文明是不可能的，征服者也只能是改变异己文明的某一国家的统治者而已，而不能改变其文明。现代地区之间的冲突，有复杂的政治、经济、文化、宗教原因，不一定是真正意义上的文明冲突。其实，文明与文明之间是不一定以冲突的形式表现的，在绝大多数情况下，是以和处和立、和达和爱的形式存在的。因此，当今世界最佳选择是和合。

由人与自然、社会、人际、心灵、文明间五大冲突和危机所造成的病态世界，不是在好转，而是在扩大。世界上任何地区、国家、民族、宗教以至个人，都已深受此五大病毒之害，谁都逃脱不了受害的命运。随着人类对此病态体认的提高，认知基础的趋同，便有可能就一些化解五大冲突和危机的基本原理达成共识。为此东西方有理智、有远见的政治家、谋略家、思想家已做了很多有益的工作，为此做出了贡献。

如何建构和谐世界，依据中华民族五千多年来特别丰富的国学人文资源，以"天地万物本吾一体，吾之心正，则天地之心亦正"的全球意识，以"己所不欲，勿施于人"为指导思想，以及人与自然、社会、人际、心灵、文明之间的交往所积累的宝贵经验和智慧主体卓越的洞见，完全可以以"和合学"思想作为化解人类病态，建构和合、和乐世界的基本原理：

一是和生原理。《国语·郑语》说："和实生物。"《周易·系辞传》："天地之大德曰生。"这便是和生。宋明新儒家把孔子的"仁"诠释为生命之源，如"桃仁""杏仁"之"仁"，是桃树、杏树发芽、生长的源泉，所以周敦颐《通书·顺化》说："生，仁也。"以仁育万物。胡宏《知言·修身》说："仁者，道之生也。"王守仁《传习录上》说："仁是造化生生不息之理。"天地万物都是生命体，自然、社会、人己、心灵、各文明都是生命体。所以庄子说："天地与我并生，而万物与我为一。"既然与人一样都是生命体，就要互相尊重其生命的存在，相互共生，而不能一方消灭、征服"他方"。共生需要互相平衡、协调、和谐，以此为基础才能获得共生，所以称"和生"。和生并不否定现实的竞争、斗争、冲突，但不是将其导向消灭和死亡，而是导向融突而和合，在新生命的基础上和生和荣。

二是和处原理。孔子说："君子和而不同，小人同而不和。"又说："君子周而不比，小人比而不周。"尽管彼此之间有不同、有冲突，君子将其导向和谐、团结；小人则导向结党营私，不搞和谐、团结。在自然、社会、人己、心灵、各文明都是生命体的情境下，它们之间如何相处，是天天斗争、战争、恐怖、紧张，还是"和而不同"地和谐、团结相处：人与自然，宋明新儒家认为，仁者以天地万物为一体，在实践中应落实"天人合一"的理念，天人和处；在人与人、人与社会、国家与国家、民族与民族、文明与文明之间"和而不同"地相处，和谐共处，不同而不相害。各个社会、国家、宗教、文明不同，这是历史的、现实的存在。这种状态再经历几个世纪，也不可能消除，所以要坚持"和而不同"地和处。

三是和立原理。孔子说："己欲立而立人。"己立而立人，由己及人。立是"三十而立"的立。《说文解字》："立，住也。"《文源》："象人正立地上形。"有站立、成就、建树等义。无论是各国家、各民族，还是各种族、各宗教，自己要站立，也要使他者站立。自然、社会、人己、各文明都有自己站立、独立的生存的自由和发展的道路，别人不得干涉，不得唯我独优，强加于人，以自己的站立得住，不允许别人站立得住。应该立己立人，多元共立和立。和立使人人能安身立命，立人亦即"为生民立命"。和立并不否定竞争，按规则竞争，即合乎道的竞争，是合理的；恶性竞争和故意制裁，己立而不使他立，就不合道，也与和立相悖。

　　四是和达原理。孔子说："己欲达而达人。"达有通达、显达、发达之义。在多元社会形态、多元发展模式的情境下，发达、发展的不协调性、不平衡性、不持续性，造成贫富不均的扩大，是国际、国内动乱的原因之一。己达达人，就是与他者共同通达、发达。自然、社会、人己、心灵、他文明既自己通达、发展，亦使他者通达、发达。不要以己达而压制、制裁人达。当今世界无论是自然、社会、人己，还是心灵、文明等，都存在通达与不通达、发达与不发达的差分，这种差距的扩大必然造成各个层面的失衡，使生态危机、社会危机、道德危机、精神危机、价值危机加剧，造成社会动乱，不能持续发达、已达而人达。只有共同发达、共同繁荣，人类才能在和谐的、平衡的发达中，享受和达的幸福生活。

　　五是和爱原理。和生需要和处，使生命得以生存下去；和处需要和立，和立使和生、和处获得保障；和立需要和达，和达使和生、和处、和立的关系得以通达，并获得发达。和爱是和生、和处、和立、和达的核心内容，也是其出发点和归宿点。孔子讲"泛爱众"，墨子讲"兼相爱"，《礼记·礼运》讲"人不独亲其亲，不独子其子"，《张载集·乾称篇》讲"民吾同胞，物吾与也"，都表现出"仁民爱物"的精神。唯有此种精神才会对自然、社会、他人、他心灵、他文明赋以爱心，才会使和生、和处、和立、和达在爱心的指导下得以落实和施行。当前和爱是转文明冲突为文明融合、转文明对抗为对话的有效方法。文明之间的冲突说到底是价值观的冲突。从冷战转变为后冷战，却发生了"9·11"恐怖事件。恐怖是一种特殊形式的、无定形、无定规的战争，美国借口反恐和推行民主价值观而攻打伊拉克，从地面和政权存在形式来看，美国取得了某些胜利，但从精神价值观层面来看，美国的民主精神和价值观在与伊斯兰精神和价值观的较量中并未取得胜利，而是失败了。

世界不同文明之间，尽管有价值观念、宗教信仰、文化背景、思维方式、伦理道德、风俗习惯等种种的差分，但人类要求和平、幸福的愿望是共同的，人类所面临的冲突和危机是共同的。譬如沙尘暴可以跨洋过海，温室效应使气候变暖，其影响都是全球性的，人人均不可逃，这就是不同文明对话的共同基础。有了这共同的基础，不同文明间可以在相同、相似目标的追求下，获得一些最低限度的共识。尽管对获得的共识也各有自己的解释，但化解人类所共同面临的五大冲突和危机所提出的五大原理有其合理之处，可以为文明对话、世界和平和幸福提供一种理念，提供一种选择。世界只有充满了和爱，才是和谐、和乐的。若充满了仇恨、怨恶，末日也就不远了。

（原载于《北京行政学院学报》2007 年第 4 期）